信访工作培训教材

丛书编委会主任◎王石奇　王剑辉

信访工作者
心理健康促进

王剑辉　郭金山　李薇◎编著

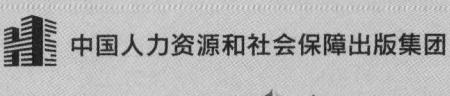

图书在版编目（CIP）数据

信访工作者心理健康促进/王剑辉，郭金山，李薇编著. -- 北京：中国劳动社会保障出版社：中国人事出版社，2023
信访工作培训教材
ISBN 978-7-5167-5643-0

Ⅰ.①信… Ⅱ.①王…②郭…③李… Ⅲ.①信访工作-工作人员-心理健康-职业培训-教材 Ⅳ.①D632.8

中国国家版本馆 CIP 数据核字（2023）第 068354 号

中国劳动社会保障出版社
中国人事出版社 出版发行

（北京市惠新东街1号　邮政编码：100029）

*

北京市艺辉印刷有限公司印刷装订　　新华书店经销
787 毫米×1092 毫米　16 开本　22.25 印张　274 千字
2023 年 5 月第 1 版　　2023 年 5 月第 1 次印刷
定价：56.00 元

营销中心电话：400-606-6496
出版社网址：http://www.class.com.cn

版权专有　　侵权必究

如有印装差错，请与本社联系调换：（010）81211666
我社将与版权执法机关配合，大力打击盗印、销售和使用盗版图书活动，敬请广大读者协助举报，经查实将给予举报者奖励。
举报电话：（010）64954652

信访工作培训教材
编委会

主　任：王石奇　王剑辉

委　员：王石奇　王剑辉　郭金山　徐业安　沈相玉　孙宽平
　　　　缪传忠　吕保利　李建明　黄冬梅　伊　丽　刘金龙
　　　　周　新　邢长征　陈二伟　魏恒杰　郑佳节　李　薇
　　　　李　波　赵瑛琦　赵　亮　刘钧顺　赵应文　叶　秀
　　　　张秀敏　陈剑锋　杨傲霜　张云棠　刘景波　孙　飞
　　　　张忠义　郑晓娟　陈雨濛　李香兰　张圣华　宋　霞
　　　　刘晓剑　赵进辉

内 容 简 介

　　信访工作者面临高冲突、高压力的工作环境，迫切需要专业的心理帮助。无论从关爱信访工作者的角度还是从建立健全信访工作心理健康促进机制来看，普及心理健康知识和心理健康问题的应对方法势在必行。本书内容由浅入深、循序渐进，主要包括：理论基础，信访工作者的压力管理，信访工作者的情绪管理，信访工作者积极心态磨砺，信访工作者职业倦怠管理，信访工作者工作与生活平衡计划，信访工作者心理支持计划。

　　本书致力于完善信访工作者心理健康促进事业，指导信访工作者做到打造积极健康的心理状态，教会信访工作者能够运用心理学知识辅助开展信访工作。通过本书内容的学习和实践，意在培养并展示一个乐观、幸福、充实的信访工作者应达到的心理状态，帮助信访工作者不断完善自己，切实做好本职工作。

　　本书内容全面广泛、贴近实际，可以作为全国各级信访部门、信访工作者科学提高身心素养和办理信访工作能力的基础性教育培训教材，同时对提高信访工作者心理健康水平和信访工作质量具有实际指导意义。

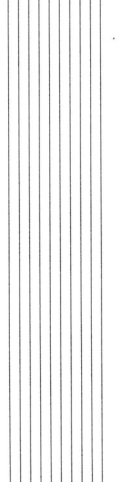

序言（一）

治理之道，莫要于安民；安民之道，在于察其疾苦。

信访工作历来是党的群众工作的重要组成部分，是了解社情民意的重要窗口。当前，中国特色社会主义进入新时代，我国社会主要矛盾已经转化为人民日益增长的美好生活需要和不平衡不充分发展之间的矛盾，信访工作也面临着许多新情况新问题。2022年5月1日，中共中央、国务院颁布实施《信访工作条例》，是习近平总书记关于加强和改进人民信访工作的重要思想在法规制度层面的具体体现，是新时代信访制度改革的标志性成果，是信访工作的基本遵循。特别是将党对信访工作的领导写入法规，对新时代党领导下的信访工作格局作出全新界定，明确党领导信访工作的体制机制，实现对信访工作领域的全覆盖，对党的十八大以来信访制度改革成果进行系统整合提升，构建起较为完整的信访工作监督体系。

民之所盼，政之所向。让人民生活幸福是"国之大者"。习近平总书记指出："江山就是人民、人民就是江山，打江山、守江山，守的是人民的心。"人民群众的每次来信来访，都寄托着对党和政府的信任与期待。信访工作，就是要发挥"民意站""连心桥"的作用，密切党同人民群众的血肉联系，维护社会和谐稳定。

做好信访工作，不能只是简单的"你说我听"或"上传下达"，它需要信访工作者以时时放心不下的责任感，多听听群众的心声，多想想如何尽职尽责办好群众关心关切的每一件民生实事。各级信访部门要引导信访干部和广大信访群众建立良好的互动沟通关系，让老百姓遇到问题能有地方"找说法"，通过对话和协商解决分歧和矛盾，实现"找到说法"。通过畅通信访渠道，使信访工作真正成为了解民情、集中民智、维护民利、凝聚民心的一项重要工作。

常言道："工欲善其事，必先利其器。"如何提升信访干部队伍素质，培训是关键，教材是基础。为此，我们组织相关人员编写了这套信访工作教材，丛书共有四本，其中《信访工作概论》《信访工作实务》阐述了信访工作的历史沿革、发展脉络，对信访工作的程序和方法进行认真的梳理和总结；《信访工作心理学》《信访工作者心理健康促进》以心理学的视角，对信访工作、信访人的心理状态进行了分析研究，对信访工作者的心理健康维护提出了具体的方法，是心理学在信访工作中的运用和探索，是一种理论和实践的创新。编写成员都是长期从事信访工作一线人员，在工作实践当中总结积累了丰富经验，为写好这套丛书，历时多年，反复修改，数易其稿。它的出版，对于提升信访干部队伍的服务能力、心理素质，以及业务水平将起到积极的促进作用。

回首过往，信访工作改革创新依然任重道远，只要我们始终恪守为民之责，认真贯彻落实习近平总书记关于加强和改进人民信访工作一系列重要指示精神，力行为民之举，坚持人民至上，真正把解决信访群众实际困难作为改进信访工作的突破口，就能充分释放出改革的新动力。在历史的新征程上，信访工作必将更加凸显其重要性和必要性,也必将为实现"中国之治"、构建社会主义和谐社会发挥其重要的作用。

是为序。

国务院参事室原参事,国家信访局原党组副书记、副局长

王石青

2022 年 12 月 30 日于北京

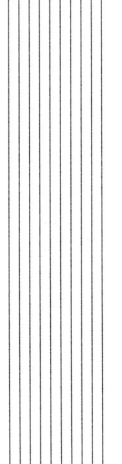

序言（二）

健康，是人类永恒的话题，健康不仅包括身体的健康，也包括心理健康。随着我国经济社会快速发展，心理健康问题已经日益受到社会广泛的关注。

习近平总书记高度重视心理健康问题，在党的十九大报告"实施健康中国战略"中提出："人民健康是民族昌盛和国家富强的重要标志。"同时强调要"加强社会心理服务体系建设，培育自尊自信、理性平和、积极向上的社会心态"。在党的二十大报告中进一步提出"要把保障人民健康放在优先发展的战略位置""重视心理健康和精神卫生"。

信访工作是党和政府联系群众的纽带桥梁，是直接倾听普通百姓心声的重要渠道，承担着为民解难、为党分忧的职责使命，是当前维护社会稳定不可或缺的重要组成部分。信访工作者需要通过掌握心理学知识，帮助信访群众打开心结。部分信访问题处理难度大、时间跨度长，致使信访人内心的怨气和怒气逐步积压，有些人直接采取非正常的信访方式给党委政府和有关部门施压，有些人则通过网络让这些信息在信访人之间反复游走发酵，并最终引发重访、闹访、越级访、群体访。还有一些人随着生活节奏加快和生活压力加大，造成心理认知的偏差和情绪出口的不畅，长期处于焦虑情绪的困扰中，在不能及时得到有效帮助的情况下，心理逐渐扭曲，甚至出现被害心理或报复社会等反社会心理，成为社会不稳定因素。在日常工作中我们也经常看到，很多信访事项涉及的案情和法律问题并不复杂，难以解决的其实是信访人的心理认知问题。俗话说："心病还须心药医。"只有晓之以理、发乎真情，才能叩开信访人锈蚀的心锁，冰释他们积郁的心结，在恢复理性的轨道上实现平等对话，只有这样才能帮助他们解疑释惑，直至解决他们的问题。因此，信访工作者应该学习掌握心理学知识，才能在直接面对带有各种复杂心态、各种疑惑，认为自身利益受到侵害的信访群众时，做到因人而异、区别对待、对症下药、情理相融。如何将心理学方法引入到信访工作中，是一个极具理论研究价值和实践应用意义的问题。曾任中国心理卫生协会常务理事的心理学博士王剑辉同志带领他的团队，在长期信访实践中进行了有益探索，他们运用心理学专业知识分析信访人心理，把心理访谈技术运用到信访接待工作中，针对不同人格特征开展心理疏导、精神抚慰、心理矫正、心理干预等心理服务，运用心理学的方法引导信访群众认知自我、辨析求诉。同时，摒弃对信访人无理推论，有病推论的错误想法，带着对信访人深厚的情感设身处地考虑问题，稳定其情绪，建立互相信任，多角度感受他们的情智，消除他们的顾虑，打开信访人心结，推动"事、心"双解，更好地化解社会矛盾，促进社会和谐。

　　同时，信访工作者也需要维护自身的心理健康。信访工作者作为信访工作的主体、连接党群关系的重要纽带，常常面对的是群众的"烦心事""棘手事"，每天面对许多信访群众的负面情绪。随着负面情绪的不断累积，加之工作任务重、压力大，信访工作者的心身健康也面临严峻挑战。常常会出现许多心理问题，这些问题如果长期得不到解决、不仅会影响情绪，出现心理疾患，甚至会直接导致或引发疾病，着实不容小觑。为维护信访工作者这个特殊群体的心理健康，近十年来，王剑辉博士在全国范围内开展了数百场的科普讲座，并带领中国心理卫生协会职业心理健康促进专委会的专家学者们针对信访工作特点,对信访工作者心理健康的促进理论及方法进行了系统的研究和探索,在广泛科普教育的基础上,指导信访工作者掌握调节心理健康方法和技能,使其不良情绪得到宣泄,缓解心理压力,排除心理障碍。

学以致用,学用相长。王剑辉等同志将长期工作实践成果进行了系统梳理,组织编写了《信访工作心理学》《信访工作者心理健康促进》教材,从心理学视角全方位、多维度,分析了信访工作的特点和不同信访人的心理特征,立体式展现了心理健康维护的手段和方法,是时代所需,工作必需。这是心理学在信访工作领域中的有益探索,是一种理论创新和实践创新,填补了我国职业心理健康促进领域的一项空白。希望本丛书的出版,能够引起各级领导干部对心理学在信访工作中应用的重视,更加关注信访工作者的心理健康问题。同时也希望本丛书对于信访工作者做好信访工作,切实维护自身心理健康提供有益的帮助,体现有温度的人文关怀,为全面建设社会主义现代化国家、全面推进中华民族伟大复兴贡献绵薄之力。

中国心理卫生协会第六届、第七届理事长
首都医科大学附属北京安定医院原院长、主任医师、教授、博士生导师

2022 年 12 月 30 日

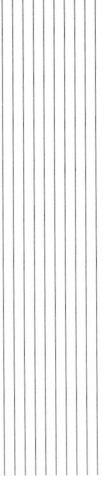

丛书前言

民生无小事,枝叶总关情。作为党和政府联系群众的重要桥梁和纽带,信访工作一头牵着党心,一头连着民心,承担着为民解难、为党分忧的神圣使命。习近平总书记高度重视信访工作,指出信访工作是党的群众工作重要组成部分,是了解社情民意的重要窗口,强调"信访工作是送上门的群众工作,要通过信访渠道摸清群众愿望和诉求,找到工作差距和不足,举一反三,加以改进,更好为群众服务"。

中国特色社会主义进入新时代,信访工作已成为党和政府了解民情、集中民智、维护民利、凝聚民心的一项重要工作,是各级机关、单位及领导干部、工作人员接受群众监督、改进工作作风的重要途径,在建立民主政治、保障群众切身利益、监督行使权力、维护正常经济秩序和社会稳定方面,发挥着举足轻重的作用。当前,我国发展进入战略机遇和风险挑战并存、不确定难预料因素增多的时期,社会主要矛盾是人民日益增长的对美好生活需要和不平衡不充分发展之间的矛盾,党的二十大报告中提出要"完善正确处理新形势下人民内部矛盾机制,加强和改进人民信访工作,畅通和规范群众诉求表达、利益协调、权益保障通道",这就要求信访工作在服务党和国家工作大局、维护群众合法权益、促进社会安全稳定等方面担负起更重要的责任。

多年来，在各级党委政府的关心指导下，信访工作在组织建设、制度建设、运行机制和实践积累等方面，都有了长足的发展。尤其中共中央、国务院2022年发布实施的《信访工作条例》，是党对信访工作的全面领导在法规制度层面形成的标志性成果，是在新的历史起点上深化信访制度改革、实现信访工作高质量发展的纲领性文件，为新时代推动信访工作提供了制度保障，可以说，信访工作正沿着法治轨道进入新的发展阶段。信访工作取得的瞩目成就，也催生信访工作的理论研究和学术探讨结出累累硕果，大批有关信访工作的专著和学术论文相继问世，丰富的实践经验被升华为新时期的信访工作理论，从而逐步形成了一门独特的学科——信访学，融合了社会学、政治学、管理学、心理学、信息学、秘书学等多个学科的特点，为推动信访工作的创新发展，提高信访干部的职业素质，提供了理论指导。

随着我国经济社会的快速发展，信访工作呈现出信访载体多样化，工作方法不断创新，思想认识日益深化的新特点，加之信访干部新老交替和岗位流动频繁，广大信访工作者迫切需要一套全新系统的信访工作培训教材用于指导实践。因此，本丛书的编委成员作为长期从事信访工作的一线工作者，总结多年的信访培训工作经验，专门就编写新时代的信访培训工作教学资料进行了研究讨论，商定了信访工作培训教材的编写原则、内容和章节划分，历时数年，数易其稿，形成了本套信访工作培训教材。本套教材共分四册，包括：《信访工作概论》《信访工作实务》《信访工作心理学》和《信访工作者心理健康促进》，内容充分吸取了近年来各类信访工作理论研究成果中的基本观点和主要工作方法，聚焦当前信访工作中的热点、难点和焦点问题，涵盖了从事信访工作所需了解和掌握的基本常识，内容全面新颖，案例真实鲜活，贴近工作实际，特别是从心理学的角度对信访工作进行了有益的探索，为信访工作者心理健康促进给予了具体的指导。

奋进新征程、建功新时代。希望丛书能够满足信访工作者了解信访活动的历史发展规律、掌握信访工作理论和基础知识、学习从事信访工作的实际技能、提高信访业务素质的需要，为各级信访部门和广大信访工作者提供有益的参考，帮助大家精准把握新时代信访工作的基本原则和总体要求，也希望广大的信访工作者坚守人民情怀，坚持人民至上，牢记职责使命，主动担当作为，不断开创新时代信访工作新局面。

丛书编委会

2022 年 12 月 30 日

目 录

第一章 理论基础/001

第一节 心理健康概述/001

一、科学的心理健康观/001

二、心理健康的标准/003

三、关于心理健康的十大误区/007

四、影响心理健康的因素/011

第二节 信访工作者心理健康促进的意义/014

一、信访工作者心理健康的现状/014

二、影响信访工作者心理健康的主要因素/017

三、信访工作者心理健康促进的意义/023

第三节 信访工作者常见身心健康问题及应对/025

一、头痛/026

二、神经衰弱/029

三、自卑/032

四、心理疲劳/037

五、易激惹/040

六、焦虑/044

七、抑郁/048

第四节　信访工作者心理健康管理理论/052

一、心理和谐理论/052

二、心理契约理论/053

三、组织支持理论/055

四、心理资本理论/056

第五节　信访工作者心理健康的评估/057

一、心理测量与心理测验的简要介绍/057

二、正确认识心理测验/063

三、心理健康评估的常见问题/064

四、常用心理健康评估工具的介绍/065

第六节　心理测验的编制与应用/067

一、心理健康评估工具的常见问题/067

二、心理健康标准对测验编制的影响/069

三、心理测验的编制原则/070

四、测验编制和测评结果分析所依赖的统计技术/072

五、基于心理测验的心理档案/075

第二章　信访工作者的压力管理/077

第一节　压力概述/077

一、解读心理压力/077

二、对压力的正确认识/083

第二节　压力的评估/086

一、对压力源的评估——生活事件量表（LES）/086

二、测测你的压力水平/092

三、测试你的心理承受能力/097

第三节　不良压力喜欢缠上什么人/099

一、A 型性格/099

二、完美主义者/102

三、习得性无助/习得性悲观主义者/104

四、拖沓者/107

第四节　确定压力源及其危害/108

一、确定压力源的方法/108

二、不良心理压力可能引发的疾病/111

第五节　信访工作者压力管理的策略/117

一、打造从容状态的心悦生活/117

二、身心平衡的松弛疗法/132

三、幽默减压/141

四、认知重构轻松三步走/147

五、社会支持系统给予无限关爱/150

第六节　应用与练习/152

第三章　信访工作者的情绪管理/156

第一节　情绪的认知/156

一、什么是情绪/156

二、情绪的分类/161

三、从情绪的表现学会察言观色/169

四、情绪的影响因素/171

五、情绪的传播和感染/174

第二节　信访工作者情绪管理的理论支撑/176

　　一、认知—评价情绪理论/176

　　二、情绪管理的 ABC 理论/178

第三节　信访工作者常见的情绪困扰/180

　　一、焦虑——改变对事件的预期/180

　　二、抑郁——低落的情绪/184

　　三、恐惧——一种不安全感/187

第四节　修炼情绪管理技能的策略/190

　　一、情绪管理——驾驭自己的情绪/190

　　二、通向情绪管理的四大策略/190

第五节　应用与练习/195

第四章　信访工作者积极心态磨砺/197

第一节　积极应对才是成就幸福的力量/197

　　一、积极应对的概念/198

　　二、应对策略的种类/199

　　三、负面情绪及其应对方式/201

　　四、信访工作者心理健康与积极应对/204

第二节　积极心态的理论研究/206

　　一、性格特征与应对方式/206

　　二、积极心理学/211

　　三、新行为主义/213

第三节　个人应对方式的评估/214

第四节　信访工作者积极心态优化与重塑的策略/218

　　一、积极思考/218

二、希望和乐观/225

　第五节　应用与练习/233

第五章　信访工作者职业倦怠管理/237

　第一节　职业倦怠概述/237

　　一、职业倦怠的概念、维度、表象特征/237

　　二、职业倦怠的表现/243

　　三、职业倦怠的危害/248

　第二节　信访工作者职业倦怠的理论研究/251

　　一、信访工作者职业倦怠的原因分析/251

　　二、信访工作者职业倦怠的发展阶段/253

　　三、职业倦怠的形成机制/254

　第三节　职业倦怠的诊断与评估/259

　　一、职业压力自我简易诊断/259

　　二、职业倦怠正式调查/260

　　三、压力管理需求调查/261

　第四节　信访工作者预防职业倦怠的策略/261

　　一、信访工作职业倦怠理论的启示/261

　　二、预防职业倦怠的一些实用策略/263

　第五节　应用与练习/268

第六章　信访工作者工作与生活平衡计划/272

　第一节　认识信访工作者的工作与生活平衡/272

　　一、工作与生活的平衡/273

　　二、谁动了我们的天平/277

第二节　工作与生活平衡的理论研究/279

一、鱼和熊掌，不可兼得/279

二、不可忽视的"隐形炸弹"/282

第三节　工作与生活冲突平衡术/284

一、如何从组织层面上创建工作与生活的平衡/284

二、个人工作与生活平衡的策略/287

第四节　工作与生活平衡评估/292

一、测试/292

二、得分/293

三、得分分析/293

第五节　应用与练习/294

第七章　信访工作者心理支持计划/299

第一节　信访工作者心理支持计划概述/299

一、什么是信访工作者心理支持计划/299

二、信访工作者心理支持计划的基本要素/300

三、信访工作者心理支持计划的服务范围/304

四、信访工作者心理支持计划的预期目标/307

五、信访工作者心理支持计划的通用模式/308

第二节　信访工作者心理支持计划项目实施/310

一、宣传流程/310

二、宣传推广/311

三、开展培训/315

四、全面开展心理咨询/317

五、其他问题/319

第三节　信访工作者心理支持计划的项目管理/320

　　一、前期管理/320

　　二、中期监控/322

　　三、后期评估/325

　　四、总结报告/328

第一章
理论基础

第一节 心理健康概述

在日常生活中,几乎每个人都有或曾经有过心理健康方面的问题。21世纪,影响人类最大的问题之一是心理问题,对健康危害最大的疾病之一是心理疾病。由此可见,促进心理健康的重要性不容小觑。但是,很多人并不知道或不愿接受这个事实,因为人们经常把心理问题与心理疾病等同起来,不科学的旧观念让人们备受煎熬。因此,让我们扬起科学的、理智的风帆,开始一次健康的旅程吧。

一、科学的心理健康观

宽泛地说,心理健康观就是个体对心理健康的看法。那什么是心理健康呢？科学的心理健康观应该是怎样的呢？下面我们来看几个具有代表性意义的心理健康观。

（一）奥尔波特的观点

早在1961年，人格心理学家奥尔波特就对心理健康进行了定义，提出了以下六条心理健康标准：

（1）力争自我的成长；

（2）能客观地看待自己；

（3）有统一的人生观；

（4）有与他人建立亲密关系的能力；

（5）能获得人生所需的能力、知识和技能；

（6）具有同情心，对生命充满热爱。

后来，随着精神分析理论、人本主义心理学、精神病学的兴起和发展，对心理健康的理解越来越全面、具体。

（二）国际心理卫生大会的观点

心理健康一直是心理学研究所关注的重点内容之一。早在1946年国际心理卫生大会上就已提出了心理健康需要具有的四个特征，如下：

（1）身体、智力、情绪十分调和；

（2）适应环境，人际关系中能彼此谦让；

（3）有幸福感；

（4）在工作和生活中，能充分发挥自己的能力，有效率地解决面临的问题。

（三）世界卫生组织的观点

世界卫生组织（WHO）在其宪章中提出：健康是一种在身体上、心理上和社会适应上的完满状态，而不仅仅是没有疾病和虚弱的状态。也就是说，健康不仅要求身体没有疾病，而且要求心理健康和社会适应性良好。

（四）中国心理卫生协会的观点

中国心理卫生协会对心理健康标准进行了专门研究，该协会原理事长蔡焯基教授在《中国人心理健康状况与促进策略研究》报告中指出，中国人心理健康需要具有如下六个特征：

(1) 情绪稳定，有安全感；
(2) 认识自我，接纳自我；
(3) 自我学习，独立生活；
(4) 人际关系和谐良好；
(5) 角色功能协调统一；
(6) 适应环境，应对挫折。

（五）总结

心理健康不是一个绝对的状态，而是动态变化的，因为健康本身就具有动态发展趋势的特性。据此，我们可以作出如下概括：

所谓心理健康，并不是消极地维持正常状态，治疗、矫正和预防心理疾病或心理障碍，而是有意识地控制自己、正确地了解自己、更好地接纳自己，立足于现在，面向未来，渴望生活中的挑战和新的奋斗目标，从而推动自我成长的最佳心理状态。

二、心理健康的标准

现在人们越来越认识到心理健康的重要性，它直接影响着个体的肌体健康，并且对每个人的人生观、价值观以及行为产生影响。那么，现代社会人们的心理健康的标准都有哪些呢？本书总结如下五个方面。

（一）整体性和协调性

1. 生理方面

（1）身体健全。有的人因为遗传基因或后天原因造成身体有一定的残疾，而不健全的身体会对人的心理健康产生重大影响。首先，身体有残疾的人，正常的身体功能得不到很好的发挥；其次，身体有缺陷的人，容易产生自卑心理，对自己没有信心，这也会影响心理健康。当然，我们不能说身体不健全的人心理就不健康，这两者之间不存在必然的联系。

（2）生理需求得到满足。生理需求是马斯洛需求层次理论中的最低层需求，直接关系个体的生存，诸如吃饭、睡觉等，如果没有被满足的话，人的心理就容易出现障碍。

2. 心理方面

（1）智力正常。智力正常是心理健康的重要指标之一。智力一般是指人的观察力、记忆力、想象力、思维能力和操作能力的综合，可以用智力商数（简称智商）来确定其发展水平。

（2）情绪、情感稳定。情绪、情感稳定是重要的心理健康指标。人都有喜、怒、哀、乐，主要是如何去控制。在生活中，人们都会遇到各种各样的困难和挫折，需要能够协调和控制自己的情绪，能适度地表达和控制自己的情感，保持稳定的情绪和情感，对生活充满希望和信心。

（3）人格健全。要成为心理健康的人，必须有健全的人格。人格是指一个人的气质、能力和性格，健全的人格主要表现为：理想、信念、人生观等方面能够平衡发展，能够客观地认识自己，正视现实、迎接挑战；对自己、他人、社会的态度和行为方式比较稳定，并且符合社会的规范，有良好的控制能力。

（4）意志的健全。健全的意志是指在自觉性、果断性、自制性、坚持性四个方面的良好状态。心理健康的人善于分析情况，决策果断，自制力良好，有毅力，有心理承受能力。心理不健康的人则会表现出武断固执，或是畏惧、没有信心等。如果一个人没有坚强的意志，那么就很难在这个竞争激烈的社会中把握住机会，迎接挑战。

（5）注意力集中。注意力是心理活动对一定对象的指向和集中，是一切心理活动的共同特性，是判断心理健康与否的一个有效指标。由于人的注意力总是和心理过程的障碍相联系（如认知、情感、意志等障碍），一旦发现某人非常容易分心、不能自制，说明他可能已经存在某种心理问题。

（二）积极向上、面对现实，有较好的社会适应能力

人之所以区别于其他生命体，最本质的一点在于人具有社会性。人处于社会中，生活在复杂的社会环境下，无时无刻不在接受来自环境的影响，如果缺乏社会适应性，就无法生存和生活。心理层面跟不上社会环境的发展和变化，势必会影响心理的健康发展。良好的环境适应能力可以从以下四个方面来表现。

1. 适应自然环境的能力

心理健康的人必须有适应不同自然环境的能力，比如说不同的气候、温度等。

2. 适应人际关系的能力

除非落难孤岛，你是不可能避开人际关系的。心理健康的人，应该乐于与人交往，能够与人和谐相处，并且有亲密的人可以分享生活中的感受。同时，可以在与别人相处的过程中，满足自己的需求，并为他人和集体所接受。

3. 具有一定的学习能力，并能适应工作和学习的要求

工作是一个人社会化中非常重要的部分。心理健康的人不会把工作当作

是"苦差",而是一种乐趣。一方面他们在工作中发挥自己的才能,另一方面在已有经验的基础上解决新问题,具有克服困难的能力。

4. 适度地表达和控制自己情绪的能力

心理健康的人应该具有对外界事物刺激的适度反应能力。外界事物的刺激必然要引起人们的反应,但这种反应必须是适度的,既不能十分过敏,也不能极为迟钝。

(三)幸福感

幸福感是对自己、对工作、对他人(包括对人际关系、对社会环境等)的满意程度。心理健康的人对现在的生活、环境有满意感,同时还对未来充满信心和希望。

(四)成就感

马斯洛认为,人的内部存在一种向一定方向成长的趋势或需要,这个方向一般可以概括为自我实现或心理的健康成长。自我实现是马斯洛需求层次理论的最高层,属于高级需求,满足这种需求使人健康、精力旺盛,而自我实现者就是能够使自己成为理想状态的人,达到个人潜能的巅峰。这也可以说是一个人对实现自身天生潜能的不断追求,通常可以通过人的创造力的发挥程度和成就感的高低来衡量。一个人应该热爱生活、热爱事业,具有宽阔豁达的胸怀,能意识到自己对社会的责任,努力掌握知识与技能,发展个人的能力与体力。虽然人的聪明才智不尽相同,但应能尽其所为,力争取得一定的成就,从而创造人的价值。这一点对于心理健康无疑是非常重要的。

(五)安全感

安全感,也是评价一个人心理是否健康的标准之一。安全感是一种从恐惧和焦虑中脱离出来的信心、安全和自由的感觉，是满足一个人现在和将来各种需要的感觉，是对可能出现的对身体或心理的危险或风险的预感，以及个体在应对处置危险或风险时的有力或无力感，主要表现为确定感和可控感。这里我们更多的是指情绪安全感和工作安全感，包含了人们在客观事物能够满足安全需要的情况下所感受到的来自自身的情感体验，以及对目前自身工作稳定性及对未来职业前景的心理期望和感知。安全的需求是个体发展所必需的。

三、关于心理健康的十大误区

在对心理健康标准有了一个整体把握后，我们再来看一下心理健康的误区，从另一个侧面正确地把握心理健康的内涵。

> 💬 **小贴士**

心理健康的十大误区

身体健康就是心理健康；
心理问题是"神经病"或"精神病"；
心理问题只发生在少数人身上；
心理问题只能发现后再治疗；
心理问题可以不用治疗；
只要心理不变态，就算是心理健康；
心理健康与心理问题是静态不变的；
纪律、道德等思想问题与心理健康无关；
看心理医生是丢人的一件事；
心理咨询是一劳永逸的。

（一）身体健康就是心理健康

这个误区是较为典型的一个。正如上面已经提到的，早在1981年，世界卫生组织就指出，健康不仅指身体健康，还包括心理健康和良好的社会适应能力。所以仅仅生理健康不等于完全的健康，不等于心理就一定健康，生理和心理是相互独立又相互依赖的，只有两者都健康，我们才能说他（她）是个健康的人。

（二）只要心理不变态，就算是心理健康

心理不健康有许多种形式，变态心理只是其极端形式的一种而已。根据状态粗略划分的话，人的心理可用三个区来表示，即白色区、灰色区和黑色区。像生理健康一样，我们可以把人处于白色区认为是心理健康，处于黑色区为心理变态，灰色区则称为心理的亚健康区。它们之间是可以相互转换的，亚健康心理调节得当就会恢复为健康心理，调节不当则会发展为病态心理。所以仅仅心理不变态的人不一定就能认为是心理健康。

💬 小贴士

> **什么是变态心理**
>
> 变态心理亦称异常心理或病理心理。变态心理有多种表现形式，可根据不同的标准或其严重程度分类：按心理过程或症状，分为感觉障碍、知觉障碍、注意障碍、记忆障碍、思维障碍、情感障碍、意志障碍、行为障碍、意识障碍、智力障碍、人格障碍等；按临床精神疾病的表现或症状可分为神经症性障碍、精神病性障碍、药物和酒精依赖、心理生理障碍、适应障碍、儿童行为障碍、智力落后等。

（三）心理问题是"神经病"或"精神病"

许多人对心理问题十分敏感又不屑一顾，甚至有些人将心理问题与精神疾病画上了等号。陷入这种误区的人会压抑自己的（潜在的）心理问题，长久得不到解决就会发展为心理疾病。然而，心理问题与精神疾病没有必然的、内在的联系。

> **小贴士**

> **什么是精神疾病**
>
> 在此，举一个简单的例子。比如精神分裂症，它是幻觉妄想综合征的一种，患者可表现为思维散漫、情感淡漠、意志减退、思维中断、思维贫乏、行为异常或幻觉与妄想。
>
> 幻觉多为言语性幻听，在幻觉的基础上会出现被害妄想、物理影响妄想，认为有人想害他，有人知道了他的思想，有人用某种仪器控制他、监视他，由此患者可出现异常的动作和行为，如伤人、破坏行为等。
>
> 而心理问题是什么呢？比如考试焦虑、社交恐怖、自卑、抑郁等，这都属于心理问题范畴，所以，心理问题不能和精神疾病混为一谈。

（四）心理健康与心理问题是静态不变的

许多人认为，心理健康就表明永远不会有问题，心理有问题就永远健康不了。其实心理健康与心理问题是相对而言的，这二者是动态的、可逆的、不断变化的。

（五）心理问题只发生在少数人身上

其实，几乎人人都有心理问题，只是程度有轻有重，或是自己没有意识到。并且，在人一生中的不同时期都可能产生心理问题。

（六）纪律、道德等思想问题与心理健康无关

实际上，两者之间是有密切联系的。比如说道德是一个心理健康的人表现出的基本的精神面貌，而这个精神面貌的内容、实质就是行动与心理上的

道德表现。

（七）心理问题只能出现后再治疗

心理问题是能被早期发现、早期调适、早期干预的，所以，对心理问题同样应贯彻预防为主的原则。

（八）看心理医生是丢人的一件事

很多人觉得去看心理医生是很难为情的事情，认为看心理医生的人是心理变态的人，这是个很大的误区。心理咨询在我国是个新生事物，人们对它的了解还不够，这可能是造成这种误区的原因之一。另外，许多人对心理咨询不信任，认为心理咨询师只是聊聊天就收取高额的咨询费用，是骗人的东西，这也是误解。其实，正如哈佛大学心理学博士岳晓东所说的那样，"心理咨询访谈是一种享受而不是痛苦，是明智的选择而不是愚蠢的做法"。

（九）心理问题可以不用治疗

长期以来，社会只重视身体健康而忽视心理健康的宣传，致使人们身体有病大大方方地去看医生，但心理有问题却不好意思去看心理医生，日积月累，小问题也逐渐成了大问题。

（十）心理咨询是一劳永逸的

对心理咨询的不了解也导致了人们对其过高的期望，认为通过一次两次的心理咨询就可以解决所有心理问题。其实，心理问题和身体疾病一样，"冰冻三尺，非一日之寒"，不可期望很快就能痊愈。而且，不同于身体疾病，心理问题的治疗往往是周期性的，需要患者和心理医生双方互动交流，这自然也不是一次可以完成的。

> **💬 小贴士**
>
> 治疗抑郁症,在看心理医生的同时,可能还需要配合使用一些药物治疗、认知行为疗法等手段,来辅助心理咨询的效果。并且,心理咨询也不是一劳永逸的,可能需要几次甚至很多次,有严重心理障碍的人甚至需要长达几年的心理咨询才会有疗效。

四、影响心理健康的因素

影响心理健康的因素有很多。总的来说,这些因素主要包括个人先天遗传因素、身体健康状况、先前经历、生活事件、个性心理特征、情绪等。

(一)先天遗传因素

一般说来,人的心理活动是不能遗传的,主要是后天的社会环境影响下形成和发展起来的。但是,先天遗传因素在很大程度上决定了一个人的生物学特征,同时对人的心理健康有着直接的影响。比如说精神疾病患者家族中,的确有遗传基因,一个人的气质、能力、性格等也会受到遗传因素的影响。

(二)身体健康状况

曾经广受好评的一部澳大利亚黏土动画电影《玛丽和马克思》中,男主角马克思是一名被肥胖问题困扰的自闭症患者,他在给玛丽的信中提道:"我正在努力减肥,因为我的心理医生告诉我,健康的身体和健康的心理同样重要。"由此我们不难看出,身体和心理是相互依赖、相互影响的。

健康的身体是心理健康的前提。孩子营养不良或是营养过剩都会影响大脑的发育,亦会导致智力发育迟缓,进而影响心理健康。比如疾病,它会导致心理健康受到影响，因为疾病会导致生理功能受到损害，使得个体承受心理压力的能力降低，而在挫折面前就更容易自暴自弃。因此，好的身体是健康心理的基础。

（三）先前经历

个人先前的经历对他的心理健康有着重要的影响，尤其是早期的个人经历对今后的心理成长起着决定性的作用。

研究结果显示，早期在单调、贫乏的环境中生长的孩子，心理的成长往往会出现障碍，长大后会出现冷漠、冲动的性格，而且行为容易偏激。儿童早期一般是将父母作为模仿的对象，如果父母身上有一些不良的行为和缺陷，孩子就会模仿并内化，如果不及时加以纠正，今后就可能表现出不适应社会的、不恰当的行为。比如说，早期经历过家庭暴力的儿童，在长大成家之后，更容易表现出家庭暴力倾向。这一结果，受到了社会学习理论的支持。

（四）生活事件

生活事件指的是在日常生活中遇到的各种各样的社会生活的变动，如亲人死亡、离婚、刑罚、失恋、退休等，这类变化都可以引起心理障碍。即使是中等水平的刺激事件，如果它们连续发生，这种影响可以累加，负面情绪长期存在、挥之不去，也是很严重的，可以导致心身疾病的产生。这是因为每经历一次生活事件，都要付出精力去调整由于这一事件的发生所带来的变化，如果生活事件数量增加，个体适应变化的努力也要相应增加。如果在一段时间内发生太多的生活事件，或者是某个生活事件持续存在，个体的身体和心理健康状况就很容易受到影响。

这些生活事件可能是以下一种或几种同时发生：

(1) 家庭发生重大变故，比如亲人伤亡、家人失业、家中失窃、财产损失等；

（2）身体患有严重疾病，比如患传染性的疾病如肝炎、肺结核病，或是治疗费用很高又难以治愈的疾病等；

（3）遭遇性危机，比如性侵犯、意外怀孕等；

（4）感情受挫，比如离异或分居，单相思情绪失控，家庭暴力等；

（5）受辱、受惊吓，比如当众受到羞辱，突然受到严重惊吓如看恐怖片情绪失控等；

（6）与他人发生严重人际冲突，比如被多人排斥，受到歧视、误解等；

（7）其他生活、工作中的重大事件，比如岗位降级、持股行情波动等。

（五）个性心理特征

所谓个性心理特征，就是个体在其心理活动中经常地、稳定地表现出来的特征，主要体现在人的能力、气质和性格方面。

1. 能力

能力是指一个人顺利完成某项活动的一种心理特征，是一种对工作或任务表现出胜任和担当的心理特征。如果一个人现有的能力无法完成某项任务，这可能会给当事人带来心理压力和挫败感，会影响到心理健康的发展。

2. 性格

性格是人格中最重要的核心，所以我们经常看到这样的一种说法，即一个人的性格可以决定一生的命运。性格可以决定一个人的心理特点以及处理问题的态度和能力；内向型的性格在适应环境的变化上可能会有点慢；冲动型的性格则很难控制自己的行为；活泼型的性格很难集中注意力长期关注同一个问题。

3. 气质

同样，气质类型也是各有不同的。一般来说，我们常把气质分为多血质、胆汁质、黏液质和抑郁质四种。一个人的气质是相对稳定的，它与日常生活中人们所说的"脾气""性格""性情"等含义相近。实质上，不同性格和气质类型的人都有自己的优点和缺点，如果遇到不适应的环境，可能会出现心理失调，影响心理健康的水平。

（六）情绪

情绪对心理健康的影响也很大，积极或消极的情绪都会影响心理健康，只有适度的情绪才有利于心理健康。比如说，过度的兴奋和高兴可能会导致神经系统出现障碍，严重的可能会发生器质性病变，导致精神性疾病；适度的愉悦可以减少心理的压力和紧张感，使人放松，身心和谐。

第二节 信访工作者心理健康促进的意义

《信访工作条例》明确规定，信访工作是党的群众工作的重要组成部分，是党和政府了解民情、集中民智、维护民利、凝聚民心的一项重要工作。信访工作者作为信访工作的主体，自身的心理健康至关重要，直接影响信访工作质量，直接影响党和政府的形象。

一、信访工作者心理健康的现状

多年前，某市信访局与该市心理危机研究与干预中心合作，曾对全市118名信访工作者进行了一次心理测评。据该心理危机研究与干预中心负责人介绍，参与测评者被要求填写一份症状自评量表（SCL—90），包括躯体化病症、强迫症状、焦虑、抑郁、人际关系敏感、敌对、恐怖、偏执、神经性疾病，以及睡眠和饮食障碍共10个方面的问题，让他们根据自己最近一周时间内的实际感受填写。此外还要填写一份主要测评与同事、家庭关系的社会支持评定量表和一份反映近期个人生活状态的生活事件量表。心理测评的结果显示，多数信访工作者有轻度到中度抑郁。该信访局负责人表示："这118人占全市专职信访工作者的85%左右，说明信访工作者的心理问题已成为一种普遍现象。信访工作者的心理健康问题应该引起重视。"

上述调查结果显示，多数信访工作者都会有轻度到中度的抑郁表现。这些不同程度的抑郁情况，体现在睡眠、饮食等多个方面，或多或少地影响到信访工作者正常的生活和工作。在此，我们对信访工作者所遇到的心理健康问题在生理表现和心理表现方面做以下整体的归纳。

（一）生理表现

在信访量高位运行的今天，各地区各部门的信访工作任务都比较繁重，信访工作者经常处于"白加黑""五加二"的工作状态，经常不能按时吃饭、下班，有些人甚至出现了胃病、高血压病等疾病。也有信访工作者反映，接待完来访群众后，会出现不想吃饭、不想说话、连水也不想喝的状态。还有一些信访工作者控制不好情绪，偶尔出现态度生硬、言语过激的情况。有一位信访工作者曾经这样描述："总感觉很压抑，整天闷闷不乐，成天满脑子想着这个人多么苦，那个人多么可怜的事。下班后不想跟任何人说话，经常莫名其妙地发脾气，事后自己都感觉不应该这样。晚上睡眠很差，总是梦见好多人追着自己、拉着自己说话。早晨起床后总是感觉新的一天又将是令人难过的一天，不想去单位上班。"

另外，信访工作者可能会遭遇一些身体上的疾病。身体和心理是一个相互关联的统一的整体，不良情绪长期积压无处释放，或者抑郁的积累，容易导致一些身体上的疾病发生，如神经衰弱等。

（二）心理表现

1. 一般的心理问题

信访工作者面临的心理健康问题有很多，如心理压力过大、自卑、消沉等。信访工作者的压力过大，是多方面原因造成的，在下一个部分中会重点讲到。然而，信访工作者在接访过程中扮演的角色类似心理咨询师，每天都会面对大量负面信息和负面情绪，工作特性决定了信访工作者面临着常人难以想象的压力。他们常有自己的价值不被认同的感觉，工作也经常不被尊重和理解，天长日久，心里积累了很多没有及时疏导的压力。而这些积累起来的压力，可能会导致信访工作者产生自卑、消沉等一般的心理问题。

2. 情绪疾病

在某些情形下，信访工作者会变得冲动起来。比如说，信访工作者在工作中可能会接待一些易怒且缺乏理智、态度粗暴的信访人，一旦问题不能按照这类信访人的意见得到解决，信访人就会发火或者把矛头指向信访工作者，甚至出现辱骂、殴打信访工作者等行为。在某种情形下，信访工作者的情绪管理能力会出现下降趋势，可能出现态度僵硬、言辞过激的行为。

很多信访人都是带着问题和满腹的怨气来的，都希望自身的问题能通过信访部门得以解决。在信访人中间，不乏性格偏执甚至存在心理障碍者，信访工作者往往被迫成为"出气筒"，这可能导致信访工作者出现情绪低落、没有成就感等。

3. 心身疾病

心身疾病是一种发生发展与心理社会因素密切相关，但以躯体症状表现为主的疾病，常见的有进食障碍、睡眠障碍、性功能障碍、消化性溃疡等。有的信访工作者压力过大或在日间受到的负面情绪过多，夜晚就会很难入睡，或是多梦易醒患上了失眠症，这些都是心身疾病的具体表现。

二、影响信访工作者心理健康的主要因素

生理是心理的基础,如果信访工作者在生理方面有什么不适或者疾病,势必会影响到心理的健康状况。除了影响心理健康的生理因素和遗传因素外,在此更多的来关注以下几个方面影响心理的社会因素。

(一)工作压力

信访工作者作为信访工作的关键主体,工作压力直接影响到信访制度的运行效率。有资料显示,在美国,因工作压力而引发的经济索赔、劳动生产率下降、旷工、健康保险费用上涨以及高血压、心脏病等直接医疗费用,每年就高达2 000亿美元。英国某机构进行的一次调查发现,在关于工作健康与安全方面,有68%的被调查者认为工作压力是他们及其同事最关心的事情之一,且在重要性上排在了"生命危险"之前。由此可见,对工作压力的关注应该是迫在眉睫了。

就信访工作来说,工作压力过大的原因很多,可归纳总结为以下几个方面:

1. 信访工作岗位现实要求带来的压力

(1)工作量大。党的十八大以来,以习近平同志为核心的党中央高度重视信访工作,党的十八大和十八届三中、四中、五中、六中全会分别对改革信访工作制度、加快信访法治化建设等作出安排部署并提出明确要求。全国信访系统坚持改革创新,一系列基础性、支柱性、关键性改革措施陆续推进、落地生根,有效解决和化解了一大批事关群众切身利益的信访问题,促进了社会和谐稳定。党的十九大后,信访形势持续平稳向好,呈现出信访总量稳中有降、信访秩序明显好转、信访工作公信力不断提升的良好态势。信访工作正以累累硕果,有力支持着改革发展稳定的大局。特别是近年来,随着治理重复信访、化解信访积案专项工作的推进,全国信访系统针对多年积累的

"骨头案""钉子案""无头案",打响"清仓见底"的攻坚战,积极作为、较真碰硬,终于使一大批多年积累的矛盾和问题得到有效化解,一大批信访积案得到切实解决。但是,应该说信访总量仍然在高位运行。

(2) 工作责任大。信访工作者是化解社会矛盾的一线工作人员,现有的工作量已让他们经常处于满负荷的工作状态中。召开的第九次全国信访工作会议明确要求,信访部门尽可能妥善地化解社会矛盾,这更加突出了信访部门工作的责任。对某些信访件的处理稍有不慎,则有可能引发更大的社会矛盾,因此信访工作者肩负着重大的社会责任。

(3) 工作难度大。信访工作是党和政府的一项职能性工作,肩负着为民解难、为党分忧的政治责任,具有较强的政治性和政策性。信访部门所接触的信访案件涉及面非常广,大到国家法律法规,小到生活琐事,任何人都不可能在如此多的方面上做到样样精通。正是因为这样,信访工作岗位的任务要求处在较高水平,这必然会引起信访工作者对工作产生紧张感,即产生工作压力。

另外,随着改革的深化,人们的思想观念、维权意识都发生了深刻的变化,出现了历史问题与现实问题相互交织、经济利益诉求与政治利益诉求相互交织、合理要求与不合法方式相互交织、多数人的合理诉求与极少数人的无理取闹相互交织、群众自发行为与部分人员挑头组织操纵相互交织的复杂局面。因此,信访工作的难度越来越大。

非常值得一提的是,信访人复杂的心理特征更增加了信访工作者的工作难度。一些信访人的极端行为,比如缠访、闹访等,增加了工作处理难度和工作任务量,同时,给信访工作者增加很多负面情绪和心理压力。

2. 信访工作的组织运行机制带来的压力

这方面原因具体表现在:

(1) 领导对工作的要求、期望和信任。构建和谐社会理念的提出,使得信访工作任重道远。所以，领导一般对信访工作者都寄予了较高的要求、期望和信任。

（2）群众的要求、依赖和信任。在群众心里，信访部门是党和政府为其解决问题的重要机构，也是其向党和政府提出意见和建议的主要途径，他们自然对信访部门会产生较高的要求、依赖和信任。

（3）舆论的监督。信访部门作为党和政府密切联系人民群众的纽带，必定会引起社会舆论对其工作情况进行监督。

（4）与平行部门的绩效对比以及上级的考核等方面产生的压力。信访部门作为党和政府的一个职能部门，每年要参加绩效考核，同时上级信访部门也会定期对下级信访部门进行考核，用以考察其业绩。

这几个方面的因素都给信访工作者带来了不小的工作压力。

3. 自我要求和期望的压力

自我要求和期望带来的压力具体表现如下：

（1）工作性质对情绪造成影响。信访人到信访部门来大多是表达利益诉求的，且多是感觉利益受到侵害的，所以往往带着怨气或者怒气。接待信访人的过程，往往也是承受负面情绪的过程，难免使得信访工作者的压力在无形中增加了。

（2）对自己要求严格、期望值过高。现有知识结构不能满足工作需求等；过高的标准和要求，必然会加大信访工作者的工作压力。

4. 职业发展的压力

这一部分的压力，主要表现在：

（1）自我认同感不强。许多信访工作者感觉信访工作任务重、责任大，工作单调、缺乏成就感，特别是遇到信访群众不理解甚至误解的时候，更加缺乏工作兴趣，自我认同感不强。

（2）晋升机会少或职业前景不明确，职业目标很难实现。由于一些制度和社会的因素，使得部分信访工作者认为自己的晋升机会不多，职业目标很难实现。

（3）社会对信访部门的地位评价不高。相对于党和政府机关、单位中的其他部门，信访工作者在工作中虽然付出同样的或是更多的时间和努力，但社会各界对信访部门的地位评价却不是很高。

这些因素容易造成信访工作者心理失衡。比如由于相互攀比觉得价值感不高，自己和自己比较以及自己和别人的比较中有心理落差，认为属于边缘化的岗位或怀才不遇等，这些因素都在无形中增加了信访工作者的工作压力。

当然，压力有积极压力和消极压力之分，对提高工作绩效的压力我们称为积极压力，而对工作绩效有反作用的则为消极压力，详见表1-1。

表1-1　　　　　　　信访工作积极压力和消极压力

积极压力	消极压力
工作量大	工作对情绪造成影响
工作责任大	对自己要求过于严格、期望值过高
工作要求和标准高，工作难度大	知识结构不能满足工作需求
领导的要求、期望和信任	仅靠职业道德驱使
群众的要求、依赖和信任	自我认同感不强
舆论对信访部门工作的监督	认为晋升机会少或职业前景不明朗
与相关部门的绩效对比而产生竞争的压力	他人对信访部门在党和政府机关、单位中的地位评价

（二）情绪管理与调控

信访工作者因每天接待着不同的人群，工作也经常不被尊重和理解。并且，很多信访人都是带着问题和满腹的怨气来的，都希望自身的问题能通过信访部门得以解决，信访工作者往往成为"出气筒"。长此以往，不良情绪无法得到合理的宣泄，信访工作者或多或少都会出现一些心理问题，从而导致情绪调控障碍等。因此，如何管理情绪也就自然而然地成了亟待关注的问题。

此外，社会对信访部门和信访工作者地位的认可程度，以及通过信访解决社会问题的成果的肯定程度都不是很高。有的信访工作者认为，信访部门是"什么都管，什么都管不了；什么都不能不管，什么也都可以不管"。信访工作者在这种机制运行下的处境非常尴尬，对角色的认知非常模糊。有的人对成功的体验较少，对工作和对自己的认可程度也就会随之下降，这样一来就很容易产生低落的情绪体验。

（三）自信心

在理解了上面提及的社会和自身对信访工作的认可度较低之后，我们不难得出这样的结论，即自信心的缺乏容易导致自卑等悲观的心理。如果对自己的评价很低，只看到自己的短处，就很容易导致自信心的丧失，使得自己处在悲观的情绪中。可见，丧失自信心很容易导致悲观心理，信访工作者自我认同和自信心的丧失，容易使他们陷入消极的、悲观的情绪状态中。

（四）工作与家庭的平衡

家庭是社会的细胞，信访工作者更不可能离开家庭这个小环境，家庭生活状况是生活压力的重要内容。心理学研究发现，个人的家庭生活压力状况在很大程度上影响着个人在工作中的表现。恋爱、婚姻生活中体验的幸福感、亲情感，家人对工作、事业的理解和支持，和睦愉悦的家庭情感氛围，都将直接影响信访工作者的工作状态。

大部分信访工作者处在职业发展时期，在职场上遇到压力和挫折是不可避免的，因此而产生的不良情绪如果带回家的话，可能会引发一些家庭矛盾。另外，也会因为繁忙的工作，没有时间陪伴家人，导致家庭关系不和睦等。

信访工作者需要面对的经济压力也不容小觑。他们的家庭生活开支、子女教育开支等费用，无疑又会给职业发展期的人造成压力，这样一来，就会形成恶性循环。因此，家庭和事业之间的平衡程度，在一定程度上影响了信访工作者的身心健康。

（五）个性差异

1. 信访工作者个性差异引发的心理压力

心理学研究表明，个性差异决定承载压力的主体内心体验的差异性，不良的个性特征和缺陷会增加自我的心理压力和痛苦，由此产生心理疾病的概率就会增高。性格开朗者易化解心理压力，反之，过于内倾者，可能会出现人际关系紧张，社会角色的期望难以实现，其心理问题产生的概率就会增加。焦虑倾向严重、责任感较强的信访工作者遇到挫折、压力时很难进行有效的自我调节。这就是为什么越是自我要求高、责任心较强、工作兢兢业业的优秀工作者，心理压力就越大，其承受能力也越差的原因。

2. 个人能力和素质带来的心理压力

随着社会的不断进步发展，每个行业都在呼唤综合型人才，所以现代人不断地充电来提高自身的工作能力和综合素质，以便适应社会前进的步伐。信访工作者超负荷的工作使得他们没有更多的时间和精力"充实"自己，这样，一方面社会的竞争日益加剧，对自身的挑战越来越严重；另一方面个别信访工作者的综合能力与实际工作不相适应。这种矛盾使信访工作者极易产生压力感和不适感。

> 小贴士

某市信访局组织的对信访工作者心理健康的调查结果一公布,立刻引起了众多关注。正如前面讲到的,威胁信访工作者的心理健康的因素有很多,但是我们不能过分夸大其消极的影响,因为从不同的层面来说,压力也有积极压力和消极压力之分,积极压力可以成为提高工作绩效的动力因素,而消极压力则会阻碍个体的身心健康。所以,我们要区分清楚什么是积极的,什么是消极的,在认清消极压力的基础上,将它一网打尽。

然而,信访工作者所从事的信访工作被称为社会的"减震器""减压阀",面对满腹怨气的信访人和各种各样的问题,信访工作者充当的是社会心理咨询师的角色。而如今这些"心理咨询师"也出现了诸如上面总结到的心理问题,这不能不被重视和反思。

三、信访工作者心理健康促进的意义

信访是公民政治参与和利益表达的制度化途径,是党密切联系群众、了解社情民意的一种制度化形式,是政府行政决策民主化、科学化的重要保证。随着改革的不断深入,社会矛盾日益突显,信访工作的难度加大,信访工作者心理健康也越来越受到关注。因此,对信访工作者开展心理健康教育,促进其心理健康发展具有重要的意义,具体表现在下面两个方面。

(一)个体成长方面

一方面,心理健康促进可以帮助信访工作者了解和掌握心理健康教育的内容,使他们知道什么是健康和不健康的心理,并且掌握一定的心理学理论和技能，克服自己在接待信访人的过程中可能遇到的心理问题或心理障碍；帮助他们应对职业发展和工作压力，平衡自己的身心，平衡事业和家庭，合理地应对社会环境的变化，保持心理健康。

另一方面，心理健康促进可以帮助信访工作者疏导、缓解工作压力；能让信访工作者更清楚地认识到自己的心理健康状况，主动觉察到自己的情绪状态；调整认知和态度，从而管理好自己的情绪，必要时通过合理宣泄自己的情绪；对情绪进行正确表达，以保持良好的情绪状态和人际关系；借助自身努力克服不良影响，能在信访工作中发挥出最佳的状态。

（二）社会和谐方面

心理健康促进可以帮助信访工作者掌握一定的心理学知识，在处理信访案件时，一方面能够更好地安抚来访群众的消极或过激情绪，提高思想疏导工作的有效性；另一方面也能够更准确地对案件本身进行诊断，包括判断信访人在提出信访诉求过程中有没有心理问题和精神疾患，信访案件处理是否妥当等。

健康的心理对于学习、工作的效率起重要的作用，一个心理健康的人是朝气蓬勃、开朗乐观的，学习和工作有劲头，效率就高。信访部门是社会的"减压器""降压阀"，信访工作开展得好，社会矛盾得到有效缓解，社会和谐程度自然就有一个很大的提升。

因此，心理健康促进对信访工作者自身和信访工作的社会意义都有很大的推动作用。

第三节　信访工作者常见身心健康问题及应对

正如上节中我们所得出的结论，信访工作者的心理健康问题已经成为不容小觑的问题。信访工作者出现心理问题，很大一个原因就在于其压力大（来自工作、家庭、社会、自身发展等方面因素）。那么压力会给信访工作者带来什么影响呢？信访工作者会遇到的具体问题又有哪些呢？

积极压力会让人振奋，按时积极工作，对生活的目标充满希望和向往，而消极压力则会起到一些反作用。在生理层面上，消极压力会引起身体心率加快、血压升高、内分泌失调、消化系统功能失调、疲劳、心脏疾病、糖尿病、呼吸系统疾病、汗流量增加、头痛、肌肉紧张、疑病症、失眠等。长期处于消极压力的环境中，甚至会导致一些更为严重的疾病，比如癌症等。此外，在心理层面上，消极压力也是一大杀手。消极压力表现出的心理问题症状大致有如下几个方面：

（1）焦虑、紧张、迷惑、急躁；

（2）疲劳感、生气、憎恶；

（3）情绪过敏和反应过敏；

（4）道德和情感准则削弱；

（5）感情压抑，兴趣和热情减少；

（6）交流的效果降低，出现退缩和忧郁、孤独感和疏远感；

（7）厌烦并对工作充满不满情绪；

（8）精神疲劳和低智能工作，错觉和思维混乱增加；

（9）注意力分散，注意范围缩小；

（10）缺乏自发性和创造性，组织能力和长远规划能力退化；

（11）短期和长期记忆力减退，反应速度减慢；

（12）性格发生变化，比如很仔细的人会变得邋遢、马虎，热心肠的人会变得冷漠，谦逊的人变得武断；

（13）自信心不足，出现悲观失望和无助的心理。

当然，除了压力大，信访工作者也会受到一些其他因素的威胁。下面将选取几个较为典型的问题进行分析并适当地给出对策，这几个典型问题分别是头痛、神经衰弱、自卑、心理疲劳、易激惹、焦虑、抑郁。

一、头痛

（一）案例

> 小刘是一名信访工作者，因为工作的关系常常熬夜，头痛也成了她的常客。她已经在信访局工作五年了，随着职位的提升，她的头痛也变本加厉了，发作的频率也越来越高。
>
> 虽然这几年小刘常去医院检查，也吃过各种治头痛的药，可是这头痛的毛病却一直伴随着她。她曾经一度认为自己的脑子出了问题，去脑科做了全面的检查却没有发现任何问题，可是疑病的心思却没怎么减少。
>
> 前几个月，在接待了一个较为冲动的信访人后，她突然头痛得受不了，无奈之下她到了一家精神诊疗中心。专家详细地做了检查之后，诊断她为躯体疼痛性神经官能症。专家给小刘配置了一个疗程治疗神经官能症的药物，并嘱其注意休息，劳逸结合，让自己身心得到放松。随着治疗的深入，小刘反映自己的头痛症状有所减轻，并且头痛的次数也明显减少。

（二）分析

据临床医师介绍，像小刘这样的病患现在越来越多，甚至"每月都在以10%的速度增加"，并且这种持续性身体形式疼痛障碍在公务员等白领行业中尤为多见。不少人认为这是一种器官病症，而不知道是心理疾病所致。其实头痛是工作压力大后的一个信号，它主要是提醒人们要注意工作节奏，注意休息。有些人不太在意这个信号，可能也会出现其他病症，比如腰痛、肩痛等。因此，我们可以将信访工作者常见的头痛问题解释为以下两个原因：

1. 工作压力大

关于信访工作者工作压力大的各个因素，我们已经在前面内容中做了具体的分析，在此不再赘述。

2. 生理病变

有些头痛的发生，的确是身体上的器质性病变，但是要切忌"病急乱投医"。另外，一定要相信科学，不要总是怀疑自己是不是得了什么重病，疑病症给个体带来的伤害甚至比头痛本身更加痛苦。

（三）应对

头痛仅仅是一个临床症状，能引起头痛的疾病是很多的。那么，当你遇到头痛时应该怎么办？

首先，一定要及时到医院请神经内科专科医师检查，由专科医师在进行详细的病史询问和体格检查后，判断头痛可能是由哪些疾病引起的。如果是生理原因引起的症状，那么可以遵照医师的建议，接受有效的临床治疗。如果是心理原因导致的，那么就要接受相应的心理治疗方法，放松身心。

其次，在没有弄清楚引起头痛的病因之前，切忌盲目服用止痛药。如果头痛得确实难以忍受，应由专科医师决定是否可以服药，服用哪种止痛药合适。在明确病因（找到了引起头痛的疾病）后，止痛的关键是针对病因治疗，在此基础上才考虑适当服用止痛药物。

> **小贴士**
>
> **应对头痛日常保健十招**
>
> 检查身体紧张状态；　　写头痛日记；
> 保持心情愉快；　　　　定期锻炼；
> 保持稳定的作息时间；　热敷；
> 少喝酒；　　　　　　　戒烟；
> 躺下休息；　　　　　　避免强光照射。

（四）诊断

不明的身体疼痛症状不能忽视，千万不要随便乱用药。对于信访工作者来说，可以从以下三个方面来鉴别自己是否患上案例中所提到的病症：

（1）头部或其他部位疼痛时间是否超过半年；

（2）经过医院检查确定无病因；

（3）头痛或其他疼痛是否影响到工作、生活、学习。

如果具备这三个条件，就要注意做好自我身体调节，找心理医生或者是去精神科诊断，以防诊断不明导致病情被延误，长期忍受痛苦。

另外，像案例中介绍的躯体疼痛性神经官能症，它的表现形式是多样的，可能是头痛，也可能是肩痛、腰痛、胸痛等，对于这些病症，也需要引起重视。

二、神经衰弱

（一）案例

> 李某，35岁，某市信访局来访接待中心的工作人员，常感觉到失眠、精神差、易疲劳。两年前，他因感到工作压力大而开始失眠，表现为入睡困难，每晚要两个小时左右方能入睡，睡后极易惊醒，轻微响声都不能忍受，梦多，白天则会昏昏欲睡，记忆力下降得厉害。近3个月来他感觉头晕、头痛、眼花、情绪急躁，常因小事叹息不已。李某生性多疑敏感，不果断、易急躁，自信心低、情绪不稳。虽然他经过体检无其他身体健康问题，但坚持认为自己的疾病非常顽固、难以治愈，甚为着急。

（二）分析

案例中李某这些症状是典型的神经衰弱的表现。神经衰弱属于心理障碍的一种，是一类精神容易兴奋和脑力容易疲乏、常有情绪烦恼和心理生理症状的神经症性障碍。精神因素是造成神经衰弱的主因，凡是能引起持续的紧张心情和长期的内心矛盾的一些因素，使神经活动过程强烈而持久地处于紧张状态，超过神经系统张力的耐受限度，即可发生神经衰弱。如过度疲劳而又得不到休息，是兴奋过程过度紧张；对现在状况不满意，则是抑制过程过度紧张；经常改变生活环境而又不能适应，是灵活性的过度紧张。在本案例中，李某作为一名来访接待中心的信访工作者，在工作上打交道最多的就是来访群众。在此，针对李某的工作情况和性格因素，我们可以归纳一下李某患上神经衰弱的原因：

1. 工作繁忙、压力大

工作繁忙且接触的负面情绪较多，不良情绪长期堆积，如果得不到合理宣泄，就有可能导致一些心理问题发生。

2. 情绪调节能力欠缺

信访工作者尤其是在信访接待中心工作的信访工作者，可能都有体会，在接待情绪冲动的信访人时，自己也会变得激动起来。有的因为同情信访人的遭遇，也会情绪不佳。这种情绪如果得不到及时的调节和纠正，就容易带到其他场合和环境中，影响自己和他人的心情。

3. 个性特征方面

案例中的李某性格本就多疑、易急躁。这些因素，会增大他罹患神经衰弱的概率。

（三）应对

神经衰弱的治疗原则有以下三点：

1. 心理治疗为主

可寻求心理医生或心理咨询师的帮助。心理治疗运用解释、疏导等技术手段向病人介绍神经衰弱的性质，让其明确本病并非治愈无望，并引导其不应将注意力集中于自身病症上，支持其增加治疗的信心。另外还可采用自我放松训练法，或者音乐疗法，也有心理医生采用催眠疗法进行治疗。

💬 **小贴士**

音乐疗法

音乐疗法是以心理治疗的理论和方法为基础，运用音乐特有的生理、心理效应，使患者在治疗师的共同参与下，通过选择相应的音乐，经历音乐的体验，达到消除心理障碍、恢复或增进心身健康健康的目的。中医的经典著作《黄帝内经》两千多年前就提出了"五音疗疾"的理论，《左传》中说，音乐像药物一样有味道，可以使人百病不生、健康长寿。音乐可以深入人心，在中医心理学中，

> 音乐可以感染、调理情绪，进而影响身体，在聆听中让曲调、情志、脏气共鸣互动，达到动荡血脉、通畅精神和心脉的作用。生理学上，当音乐振动与人体内的生理振动（心率、心律、呼吸、血压、脉搏等）相吻合时，就会产生生理共振、共鸣。这就是"五音疗疾"的身心基础。

在开展音乐疗法时应注意以下事项：

（1）选择舒缓音乐。比如，舒曼的小提琴小夜曲《幻想曲》《圣母颂》《摇篮曲》，海顿的《G大调托利奥》，莫扎特的《催眠曲》，门德尔松的《仲夏夜之梦》，德彪西的钢琴协奏曲《梦》，舒伯特的《小夜曲》等。

（2）控制音量。运用音乐治疗神经衰弱时的音量也有讲究，不要超过60分贝，在夜深人静时应降低音量，以免影响他人入睡；患有心脑血管疾病的病人，更不要使用过高音量，以免加重病情。

总之，音乐治疗神经衰弱确有疗效，但必须运用得当，否则可能会起到相反的效果。因此，神经衰弱患者应该先咨询心理医生，确定自己听什么音乐、如何听等细节性的问题。

2. 辅以药物治疗

中药和西药中都有一些安神、舒缓、抗焦虑等功效的药品。但是，是否需要服用药物以及具体的选择一定要遵医嘱。

3. 辅以物理或其他疗法

比如电疗等物理治疗的方法，这些也都需要严格遵医嘱。

（四）诊断

神经衰弱的诊断有一些具体的标准，常见的有以下几种方法。

（1）神经衰弱患者有显著的衰弱或持久的疲劳症状。如经常感到精力不足、萎靡不振，记忆力减退，脑力迟钝，学习工作中注意力不能集中，工作效率显著减退，即使是长时间休息也不能消除疲劳感。对全身进行检查，又无躯体疾病，也无脑器质性病变。具体表现为以下症状中的任何两项：

1) 易兴奋又易疲劳；

2) 情绪波动大，遇事容易激动，烦躁易怒，经常担心和紧张不安；

3) 因情绪紧张引起紧张性头痛或肌肉疼痛；

4) 睡眠障碍，表现为入睡困难、易惊醒、多梦。

(2) 上述情况对学习工作和社会交往造成不良影响。

(3) 病程在3个月以上。

(4) 排除了其他神经和精神疾病。

比如说抑郁症，就很容易和神经衰弱混淆。两类疾病症状类似，身体检查均无相应阳性体征，如忽视检查患者抑郁情绪往往导致误诊。因此，临床上诊断神经衰弱时必须排除抑郁症。抑郁症患者一般表现为情绪低落，愉快感丧失，对日常生活兴趣丧失，自责有负罪感，常萌生消极自杀的意念。

三、自卑

（一）案例

> 小王今年25岁，是某市信访局的一位新入职工作人员，在办信处负责处理本市范围内的群众来信，工作内容相对来说较为单一乏味。小王从小就不太合群，朋友极少，所以在单位也显得有点不合群。因为这一点，在工作中她基本上是独来独往。同事觉得跟她在一起比较闷，也不怎么跟她说话，所以她经常感觉自己是隐形的，自尊和自信基本上不存在了。此外，她对别的东西也没有什么太大的

兴趣，总是感觉没有什么高兴的事，都快忘记怎么笑了。最近，她越发觉得自己的记忆力不如从前了，反应速度也没有之前快，再加上工作内容的单一乏味，她多次想要辞职。可是家人坚决不同意她辞职，越是这样她越发觉得苦闷，生活和工作都没有什么乐趣可言，有的时候她甚至想过自杀来"解脱"自己。

（二）分析

自卑是什么呢？自卑就是自己感觉不及别人或者自己的事物没有别人的事物好的不满足感。德国哲学家黑格尔说："自卑往往伴随着懈怠。"自卑，可以说是一种性格上的缺陷，表现为对自己的能力、品质评价过低，同时会伴有一些特殊的情绪体现，如害羞、不安、内疚、忧郁、失望等。通过分析，我们不难发现导致案例中的小王纠结不堪的"祸首"主要为如下三个方面：

1. 性格因素

小王从小就不太合群，表明她过分内向，常常将注意力投向外界，如别人对自己会是怎么样的评价？自己会不会说错话？对方是否不喜欢自己？总是考虑很多的问题和为什么。这样一来，单位同事的忽视会加重自己的自卑情结。

2. 工作因素

工作中的挫折常常不能正确地评估，多次的失败感等，都能增加小王的自卑心理，从而更不愿与他人交往。小王的工作内容较为单一乏味，所以容易产生厌倦的感觉。另外，不良的人际关系让她觉得工作更加索然无味。

3. 人际关系因素

没有多少好友，难以释放自己心里的苦闷与不快，所以让小王的压抑感越积越多。

（三）应对

1. 要正确认识自己，提高自我评价

形成自卑感的最主要原因是不能正确认识自己，因此要消除自卑心理，需要从改变认知入手。要善于发现自己的长处，肯定自己的成绩，不要把别人看得十全十美，把自己看得一无是处，认识到他人也会有不足之处。只有提高自我评价，才能提高自信心，克服自卑感。

2. 正确认识自卑感的利与弊，提高自信心

有的人把自卑心理看作是一种有弊无利的不治之症，因而感到悲观绝望。这是一种不正确的认识，它不仅不利于自卑心理的消除，反而会加重。

3. 积极的自我暗示、自我鼓励，相信事在人为

心理学中有个著名的"罗森塔尔效应"，是说一个人对另一个人产生期望，并能从中发挥莫大的作用，另一个人便很大程度上会朝着期望的方向发展，换句话讲就是"梦想成真"。而助推该梦想成真的动力便是来源于鼓励和期待，这可以带来莫大的能量。在这种动力的推动下，人就会逐渐提升自身技能，进而提高战胜困难的可能性。所以，当感到自信心不足时，不妨自己给自己多打打气、壮壮胆，提出一个成功的期望："我一定会成功！一定会的！"或者不妨自问："人人都能干，我为什么不能干？我不也是人吗？"如果怀着"我一定能行"或是"豁出去了"的心理去从事自己的活动，事先不过多地想象失败后的情景，就会产生自信心。

另外，应时刻提醒自己，努力找出使自己产生自卑感的根源，并克服它。

对于小王来说，首先要建立良好的人际关系，日常工作生活中她应该注意以下几点：

（1）主动与他人交往。如简单地打招呼，不是要一下子侃侃而谈，而是能主动地向别人问个好,这样别人也会有相应的反应。只有得到了别人的认同,才会体会到快乐。不要寄希望于别人总是主动地与你交往,这一点很重要。

(2) 与别人的交往,要注意技巧。要注意肯定认同对方,自己不喜欢的,不一定是不好的,这是应该特别注意的方面。技巧上,或以多称赞对方、认同对方为主。

(3) 寻找"同类"。多找一些与自己人生观、价值观相同的朋友交往,这样可能相处得会更广泛一些,更长久一些。

(4) 努力获得别人认同。在工作中,努力实现自己的价值,做出自己的成绩,不要让别人觉得有你无你无所谓。

(四)诊断

1. 自卑心理测试

对下列题目做出"是"或"否"的回答:

(1) 你觉得像自己这样的年龄身高应该更高一点吗?

(2) 你对你自己的容貌满意吗?

(3) 你是否不喜欢镜子中看到的自己?

(4) 你觉得你的身体不够强壮吗?

(5) 别人给你拍照片时,你对拍出的照片满意吗?

(6) 你觉得自己比别人过得好吗?

(7) 你相信自己十年后会比别人过得好吗?

(8) 你是否常常被别人挖苦?

(9) 是否看上去很多同事不喜欢你?

(10) 你常常有"又失败了"的感觉吗?

(11) 你的领导对你的工作成绩感到失望吗?

(12) 做错一件事之后,你常常会很快忘掉吗?

（13）与同学一起的时候，你是否常常扮演听众的角色？

（14）你经常在心里祈祷吗？

（15）你认为自己使父母感到失望吗？

（16）你是否经常回想并检讨自己过去的不良行为？

（17）当与别人闹矛盾时，你通常是责怪自己吗？

（18）你不喜欢自己的性格吗？

（19）别人讲话时，你常打断他们吗？

（20）你是否从不主动向别人挑战？

（21）做某件事情时，你常常缺乏成功的信心吗？

（22）即使不同意对方的观点，你也不习惯当面提出反对意见吗？

（23）你是否自甘落后？

（24）你对未来充满信心吗？

（25）在单位里，你对自己的工作成绩进入前几名不抱希望吗？

（26）参加集体活动后，你总是感觉自己不行吗？

（27）遇到困难时，你总是采取逃避的态度吗？

（28）当你提出的观点被别人反对时，你是否马上会怀疑自己的正确性？

（29）如果别人没有征询你的看法，你会主动发表意见吗？

（30）对自己反对做过的各种事情，你总是充满自信吗？

2. 评分规则

第（2）、（7）、（12）、（19）、（24）、（29）、（30）题答"是"记0分，"否"记1分；其余各题答"是"记1分，答"否"记0分。各题得分相加，统计总分。

3. 评价

（1）总分为0~5分：你充满了自信，只是要注意别自满和自负。

（2）总分为6~10分：总的来说你并不自卑，但当环境出现变化时，也会感到有些难以适应,对自己的能力有所怀疑。一般情况下,你最终能恢复自信。

(3)总分为11~20分:只要一遇到挫折,你就会感到自己不行。你最好降低一下对自己的期望值,调整自己的追求目标,以便从每次小的进步中享受成功的快乐,逐步建立自信。

以上评价结果仅供参考。

四、心理疲劳

(一)案例

> 小林大学毕业后很幸运考上了公务员,后在信访局督办处就职,负责信访老户的协调处理工作。小林的文笔不错,所以他们办公室主任会安排一些撰写报告的任务给他,他也很欣然地接受。
>
> 有一次,因为工作上事务繁忙,一份重头材料的撰写就耽搁了。其实,在赶工作进度的时候,他的情绪常处于一种持续紧张状态。这时,主任还一个劲儿地催,他忍无可忍之下顶嘴了。事后,小林冷静地想了想,就开始觉得紧张了,他主动去找主任道歉,主任淡淡地说没关系。但小林觉得他肯定已经在心里记恨了。以后每次看到主任,小林都觉得非常不自在,所以一到办公室,就变得情绪低落、反应迟钝,而且烦躁不安。每次下班回家,常常觉得心力交瘁,完全不想动弹;虽然白天累,晚上却完全睡不着。自这件事后,失眠一直折磨着小林,他真是觉得跟主任顶了嘴之后,简直世界末日都快到了。

(二)分析

英国心理学家海德费说:"绝大多数疲劳,都是由于心理的影响,纯粹由生理引起的疲劳是很少的。"情绪上的不稳定和冲突,特别是抑郁和焦虑,往往是精神疲惫最为常见的原因。心理疲劳比生理疲劳更为复杂,也更难以恢复。心理疲劳同生理疲劳一样,本身是一种阻遏性机制,迫使身体进入休息状态,从而避免继续受到伤害,对身体起着一定的保护作用。但如果此时人们未能正视这一点,不及时采取措施消除疲劳,而任其一再发展下去,便会导致过度的心理疲劳,就会影响身体健康发展。

小林会跟顶头上司顶嘴,主要是由于心理上的疲劳引起的情绪问题。而他跟主任顶嘴后,自己没调节好心理,这又加重了这种心理疲劳,形成了恶性循环。因此,我们可以把他心理疲劳的原因归纳如下:

1. 工作繁忙,过度用脑

案例中的小林,工作上的事务要做,还要应对报告的撰写工作。这使得他需要应对的工作任务更为复杂,超负荷的工作必将会导致过度用脑。

2. 人际关系紧张

和顶头上司的顶嘴,是构成小林心理疲劳的直接原因。小林可能会担心"被领导排挤,前途迷茫",势必让他分心,甚至忧心忡忡。

(三)应对

1. 放下思想包袱

如果一时找不到解决的办法,也应尽量采取一些回避措施,尽可能先将那些恼人的事情丢开,待心理平衡之后再作考虑。

2. 学会自我调节

无论是谁,生活中总会遇到许多不顺心的事情,产生一些心理上的压力,每逢此时,重要的是要善于自我调节而使心理压力减少。自我调节可以从以下几个方面展开。

(1)要注意劳逸结合、科学用脑。要消除心理疲劳,避免用脑过度对身体的损伤，关键是强调劳逸结合、体脑结合、科学用脑。要合理安排工作时间和轻重缓急，生活要有规律，重视积极性休息，适时参加一些体育锻炼。同时，每天尽可能保证7~8小时的睡眠，这对消除疲劳有明显的效果。

（2）要培养对所从事的工作的兴趣。兴趣的产生与大脑皮层上的兴奋点相联系，对从事感兴趣的工作不易疲倦，而对从事没兴趣的工作则易于疲劳。在工作中，如果发现自己对本职工作和一些科目不感兴趣，也不必紧张、忧虑而形成思想负担，应想办法努力培养自己的兴趣。

（3）对自己要有一个客观正确的评价。凡事要讲究一个适度，不能对自己要求过高，根本办不到的事情不要硬拼蛮干，对自己力不从心的，就应放松压力，给自己松松绑，随便一些。

（4）要有明确的目的。无论从事什么活动，一定要确立行动的目标，这样才能不断激励自己，以取得预期的成功。

（5）要创造一个和谐的人际环境。应做到与人为善，和亲友、同事等处好关系。研究表明，人只有生活在融洽、快乐的气氛中，才能有愉快的心情、开朗的性格、健康的身心，才不易产生疲劳，即使感到疲劳也容易很快消除。

（6）要磨炼意志。意志坚强的人不仅在生理疲劳时能继续顽强地生存下去，而且在心理疲劳时也能克服惰性，胜利地完成自己的任务，达到确立的行动目标。

（四）诊断

心理疲劳常常表现出的症状如下：

（1）早晨起床后，浑身无力、四肢沉重、心情不佳，以至于不愿意说话；

（2）工作、学习总是提不起精神，什么都懒得做，工作效率低下；

（3）容易冲动、神经过敏，稍遇不顺心的事便大动肝火；

（4）全身感到不适，经常感到头晕、头疼，眼睛易疲劳，腰背酸痛，恶心、腹胀等；

（5）困倦，躺在床上又不易入睡，食欲不振等。

如果出现了以上症状，就要及时地看心理医生了。

五、易激惹

（一）案例

某市信访局接访处工作人员的小赵，家庭条件还算不错，父亲是一名专心科研的教授，母亲是重点中学的优秀教师。父母虽然没有要求他能多么地"飞黄腾达"，但是总的来说对他还是很严格的。父亲对他基本上是"做得好不表扬，但是做不好就批评"的态度。以前，他在家的时候也常会觉得压抑。但是随着他工作的稳定，父母对他也不像以前那么严格了。可是，最近他越来越感觉这份工作让他很压抑。

接访处的工作就是接待信访群众，就像心理咨询师一样，要聆听信访人的苦楚。一开始还好，可是最近他却总是觉得自己不适合这份工作。信访群众的倾诉让他在同情他们的同时也觉得社会的"悲哀"，经常会愤世嫉俗起来，比如在地铁上看到不让座的人，他就有想揍人的冲动。有一次，他甚至在公交车上和一个乘客争执起来。这样的行为给他带来的又是更加不好的情绪，觉得自己总是处在这样一种不良心境中，接受的负面信息太多了，又遣散不出去。有的时候，带着这种情绪回家，也很容易和父母意见不合，搞得与家人的关系有点紧张。

（二）分析

易激惹是一种过度反应状态，包括烦恼、急躁或愤怒，可见于疲劳、慢性疼痛，或作为情感异常的临床特征，这是一种剧烈但持续较短的情感障碍。患者一遇到刺激或不愉快的情况，即使极为轻微，也很容易产生一些剧烈的情感反应。这样的人极易生气、激动、愤怒，甚至大发雷霆，与人争执不已，常见于神经衰弱、躁狂状态、躯体性或脑器质性精神疾病。

案例中的小赵，由于工作性质的关系，需要像心理咨询师一样接待信访人。而信访人大多是带着怨气或者愤怒来的，他们的经历是值得同情的，所以难免会让人替他们不平。曾经有一位在信访局工作多年的同志说，自己就存在心理压力过大的问题，总感觉很压抑，成天闷闷不乐，下班后不想跟任何人说话，睡眠很差，成天满脑子想着这个人多么苦、那个人多可怜的事。并且，有的信访工作者在接待信访的过程中，还可能会发生言语过激的行为等。由此可见，导致小赵易激惹的原因可能有以下几个方面：

(1) 工作性质。接触的负面信息多，容易导致不良的情绪体验。
(2) 工作压力大。
(3) 性格因素。较为冲动的人，易激惹的可能性大。
(4) 家庭环境等。

（三）应对

1. 学会放松

当感到过分紧张、烦恼、愤怒时，可采用深呼吸的方法，或自我暗示的方法，使自己的身心放松。

2. 学会转移注意力

一定的情绪是与一定的情境相关的。当感到情绪糟糕时，有意识地转移话题或做点别的事情来分散注意力，便可使情绪得到缓解。

3. 学会宣泄

如果有不愉快的事情及委屈，不要压在心里，而要向知心朋友和亲人诉说出来，乃至大哭一场。这种发泄可以释放内心的郁积，对人的身心有利。

4. 学会幽默

良好的心境终究是源于成熟的自信和丰富的人生阅历。要在不断的努力和进步中，渐渐抛却"成长的烦恼"，最终拥有一份愉悦的心情。要学会幽默，不要把失败、尴尬、僵局、被动看得太重，要追求那种"谈笑间樯橹灰飞烟灭"的风度。

（四）诊断

按以下步骤使用简易心情测试法，给自己画一个"心情谱"。

首先，用铅笔在白纸上画一条直线，像我们小时候画过的"数轴"。然后从左到右在直线上平均画出10个刻度，分别写上1~10的数字。

接着，把你认为的坏心情用熟悉的词汇描述一下，比如痛苦、忧伤、悲哀、愤懑、沮丧、烦躁、郁闷等；再用同样的方法表达心情一般的时候，比如麻木、索然无味、平淡、宁静等；最后，让我们满怀憧憬，想象一下你所期待的好心情，比如欣慰、满足、愉悦、感恩、激动、兴奋、幸福等。

现在，从这些词汇或者你认为更合适的词汇中挑选10个，以你的理解，按照不同程度的心情由低向高排列，并标注在相应的数字刻度下，如图1-1所示。

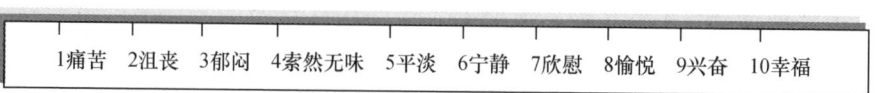

图1-1 "心情谱"

最后，评价一下你现在的心情：在"心情谱"上选择与你心情相对应的词汇，如刚遭遇不幸，非常痛苦，你的心情指数就是1；若是觉得"没劲儿"，情趣索然，你的心情指数就是4；假如衣食无忧、家庭和睦，心情介于宁静与欣慰之间，你的心情指数就是6.5；而要是刚买了车，加了薪水，或者孩子上了重点中学，比较兴奋，你的心情指数就是9。

由于每个人的感受不同，所以即使遇到同样的事，心情反应的程度也是不同的。比如同样是新婚燕尔或是金榜题名，有的人可能感觉非常幸福，也有的人仅感到愉悦而已。

> 💬 小贴士

了解你的心情特点

除了可以测量心情指数，还可以通过以上这条"心情谱"了解自己的心情特点。

如果你的心情指数波动不大，比如从平淡、宁静到欣慰，或从郁闷、索然无味到平淡之间徘徊，维持在3个数级内，说明你的"心情谱"较窄，情绪相当稳定。

也许你的心情指数经常在4~6个数级之间波动，说明你的"心情谱"相对宽泛，心情感受较为丰富。

而你的心情指数若是超过6个数级，跳跃幅度较大，如可以感受到深深的痛苦，也能够体验到莫大的幸福；或者忽而沮丧，忽而兴奋，那就表明你的"心情谱"相当宽，并且细腻、敏感，但情绪不够稳定。

了解你的心情背景

如果"心情谱"偏右，指数经常在5以上，表明你的心情特点较为明朗；如果"心情谱"偏左，指数经常低于5，那就显示你的心情特点比较郁闷。

六、焦虑

（一）案例

41岁的钱女士是某市信访局接访处的处长。虽然她是一名女性，但是一路兢兢业业地走过来，为信访工作做出了自己的贡献。最近她刚从副处长提升为处长，但刚工作了三周，就遇到一系列棘手的问题，如群体上访老户的问题处理、处内人事安排、薪酬改革等，她觉得无力应对，又累又烦，甚至一度感觉自己的个性并不适合此岗位。但周围人都反对她的想法，老领导、好朋友都劝她要坚持下去，这令她犹豫不决，十分矛盾。同时，她的丈夫只是一个科级职员，事业不是很顺心。虽然她的丈夫也明白事理，但是地位上的不平衡使得夫妻之间的关系有的时候会有点尴尬。随着时间的推进，她开始出现身体症状，比如出虚汗，并且每天凌晨三点就会醒，感到心慌，怕去单位上班等。

（二）分析

案例中，钱处长在升职之后，责任更大了，所做出的决定或制定的决策会影响到更多的人，这使得她的紧张程度和焦虑程度都有增加。另外，再加上夫妻关系的尴尬和紧张，更是提升了其焦虑程度。实质上，焦虑时一定会有不合理的思维存在，正是其不合理的思维导致精神的紧张和身体的不正常反应。也可以说，不合理思维是焦虑的本质。我们可以认为，钱处长的问题出在两个方面：一是工作压力大；二是夫妻关系不够和谐。

对于信访工作者来说，可能引发高度焦虑的因素不止这些，还有如下因素：

（1）对目前状态的认知不合理；

（2）情绪控制和调节能力欠缺；

（3）过于密集的、拥挤的工作和生活空间等。

> 小贴士
>
> **认识焦虑**
>
> 焦虑是指一种缺乏明显客观原因的内心不安或无根据的恐惧，预期即将面临不良处境的一种紧张情绪，表现为持续性精神紧张（紧张、担忧、不安全感）或发作性惊恐状态（如运动性不安、小动作增多、坐卧不宁或激动哭泣等），常伴有自主神经功能失调表现（如口干、胸闷、心悸、出冷汗、双手震颤、厌食、便秘等）。

（三）应对

对于神经性焦虑的治疗主要是以心理治疗为主，当然也可以适当配合药物进行综合治疗。患者不妨按以下几种方法进行自我治疗。

1. 增加自信

自信是治愈焦虑的必要前提。一些对自己没有自信心的人，对自己完成和应付事物的能力持怀疑态度，夸大自己失败的可能性，从而忧虑、紧张和恐惧。

因此，首先必须自信，减少自卑感。应该相信自己每增加一次自信，焦虑程度就会降低一点，恢复自信才能最终驱逐焦虑。

2. 自我松弛

也就是从紧张情绪中解脱出来。比如你在精神稍好的情况下,去想象种种可能的危险情景,让最值得焦虑的情景首先出现,并重复出现,你慢慢便会想到任何危险情景或整个过程都不再值得去焦虑。

3. 自我反省

有些神经性焦虑是由于患者对某些情绪体验或欲望进行压抑,压抑到无意识中去了,但它并没有消失,仍潜伏于无意识中,因此便产生了病症,发病时你只知道痛苦焦虑而不知其因。因此在此种情况下,你必须进行自我反省,把潜意识中引起痛苦的事情诉说出来,必要时可以发泄,发泄后症状一般可消失。

4. 自我刺激

神经性焦虑患者发病后,脑中总是胡思乱想,坐立不安,百思不得其解,痛苦异常。此时,患者可采用自我刺激法,转移自己的注意力,如在胡思乱想时,找一本有趣的能吸引人的书读,或从事紧张的体力劳动,忘却痛苦的事情。这样就可以防止因持续胡思乱想而导致其他病症,同时也可增强你的适应能力。

5. 自我催眠

焦虑患者大多数有睡眠障碍,很难入睡或突然从梦中惊醒,此时你可以进行自我暗示催眠。如可以数数,或采取用手举书本读等方法促使自己入睡。

在自我采取以上方法的同时,还可以在医生的指导下服用抗焦虑药。

(四)诊断

1. 焦虑自评量表(Self-Rating Anxiety Scale, SAS)

焦虑自评量表是包含有20个反应焦虑主观感受的项目,每个项目按症状出现的频度分为 4 级评分，可以评定焦虑症状的轻重程度，适用于具有焦虑症状的成年人。本量表由威廉·庄教授于 1971 年编制，其内容见表 1-2。

表 1-2　　　　　　　　　　焦虑自评量表

题号	题目	评分等级			
1	我觉得比平时容易紧张或着急	1	2	3	4
2	我无缘无故地感到害怕	1	2	3	4
3	我容易心里烦乱或感到惊恐	1	2	3	4
4	我觉得我可能将要发疯	1	2	3	4
*5	我觉得一切都很好	4	3	2	1
6	我手脚发抖打颤	1	2	3	4
7	我因为头疼、颈痛和背痛而苦恼	1	2	3	4
8	我觉得容易衰弱和疲乏	1	2	3	4
*9	我觉得心平气和，并且容易安静坐着	4	3	2	1
10	我觉得心跳得很快	1	2	3	4
11	我因为一阵阵头晕而苦恼	1	2	3	4
12	我有晕倒发作，或觉得要晕倒似的	1	2	3	4
*13	我吸气呼气都感到很容易	4	3	2	1
14	我的手脚麻木和刺痛	1	2	3	4
15	我因为胃痛和消化不良而苦恼	1	2	3	4
16	我常常要小便	1	2	3	4
*17	我的手脚常常是干燥温暖的	1	2	3	4
18	我脸红发热	1	2	3	4
*19	我容易入睡并且一夜睡得很好	4	3	2	1
20	我做噩梦	1	2	3	4

注：①带 * 的题目为反向计分。

②计分标准：1—没有或很少时间有；2—小部分时间有；3—相当多的时间有；4—绝大部分或全部时间都有。

2. 结果分析

将 20 个项目的分数加起来，得到粗总分。标准分等于粗总分乘以 1.25 后的整数部分。按照中国的常模结果，SAS 标准分的分界值为 50 分，其中 50~59 分为轻度焦虑；60~69 分为中度焦虑；69 分以上为重度焦虑。

注意：关于焦虑症状的临床分级，除参考量表分值外，主要应根据临床诊断。

七、抑郁

（一）案例

> 某市信访局对全市 118 名信访工作者采用症状自评量表（SCL—90）进行的测评表明，多数信访工作者有轻到中度抑郁。这 118 人占全市专职信访工作者的 85%左右，说明信访工作者的心理问题已成为一个普遍现象。信访工作者的心理健康问题应该引起社会重视。

（二）分析

抑郁是以情感低落、哭泣、悲伤、失望、活动能力减退，以及思维、认知功能迟缓等为主要特征的一类情感障碍。

导致抑郁发生的原因有很多，主要是不良的社会性和心理性因素。分析信访工作者这一群体的特点，除了生理遗传因素外，我们不难发现导致他们抑郁的一些社会、心理层面上的原因，主要归纳为如下五个方面。

1. 工作因素

信访工作者面对大量负面的信息，有的信访工作者认为自己的劳动价值未被社会认可，心理压力未能及时疏导，易造成抑郁。

2. 令人感到有压力的事件及失落感

信访工作者工作压力大，再加上还要应对来自生活、家庭的压力，以及家庭与事业之间的平衡等，这都加重了他们原本就已经很重的心理负担。如果适应或处理得不恰当的话，很容易引发失落感等不良的情绪体验。另外，重大的生活事件比如失恋、家庭变故等，也容易给他们带来一些不良体验。

3. 自卑、自责、悲观的个性特征

心理学研究发现，容易自卑、自责，容易对生活、事业悲观的人，罹患抑郁症的可能性往往高于平均水平。

4. 其他因素

有医学研究显示，不良的饮食习惯，使身体缺乏叶酸与维生素 B12 可能引起抑郁的症状。

5. 药源性因素

一些治疗高血压的药物能引起有些人出现抑郁发作。有患有高血压的信访工作者对此应该特别注意，必要的时候需要停药或换药。

（三）应对

1. 建立信心

对生活和工作中偶尔遇到抑郁，不必过分忧虑，相信自己的身体自然会调节适应。人的心理弹性很大，一两夜失眠一般不会造成伤害。偶尔抑郁之后，如不担心抑郁的痛苦，到困倦时自然就会睡眠。所以，要有信心战胜它，说不定就不治而愈了。

2. 安排规律生活

避免抑郁的最有效方法，是使生活起居规律化，养成定时就寝与定时起

床的习惯，从而建立自己的生物钟。即使在周末、假期，最好也能按时起床。

3. 睡前放松心情

睡前半小时内避免过分劳心或劳力的工作，不要带着心事和难题上床。临睡前听听轻音乐，有助于睡眠。

4. 设计安静卧室

尽量使卧室隔离噪声，而且养成关灯睡觉的习惯；卧室的色彩最好采用暖色，让人感觉到希望和生机。

5. 使睡床单纯化

养成睡床只供睡眠用的习惯，不在床上看书，不在床上打电话，不在床上看电视。因为在床上进行其他活动时，常常破坏了自己定时睡眠的习惯。

6. 睡前饮食适度

睡前如有需要，可适度进食牛奶、面包、饼干之类食物，有助于睡眠。过饱对睡眠不利，而咖啡、可乐、茶等能引起兴奋的饮料，尤其不利于睡眠。

7. 保持适度运动

每天保持半小时至一小时的运动，以灵活身体各部位的器官。睡眠前应尽量避免剧烈运动。有人认为借睡前剧烈运动使身体疲倦而后易睡，这显然是错误的。

（四）诊断

1. 抑郁自评量表（Self-Rating Depression Scale，SDS）

抑郁自评量表是含有20个项目，分为4级评分的自评量表，原型是威廉·庄教授于1965年编制的抑郁量表，为美国教育卫生福利部推荐的用于精神药理学研究的量表之一，使用简单，可以在一定程度上了解被调查者的近期心境，其内容见表1-3。

表 1-3　　　　　　　　　抑郁自评量表（SDS）

题号	题目	评分等级			
1	我感到情绪沮丧，郁闷	1	2	3	4
*2	我感到早晨心情最好	4	3	2	1
3	我要哭或想哭	1	2	3	4
4	我夜间睡眠不好	1	2	3	4
*5	我吃饭像平时一样多	4	3	2	1
*6	我的性功能正常	4	3	2	1
7	我感到体重减轻	1	2	3	4
8	我为便秘烦恼	1	2	3	4
9	我的心跳比平时快	1	2	3	4
10	我无故感到疲劳	1	2	3	4
*11	我的头脑像往常一样清楚	4	3	2	1
*12	我做事情像平时一样不感到困难	4	3	2	1
13	我坐卧不安，难以保持平静	1	2	3	4
*14	我对未来感到有希望	4	3	2	1
15	我比平时更容易被激怒	1	2	3	4
*16	我觉得决定什么事很容易	4	3	2	1
*17	我感到自己是有用的和不可缺少的人	4	3	2	1
*18	我的生活很有意义	4	3	2	1
19	假若我死了，别人会过得更好	1	2	3	4
*20	我仍旧喜爱自己平时喜爱的东西	4	3	2	1

注：①带 * 的题目为反向计分。
②计分标准：1—没有或很少时间有；2—小部分时间有；3—相当多的时间有；4—绝大部分或全部时间都有。

2. 结果分析

将 20 个项目的分数加起来，得到粗总分。标准分等于粗总分乘以 1.25 后的整数部分。按照中国的常模结果，SDS 标准分的分界值为 53 分，其中：53~62 分为轻度抑郁；63~72 分为中度抑郁；72 分以上为重度抑郁。

注意：关于抑郁症状的临床分级，除参考量表分值外，主要应根据临床诊断。

💬 **小贴士**

小结

在以上总结的这几个信访工作者可能产生的心理问题中,我们不难发现,工作压力等因素成为影响信访工作者心理健康的主要原因。当然,压力面前,我们可以更清醒。因此,对于可能会产生的心理问题,要合理对待,不要夸大,更不能忽视。

几乎每个人都会遇到不同程度的心理问题或者心理疾病。在这个时候,不要自卑、不要放弃,做好如下调整措施:

(1) 做好积极的自我预防,促进自我的心理健康与和谐发展;

(2) 对症下药,必要时一定要寻求心理咨询师的帮助;

(3) 相信科学,拒绝疑病症。

第四节 信访工作者心理健康管理理论

一、心理和谐理论

心理和谐是指一个人的心理健康状况,是能经常处于正确对待自己、他人和社会,能正确对待困难挫折和荣誉的心理状况。

(一)心理和谐的表现

心理和谐是心理健康的保证,其特点主要表现在以下几个方面:

(1) 认知、情感、意志和个性上的协调一致;

(2）没有或很少有过激行为；

(3）积极的心理愉悦体验占主导地位；

(4）较好的自我控制能力；

(5）持续时间上的情绪稳定，人格一定时期内相对稳定。

（二）心理和谐的需求特征

1. 正确认识需求，坦然地面对需求

在马斯洛的需求层次论出现后，把需求区分为高级需求（主要指社会性需求）与低级需求（主要指生理性需求）的观念开始流行起来。这表现要重视物质需求，贯彻物质利益原则，更重要的是要关心社会生活，从多方面满足个体的物质需求，如工资、住房、养老与医疗保险等。

2. 理性对待需求，做到需求不过分

需求本身是动力，也是压力。对每个人来讲，正确地认识需求，坦然地面对需求，并不意味着一定要去满足所有需求。因为有些需求是不合理的，有些需求是否得到满足对个体无关紧要，只有很少的需求是非满足不可的。所以，我们还应理性地对待自己的需求，不能强求，不能盲目。

3. 追求高层次需求，让需求得到升华

奥地利心理学家弗洛伊德认为，个性是由本我、自我、超我三部分组成，超我部分与需求的升华相关，他认为人类文明的产生在很大程度上与那些创造者在遭受挫折、需求得不到满足时因为升华作用而从事创造性活动有关。因此对于每个人来说，需求得不到满足或需求满足受阻都是一种考验，但如果能够自我超越、升华自己，就能够成为生活的强者，成为成功者。

二、心理契约理论

20世纪60年代初，"心理契约"这一术语被引入管理领域。信访工作者

与组织及其组织管理者、同事若存在良好的心理契约,将使信访工作者具有安全感和归属感,更愿意成为组织中的一员。信访工作者和政府组织形成的心理契约也非常重要,如果信访工作者对组织感情淡漠,就会缺乏凝聚力、融合力。心理契约和工作效率的作用机制如图1-2所示。

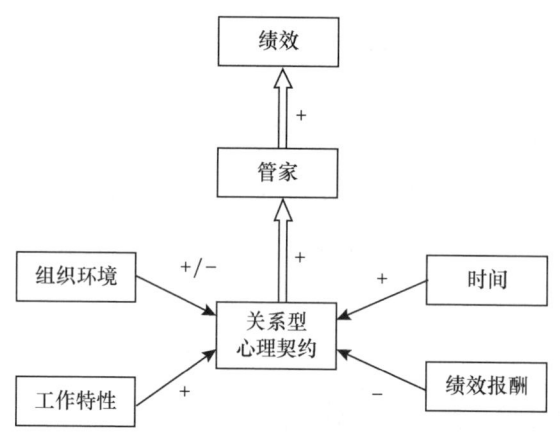

图1-2 心理契约和工作效率的作用机制

管理者与信访工作者之间心理契约的维护就像养花一样,需要精心呵护、培育,具有长期性、经常性的特点。

管理者有效的沟通能维持稳固心理契约,主要体现在如下三个方面。

(一)管理者要倾听信访工作者的呼吁

要建立良好的心理契约,管理者与被管理者之间要建立有效的沟通联系,调整和改善相互关系。管理者只有充分尊重、珍视和倾听组织成员的感情呼吁、愿望表达,才有助于与组织成员保持牢固的心理联系,发挥组织成员的潜力,使每个成员热情饱满地继续工作。

因此,领导要定期到信访工作者的工作场所看看,了解他们的工作情况,并且在沟通中多采用鼓励、表扬的方式。

（二）对新加入的信访工作者要多关心、多交流

新成员进入组织之后，新老信访工作者之间的交流对心理契约的重新认识和调整至关重要。比如由单位里的老同志或者工作经验丰富的"师傅"为新入职的信访工作者开展讲座交流，或者私下进行交流，沟通思想、传授经验。

如在新信访工作者加入时，开一个迎新活动，把新信访工作者介绍给老信访工作者。同时管理者应对新信访工作者多投入一些关注，了解他们的适应性或需求。

（三）构建畅通、有效的沟通机制

在组织实践过程中，信访工作者和组织管理者即领导之间频繁有效地进行交流，在消极结果发生时，能以友好的方式进行清晰的解释，建立有效的申诉渠道等，这些都是心理契约得以健康调整的条件和基础。例如，设置意见反馈箱，让有意见的信访工作者将自己的想法写成小纸条放入反馈箱，安排专门的人员对他们的意见进行收集并反映给领导。

三、组织支持理论

组织支持理论的基础是社会交换和互惠原则，即个人与他人之间建立关系是为了实现个人收益最大化；个人怀有报恩的心理，愿意回报帮助过自己或有恩于自己的他人。这样，双方之间的交换关系是一种相互关系。

组织支持感受是信访工作者对于组织重视其贡献和关注其幸福感的全面看法，这一概念有两个核心的要点：一是信访工作者对组织是否重视其贡献的感受；二是信访工作者对组织是否关注其幸福感的感受。

组织的支持能够满足信访工作者的社会情感需求，如果信访工作者感受

到组织愿意而且能够对他们的工作努力进行回报，他们就会为组织的利益付出更多的努力。

组织的支持能给工作人员带来集体归属感，这种归属感直接影响工作人员的主观幸福感，以及对工作的热情。

组织的支持并不是可以用物质来完全弥补的，一些人文的关怀更能让信访工作者感受到组织的支持，比如领导的鼓励，对工作人员的家庭成员的关心，提供信访工作者参加培训的机会等。

四、心理资本理论

心理资本是指个体在成长和发展过程中表现出来的一种积极心理状态。心理资本是除了财力、人力、社会三大资本以外的第四大资本，包含自我效能感（自信）、希望、乐观、坚韧、毅力等。

心理资本体现个人对未来的信心、希望、乐观和毅力，关注个人或组织在面对未来逆境中的自我管理能力。

在个人层面上，心理资本是指促进个人成长和绩效的心理资源。

在组织层面上，与人力资本和社会资本类似，心理资本通过改善的绩效最终实现组织的投资回报和竞争优势。

心理资本具有独特性，能有效地测量和管理。通过投资与开发心理资本，能改善组织绩效，形成组织竞争优势。

党的十七大、十八大报告均强调"注重人文关怀和心理疏导"，党的十九大报告提出，要加强社会心理服务体系建设，培育自尊自信、理性平和、积极向上的社会心态。应从心理疏导拓展到社会心理服务，从文化建设领域拓展到社会建设领域。中科院心理所陈雪峰教授建议，社会治理应真正从人民的心理需要出发，充分利用心理学的研究发现，在重大政策制定和实施过程中，准确把握各类群体的心理需要，科学评估政策的心理影响，进而指导和改善个体、群体、社会的行为，有效提升人民的获得感、幸福感和安全感。

信访工作者每天都要接待大量来访的基层群众，除了专业的基础知识、健康的身体之外，健康的心理资本也尤其重要。

第五节　信访工作者心理健康的评估

一、心理测量与心理测验的简要介绍

（一）相关概念

所谓心理测量，就是依据一定的法则和心理学原理，使用一定的操作程序对被测试者的认知、行为、情感等心理活动予以量化，对贯穿于被测试者全部活动的心理特性作出推论和数量化分析的一种科学手段。

所谓心理测验，就是用一个或一群标准的刺激，用以引发人们的行为，根据此行为来估计智力、品格、兴趣、学业等。专业一些的说法是，心理测验实质上是对行为样组的客观和标准化的测量，也就是对一个行为样组进行测量的系统程序。

在许多场合，心理测量和心理测验常被作为同义词来使用。的确，这两个概念的内涵在很大程度上是重叠的，但它们又存在明显的区别。心理测验是了解人们心理状态的工具，主要在"名词"意义上使用。而心理测量则是使用测验为工具，达到了解人们心理特征的实践活动，主要在"动词"意义上使用。因此，相对而言，心理测量的意义范围更宽广一些，能被用于实际心理测量的心理测验才是真正有效的测验工具。当然，不去应用规范、标准

的心理测验工具的心理测量活动同样也不能称为科学的测量。

(二)心理测量的要素

心理测量的要素主要包括对象、行为样本、标准化和常模。

1. 对象

心理测量的对象是人的行为,考查的是人的心理特征。严格地说,只是测量了做测验的行为,也就是一个人对测验题目的反应。在这个意义上,心理测验就是引起某种行为的工具。

2. 行为样本

心理测量往往只是对少数经过慎重选择的行为样本进行观察,来间接推知受测者的心理特征。所谓行为样本,是指有代表性的样本,或者说根据某些条件所取得的标准样本。显然,这种行为必须是能够提供给我们足够有用的信息,能反映受测者行为特征的一组行为。然而,由于所取得的标准样本只是代表某些心理功能,并不能反映这种功能的全部,所以难免会有某种程度的偏差。因此只有在全面了解行为样本的意义以后,才能正确使用心理测验。

另外,我们不可能在一个心理测验中,把所有与该心理特征相关的行为全部测量到,而只能选择其中一部分行为进行测量,以这些行为作为代表,来推测与其相关的心理特征的全貌。为了准确地、可靠地推论所要测量的东西,就得凭借一组行为,这组行为就称作行为样组。一个测验的好坏,首先取决于测题编制的好坏,即必须要求这些测题能够引发和测量出具有高度代表性的行为样组。

3. 标准化

标准化是指测验的一致性,即测验编制、实施、计分和测验分数解释的程序一致性。为了使不同的受测者所获得的分数有比较的可能性,测验的条件对所有的受测者都必须是相同的。在测验编制时，测题的印刷和成批生产的器具要保证物理性质上的一致。对受测者的指导语尽管不能编得天衣无缝，但是要尽量编得足以影响测验作业的每一种情况都有详细的说明，以保证受测者在反应时减少误差。评分标准也要在测验编制时规定清楚，必要时还应该举例说明，以使主试者评分时都可以按同样的标准规则记分。

4. 常模

常模是测验分数相互比较的标准，是解释测验结果的参照。个人在测验中所得到的原始分数并不具有什么意义，只有将它与其他人的分数或常模相比较才有意义。一般说来，常模是标准化行为样组在测验上的分数分布情况，它的整体逻辑是：根据概率论，在人群中选取一组适用测验规定范围的受测者作为所有测验对象的代表，这一组受测者被称为标准化样组；其在测验上的得分分布状态，可以作为所有测验对象（全域）的代表，标准化样本在某测验上的平均分数成为可以比较的常模；把以后某个受测者的得分，通过与该常模的比较，就可以知道该受测者在标准化样组里中所处的位置，并据此可推测出受测者在全域中的水平。

因此，常模的作用就是给测验分数提供比较的标准，即提供某一标准化的样组在某一测验上的平均分数和分数的分布情况。常模是否可靠，关键是看有没有一个有足够数量的有代表性的被试样本。

（三）心理测量的性质

把心理测量同物理测量等量齐观，是导致人们对心理测量产生种种误解的原因。由于心理现象比物理现象更加复杂，测量起来也更困难，因此心理测量具有独特的性质，主要体现为间接性、相对性和客观性。

1. 间接性

科学发展到今天，我们还依然无法直接测量人的心理活动，只能测量人的外显行为。也就是说，我们只能通过一个人对测验项目的反应来推论出他的心理特质，也就是凭借对其密切相关的行为的间接测量来实现的。所谓特质是用来描述一组内部相关或有内在联系的行为时所使用的术语，是个人对刺激反应的一种内在倾向。由于特质是从行为模式中推论出来，所以心理测量永远是间接的。

2. 相对性

在对人的行为做比较时，没有绝对的标准，我们有的只是一个连续的行为序列。心理测量就是看某个人处在这个序列的什么位置上，由此测得一个人智力的高低、兴趣的大小或性格的特性等。而这一连续序列是由某一团体或一群人的某类行为特点或心理特征构成的，所以每个人被测得的结果都是与所在团体或人群的大多数人的行为或某种人为确定的标准相比较而言的。

3. 客观性

客观性是衡量科学性的一个根本标志，对于心理测验尤为重要，是决定其合理存在的必要条件。心理测量的客观性实际上就是测验的标准化问题，是指测验不受主观支配，其测量过程是可以重复的，结果具有较好的稳定性，其量具必须标准化，这是对一切测量的共同要求。同时，主试人要以客观、公正的态度进行测验的实施、计分和解释。

（四）心理测验的分类

心理测验是判定个人差异的工具，个人差异包括很多方面，并可在不同的目的与不同的情境下去研究，这就使测验具有了不同的类别和功用。

1. 按测验功能分类

（1）能力测验。能力一词，其含义颇为笼统，从心理测验的观点看，可将其分为实际能力与潜在能力。实际能力是指个人当前"所能为者"，即代表个人已有的知识、经验与技能，是正式与非正式学习或训练的结果。潜在能力是指个人将来"可能为者"，是在给予一定的学习机会时，某种行为可能达到的水平，有人把测量潜在能力的测验称作能力倾向测验（亦称性向测验）。实际上实际能力与潜在能力二者很难分清。

能力测验又可进一步分为普通能力测验与特殊能力测验。前者即通常说的智力测验，后者多用于测量个人在音乐、美术、体育、机械、飞行等方面的特殊才能。

（2）成就测验。这类测验主要用于测量个人或团体经过某种正式教育或训练之后对知识和技能掌握的程度，因为所测得的主要是学习成就，所以称作成就测验，最常见的是学校中的学科测验。无论成就测验还是能力测验都包括能力倾向测验，所测得的都是个人在其先天条件下经由后天学习的结果。不过成就测验多是测量有计划的或比较确定的情境（如学校）中学习的结果，而能力测验、特别是能力倾向测验则是测量在较少控制的或不大确定的情境中学得的结果，也就是在个人生活中经验累积的结果。

（3）人格测验。人格测验主要用于测量性格、气质、兴趣、态度、品德、情绪、动机、信念、价值观等方面的个性心理特征，亦即个性中除能力以外的部分。

2. 按测验对象分类

（1）个别测验。个别测验每次仅以一位被试者为对象，通常是由一位主试人与一位被试者在面对面的情形下进行的。此类测验的优点在于主试人对被试者的行为反应有较多的观察与控制机会，尤其对某些人（如幼儿及文盲）不能使用文字而只能由主试人记录其反应时，就非采用面对面的个别测验不可。个别测验的主要缺点是不能在短时间内经由测验收集到大量的资料，而且因其手续复杂，主试人需要较高的训练与素养，一般人不易掌握。

（2）团体测验。团体测验是在同一时间内由一位主试人（必要时可配几名助手）对多数人施测。此类测验的优点主要在于可以在短时间内收集到大量资料，因此在教育上被广泛采用。团体测验的缺点是被试者的行为不易控制，容易产生测量误差。

3. 按测验方式分类

（1）纸笔测验。这类测验所用的是文字或图形材料，实施方便，团体测验多采用此种方式编制。文字材料易受被试者文化程度的影响，因而对不同教育背景下的人使用时，其有效性将降低，甚至无法使用。

（2）操作测验。操作测验项目多属于对图片、实物、工具、模型的辨认和操作，无须使用文字作答，所以不受文化因素的限制。此种测验的缺点是大多不宜团体实施，要花费大量的时间。

（3）口头测验。这类测验项目为言语材料，主试人口头提问，被试者口头作答。

以上几种分类都是相对的，从不同的角度进行分类，同一个测验可以归为不同的类别。

综上所述，心理健康类测验其实是不同分类的"交集"。它属于人格类测验，通过测量人的性格、气质、情绪、意志、动机等心理因素，发现异常的、奇怪的、偏差的部分，以此作为心理问题或心理障碍的表现。同时，心理健康类测验也属于团体测验和纸笔测验（通常采用网页化、软件化），可以借助信息技术大批量施测，以方便快捷地获取大量信息。

二、正确认识心理测验

（一）科学对待，利用而不滥用心理测验

心理测验是研究心理学的一个重要方法和决策辅助工具，是一种量化程度很高的测量技术。心理测验的编制必须十分严谨，并且必须经过标准化设置和鉴定，只有这样，其结果才可能是准确可信的。实践证明，心理测验较之观察法、访谈法等其他心理测量方法更准确、更客观。另外，心理测验还可以在较短的时间内搜集到大量的定量化资料，因而也是一种有用的方法。但是，心理测验不是心理测量的唯一方法，也不是万能的方法，它自身还存在着不可忽视的局限性。所以在评估信访工作者心理健康水平的时候，除了采用心理测验之外，还需要使用观察法、访谈法来更加全面地、定性地了解信访工作者的心理健康状况。

（二）审慎使用，强调心理测验的科学性和严肃性

心理测验是有用的工具，但对测验的使用必须加以控制。

1. 心理健康测评系统的选择要注意科学性

心理健康测验是进行科学研究和解决实际问题的一个工具，使用选择首先必须符合我们使用测验的目的。由于每一个测验都有其特殊的用途和使用范围，所以测验使用者首先要对各种测验的功用、特长及其优缺点有一个了解。此外，选择测验还应考虑该测验是否经过了标准化的处理，它的信度、效度如何，常模样本是否符合测试对象，常模资料是否陈旧会失效等是否符合心理测量学的要求。

2. 心理测验使用者要具备一定的资格

心理测验是一项技术性很强的工作，其测验系统的选择、施测、计分和

解释都必须由受过专门训练的心理学工作者、教育工作者或专业医生来进行。只有够资格的人员才能使用心理测验，才能担任主试人。主试人在使用心理测验时必须做好如下几个方面工作：

（1）测验工具的选择要慎重；

（2）使用某一心理测验工具前，必须认真阅读测验手册；

（3）做好测验前的准备工作；

（4）测验的实施应严格控制误差；

（5）测验的记分要客观；

（6）要以慎重的态度来解释与使用测验结果；

（7）既要有能力，又要恪守一定的职业道德。

三、心理健康评估的常见问题

（一）文化客位价值

在这一研究过程中，存在一个文化客位的问题，即研究者有可能已经过早地将其个人的观点强加给了被研究者，那么自然会得出不符合客观实际的研究结果。如果心理健康测评人员主观认为某些心理障碍在人群中是高发的，或者某些行为特征与心理障碍高度相关，而缺少调查数据支撑或者临床依据，那么他们开发的心理健康评估工具很可能带有主观臆断色彩，不能准确地进行评估。

（二）专业素养不足

心理健康评估的关键词在于"心理"，系统的心理学知识和娴熟的心理研究方法无疑是研究特定人群心理问题的基础，是研究过程能够深入、研究结论具有说服力的关键。如果缺乏相关的心理学理论的支撑，对特殊人群心理问题的研究只能浅尝辄止、流于形式。

（三）缺乏对概念的准确阐述

很多心理健康评估人员没有对一些敏感的专业术语进行界定，虽然整天挂在嘴上、写在报告里，却难以准确地界定这些概念的内涵与外延。更糟糕的情况是，将专业术语和日常生活中的口头用语混为一谈。

（四）观念偏差

使用常见量表评估心理健康，有一个默认的假设是心理健康即与心理疾病相反，这个假设明显低估了人类的潜能，因为心理健康不仅仅是没有症状。因此，诊疗式量表的使用，会在一定程度上使心理健康服务简单化、机械化，更多地偏向少数人而忽视了占大多数的正常人群。

四、常用心理健康评估工具的介绍

（一）症状自评量表（SCL-90）

该量表是由德若伽提斯于1975年编制，20世纪80年代由我国学者引进并修订，共90个题目，其中的10个因子分别为躯体化病症、强迫症状、人际关系敏感、抑郁、焦虑、敌对、恐怖、偏执、精神疾病和其他病症（包括饮食及睡眠问题），是研究神经症和综合性医院住院患者或心理门诊中常用的一种自评量表，也可作为群体心理健康的普查工具。

（二）大学生人格健康调查表（UPI）

UPI是1966年由日本大学的心理咨询专家与精神科医生集体编制而成，共60个题目，1993年由清华大学的樊富珉等进行修订后在我国高校使用，主要是用于及时早期发现治疗有心理问题的学生。据日本有关专家研究认为，此问卷中与神经症、抑郁状态和精神分裂症倾向有关的项目多达 56 个，由此可见此问卷也是一种神经症和精神疾病的鉴别问卷。

（三）明尼苏达多相人格测验（MMPI）

MMPI 是 1943 年由心理学家哈萨维和精神病学家麦金雷制定的，1970 年由明尼苏达大学进行修订，20 世纪 80 年代初经我国学者宋维真等修订后开始在我国使用。MMPI 共 566 题，分为 13 个分量表，其中 10 个临床量表（疑病、抑郁、癔症、精神病态、男子气与女子气、妄想狂、神经衰弱、精神分裂症、轻躁狂和社会内向），4 个效度量表（疑问量表、说谎量表、诈病量表和校正量表），主要用于判别神经症、精神疾病和人格障碍。

（四）卡特尔 16 种人格因素问卷（16PF）

该测验是由美国伊利诺州立大学卡特尔教授经过几十年的系统观察、科学实验以及因素分析统计后逐渐形成的。16PF 中国版的修订工作是由戴忠恒与祝蓓里于 1988 年主持完成的。此量表共有 187 个项目，用来测量 16 种主要的人格特质，即乐群性、聪慧性、稳定性、恃强性、兴奋性、有恒性、敢为性、敏感性、怀疑性、幻想性、世故性、忧虑性、实验性、独立性、自律性、紧张性。

（五）艾森克人格问卷（EPQ）

该问卷是由英国心理学家艾森克和其夫人于 1975 年编制，中国版是 1986 年由龚耀先教授主持修订的。修订后的问卷由精神质（P）、外倾性（E）、神经质（N）和说谎量表（L）4 个分量表组成，共 88 个项目，主要用来测量精神质、外倾性和神经质 3 个人格维度，说谎量表是用来测量受试者回答问题的真实性。

（六）行为与症状识别量表（BASIS-32）

该量表是由艾森等人在1986年编制，用于评估过去数周内心理症状和身体机能问题的自陈量表，从5个方面进行评估，即有关自我/他人、抑郁/焦虑、日常生活/角色机能、冲动/上瘾行为以及精神疾病。

（七）症状调查问卷（BSI）

该问卷是由德若伽提斯在1993年编制，用于调查过去一周的53个症状，包含9个分量表，即躯体化、强迫观念/强迫行为、人际敏感、抑郁、焦虑、敌对、病态性恐惧焦虑、妄想和精神质。

（八）长处和困难问卷（SDQ）

该问卷由古德曼于1997年编制，共有25个题项，其中部分积极、部分消极，5个分量表的得分分别代表情感症状、行为问题、活动过度、同伴问题和亲社会行为。

第六节　心理测验的编制与应用

一、心理健康评估工具的常见问题

（一）跨文化问题

心理测验的多数量表和问卷都是从国外引进后的修订量表，修订国外的量表存在着跨文化的问题。西方心理测验量表未必都具有跨文化的普遍性，文化差异是客观存在的，从语言思维体系、世界观、价值观的差异到文化风俗习惯的差异等。西方测验量表是以该文化背景下生活的个体为依据的，没有考虑到中国文化中所看重的价值、信念和行为特征。因此，用西方心理测验量表来测量中国人的心理特性，实际上存在着不同质和适用性的问题，很难测出他们的真实心理特性。

（二）测量对象的适用性问题

这些量表和问卷中有一部分（如MMPI）是关于临床医学的诊断性工具，是专门用于判别精神疾病、神经症患者的。而普通人是具有活力、思维正常的群体，他们所遇到的问题大多是发展性的问题，而不是精神疾病。用这些测量工具来测量绝大多数正常人，并依此来判断他们的心理健康状况，显然是有问题的。

（三）测量内容的针对性问题

有部分量表和问卷（如16PF、EPQ等）是用来测量人格或个性的，虽然许多研究表明心理健康与人格有密切的关系，但影响心理健康的因素非常复杂，用单纯测量人格的量表来测量心理健康显然不是最佳的选择。

（四）评价标准的时间问题

国内常见的用于心理健康评估的量表和问卷，它们的原始编制时间和引进修订时间距今最长的已有几十年，最短的也有将近二三十年的时间。几十年前的社会政治文化环境、价值观念、生活方式等与当今的情况均有很大的差异，用当时编制和修订的量表题目和评价常模，测试评估当前人群的心理健康状况，其局限性是显而易见的。

(五)量表的品质问题

如果一个量表尚缺乏系统的心理测量学研究,甚至有些指标不符合心理测量学要求就投入应用,那么量表就很难反映出个体真实的心理特质,其结果的解释甚至会给人们带来不良的影响。很遗憾,目前国内心理健康量表的应用研究较多,而针对心理健康量表品质的研究不多,一定程度上限制了心理健康测量工具的有效使用,有时甚至导致心理健康量表的不恰当使用或滥用。许多心理健康科普书籍附有多种自评心理健康量表,其中的有些量表有待进一步的心理测量学研究。因此,编制标准化的、符合心理测量学要求的心理健康量表非常必要。

二、心理健康标准对测验编制的影响

(一)心理健康标准重"适应"轻"发展"

心理健康评估首先涉及的就是标准问题。有研究者收集到的心理健康标准就达30多种,而实际上还远不止如此。研究者大都站在某个角度,从某个侧面理解心理健康问题。20世纪90年代中期,《教育与实验研究》杂志刊载了若干篇关于心理健康标准问题的争鸣文章,多位学者从不同角度对心理健康标准的内涵进行了探讨,对心理健康标准的"社会适应",心理健康的"生存标准与发展标准",心理健康的发展性和不确定性等诸多问题各执己见、说法不一,这种争鸣对于廓清心理健康的标准无疑具有积极的作用。

(二)现有心理测验大多遵循"适应标准"

心理健康标准是按"适应标准"还是"发展标准",关系心理健康的导向问题。心理健康的诊断、心理健康量表的制定、心理健康教育的目标和内容的确定,无一不是根据心理标准来进行的。在相当长的一段时间,我国心理健康标准体现在以下几个方面:

(1) 心理功能是否正常,是否有明显的心理问题症状;

(2) 按常态分布为标准,偏离了平均值便为不健康;

(3) 个人行为是否符合社会规范;

(4) 个体能否适应环境;

(5) 个人的自我感觉良好;

(6) 心理成熟与发展水平。

以上这些标准更倾向于生存标准(或称社会适应标准),注重的是个体对环境的适应,按此标准人们的心理健康水平只会处于较低的水平。而国际心理健康的研究取向越来越倾向于发展的标准,这样的标准不只关注人们无心理疾病、呈常态水平的心理机能状态,更强调个体如何从一般健康的心理水平向更健康的心理水平发展,强调在生活目标、抱负水平、潜能发挥、人格塑造以及持续发展等方面都有所体现,强调个体内部的协调与外部的适应,把心理健康视为一种内外协调的良好状态,最大限度地实现自我发展与完善的目标,达到内外高度协调、为社会为人类创造更大价值的完满境界。

三、心理测验的编制原则

(一)众数原则——典型行为样组

所谓众数原则,是假定社会成员中绝大多数人的心理行为是正常的,偏离这一正常范围的心理行为可认为是异常的。遵循众数原则制定的心理健康标准是一种相对的标准,这是以绝大多数人的心理健康水平作为心理健康的标准,处于正态分布曲线的中间部分,代表性较好,而且比较具体,操作性强，容易进行量化，在有关心理健康状况调查研究中大多采用根据这种标准编制的量表。但是对于心理健康的众数原则，研究者历来就存在争议，其中以马斯洛最具代表性。他认为，那些人类的"精英"即自我实现的人是其内在本性发展得最为充分的人，这样的人才能代表着真正的心理健康群体，因此心理健康的标准应根据他们的心理品质来确定，即以自我实现者共同具有的那些心理特点作为心理健康的标准，这种标准是一种衡量尺度最严的"精英原则"。但是在普通人群中，自我实现者仅占极少数，处在正态分布曲线的一端，这一小部分人群缺乏代表性，而且自我实现的标准不易操作，所以根据这一标准编制的量表应用不多。

（二）动态评估

影响个体心理健康的因素是极为复杂的，大多数研究者在对心理健康标准研究时，为了阐述和研究的方便，往往采用一种静态的分析来对心理健康的结构维度进行厘清。那么这种得出影响心理健康的一些静态因素后，就以此为依据来界定心理健康的标准是否科学呢？心理健康在本质上可以被看作是一种状态，个体心理经历着平衡——不平衡——平衡的循环过程，这一过程是一个由低级的适应水平向高级的适应水平不断推进的过程，也是一个动态的发展过程。如果只是对心理健康状况进行静态的分析，显然是不适宜的。比较适宜的制定心理健康的策略是：以人的生命历程为线索，从动态评估的角度来探讨心理健康标准。在个体的毕生发展过程中，其生理和心理将经历许多重大的变化，恰当的心理健康观要以人的生理因素、心理因素和社会因素为主线，对个体发展的不同时期采用不同的心理健康标准。换言之，就人的毕生发展而言，并不存在恒定的心理健康标准的理念。

（三）综合采用多种编制策略

心理健康量表的编制策略大致分为三种，即合理—理论策略、因素分析策略和效标控制策略。合理—理论策略要求编制者根据自己所持理论或假设来编制量表，如爱德华兹个人喜好量表（EPPS）；因素分析策略是应用归纳的方法，通过考察量表的内部一致性，利用聚类或因素分析方法来进行量表编制的一种方法，如卡特尔16种人格因素问卷（16PF）和艾森克人格问卷（EPQ）；效标控制策略则更加重视所编制的项目和量表的效度，如明尼苏达多相人格测验（MMPI）就是根据这种策略编制的。其实在心理健康量表的编制过程中，研究者并不只局限于一种方法，而更多的是综合利用各种方法，即应用综合策略来编制的。

（四）双向评估

如果一个量表仅重视了对正性心理健康的测评，而忽视了对负性心理健康（心理痛苦或心理病理）如心理问题和症状的测量，那么此类心理健康量表对个体心理健康的测评仍缺乏代表性。

将心理痛苦和心理幸福的内容有机结合来编制心理健康量表，那么这个心理健康量表将能准确反映个体的情绪和心理健康水平。最近研究认为，正性情感（Positive Affect，PA）和负性情感（Negative Affect，NA）是两个相对独立的变量，为自陈心境的两个最重要维度，与不同的人格特征有关，PA和NA的中枢神经调节机制也不相同。因此，PA和NA是心境的两个不同的测评维度，情绪健康量表的建构二者缺一不可，这也进一步支持心理健康量表的建构包括积极和消极两个方面的内容。尽管不同的心理健康量表编制者其目的不尽相同，编制的量表可满足不同的需要，但如果想要了解普通人群整体心理健康状况，选用那些既包括消极心理健康内容又包括积极心理健康内容的心理健康量表，效果可能更加理想。

四、测验编制和测评结果分析所依赖的统计技术

目前在我国有多种测验应用于心理健康诊断，但由于采用经典测验理论

分析数据，所以较少考虑分类标准或划界线的测量误差，今后的研究应更多地应用项目反应理论来查考和保证此类测验的诊断精度。

（一）量表的信度、效度检验

（1）信度检验，即问卷的可靠性检验，是指采用同样的方法对同一对象重复测量时所得结果的一致性程度，也就是反映实际情况的程度。信度指标多以相关系数表示，大致可分为三类，即稳定系数（跨时间的一致性）、等值系数（跨形式的一致性）和内在一致性系数（跨项目的一致性）。信度分析的方法主要有四种，即重测信度法、复本信度法、折半信度法和α信度系数法。

（2）效度检验，即检验问卷的有效性。效度是指所测量到的结果反映所想要考查内容的程度，测量结果与要考查的内容越吻合，则效度越高；反之，则效度越低。效度的检验方法主要有三种，即内容效度、校标效度和结构效度。

（二）项目分析

项目的鉴别度也叫区分度，是指测验项目对于所研究的心理特性的区分程度或鉴别能力。本研究采取以下两种方法来对项目的鉴别度进行检验。

（1）将所有被测试的量表总分按由高到低进行顺序排列，将两端各占27%的被试者分别命名为高分组和低分组，求出两组被试者在每个项目上得分的平均数，然后进行平均数的差异性检验，检验高分组的得分是否明显高于低分组的得分。如果差异不显著，则表示该项目不能鉴别不同被试者的反应程度，这是考虑项目是否被删除的首要条件。如果两组被试者在所有项目的得分差异检验均显著，即高分组在每个项目上的得分都比低分组要高，说明该项目具有鉴别性，应予以保留。

（2）求取项目区分度指数的方法，一般都是计算被试者在项目上的得分与测验总分的相关系数。

（三）因子分析

研究从变量群中提取共性因子的统计技术，最早由英国心理学家斯皮尔曼提出。他发现学生的各科成绩之间存在着一定的相关性，一科成绩好的学生，往往其他各科成绩也比较好，从而推想是否存在某些潜在的共性因子，或称某些一般智力条件影响着学生的学习成绩。因子分析可在许多变量中找出隐藏的具有代表性的因子，将相同本质的变量归入一个因子，可减少变量的数目，还可检验变量间关系的假设。

因子分析的主要目的是用来描述隐藏在一组测量到的变量中的一些更基本的但又无法直接测量到的隐性变量。比如，如果要测量学生的学习积极性，课堂中的积极参与、作业完成情况，以及课外阅读时间可以用来反映其积极性，而学习成绩可以用期中、期末成绩来反映。在这里，学习积极性与学习成绩是无法直接用一个测度（比如一个问题）测准，它们必须用一组测量方法来测量，然后把测量结果结合起来，才能更准确地把握。换句话说，这些变量无法直接测量，可以直接测量的可能只是它所反映的一个表征，或者是它的一部分。在这里，表征与部分是两个不同的概念。表征是由这个隐性变量直接决定的，隐性变量是因，而表征是果，比如学习的积极性是课堂参与程度（表征测度）的一个主要决定因素。

那么如何从显性的变量中得到因子呢？因子分析的方法有两类，一类是探索性因子分析，另一类是验证性因子分析。探索性因子分析不事先假定因子与测度项之间的关系，而让数据"自己说话"，主成分分析是其中的典型方法。验证性因子分析假定因子与测度项的关系是部分可知的，即哪个测度项对应于哪个因子，虽然我们尚且不知道具体的系数。

> 小贴士

好的测评工具特征

综合以上内容,一个好的测评工具应具备以下特征:

(1) 行为样组具有代表性,能够真正测量出想要考察的对象的属性,即具备较高的效度;

(2) 测量结果具有较好的稳定性,可靠性强,即具备较高的信度;

(3) 符合标准化的测验编制流程,遵循科学的测验编制原则;

(4) 测验内容来自临床观察或者社会实践,其结构能够以成熟的理论来支撑;

(5) 测验内容符合施测人群的共同特征,有针对性、本土化;

(6) 测验题目难度适中,具备较高的鉴别力,并且可归属于适当的共性因子;

(7) 测量结果有详尽的解释或分析,最好具备常模。

五、基于心理测验的心理档案

通过心理咨询活动及科学的测量方法,对个体进行心理测验,建立个体心理健康档案,可以真实地记录个体心理特征及变化,掌握个体整体健康状况及普遍存在的心理问题,从而准确地分析其个性特征,及时排除其心理障碍,引导个体的健康成长。可以采取以下步骤来完成心理档案的建立。

(一)心理测量量表的选择

心理测量是一种科学性很强的心理评估方法,一般在测量时首先要考虑到所用量表能否测到它所要测的东西,即效度,也就是正确性。其次还要考虑信度即可靠性，这是指心理测验重复测量的结果的一致性。再次是常模，即用于比较、解释心理测量结果的标准，常模的内容和数值是从大规模取样中求得的，在取样时应注意样本的代表性和广泛性。最后是使用方法的标准化，即进行心理测量时要有固定的实施方法、标准的指导语、标准的答案、统一的记分与解释分数的方法。

（二）心理测量量表的整理、筛选和归档

通过量表的收回、整理，筛选出有心理问题的个体，把分析的结果全面准确地描述出来，每个部门撰写一份报告。然后按部门建立档案，向个体反馈心理测验结果，进行谈话和开展心理咨询工作。

（三）心理健康档案的补充

通过开展心理咨询工作和日常行为观察来对心理健康档案进行补充。心理咨询是解决个体心理问题的特定形式，是依据心理科学的理论，遵循健康或成长的原则，采用心理学的技术，帮助咨询对象解决困惑或烦恼问题，从而帮助其形成健全的人格。通过日常行为的观察，可以佐证心理测验的结果，加深对个体病理程度的把握。

第二章
信访工作者的压力管理

第一节 压力概述

一、解读心理压力

(一) 什么是心理压力

压力是应激的一般叫法,是指当人们感知到威胁或者无法应对的情况时所产生的生理和心理状况。我们每天都要接受各种各样的来自身体内部或外部的刺激,如饥饿、疼痛、疲劳、妊娠,或者是明天要参加一场重要的考试,当月的销售任务眼看不能完成,女友突然提出分手等。面对这样那样的刺激,我们必须应对,这种身体对外界刺激的反应模式被称为应激,而这些来自内部或外部的刺激,我们就称为应激源。当应激源打破了身体的平衡和负荷能力，或者超越了个体承受能力范围，就会体现为心理压力。

> 💬 **小贴士**
>
> **压力是什么**
>
> 建筑工人说：压力是冬天的寒冷，夏日的骄阳。我们可以把一栋大楼建起，也可以让建好的大楼瞬间倒塌。
>
> 教师说：压力是孩子们那一双双渴求知识的眼睛，当眼睛里有微笑时，我也心怀希望，那是快乐的；当眼睛里有失望时，让我知道自己的不足，令人难过。
>
> 呼叫中心的接话员说：压力像是客户的好评和差评，好评让我热情饱满而认真工作，差评让我心情抑郁而畏惧工作。
>
> 化学家说：压力有时候是空气中的氧气，有了它我们才能生活；有时候是空气中的一氧化碳，会让我们窒息而死。
>
> 诗人说：压力，你是天空的云朵。没有了你，谁能衬托天空的蓝色！而你也不要太多，乌云满天，不仅遮住了美丽的蓝色，还引来狂风大作、电闪雷鸣！这不是我要的生活。

（二）识别不良压力的信号

1. 生理信号

（1）心悸和胸部疼痛；

（2）皮肤干燥、有斑点和刺痛；

（3）头痛的频率和程度在不断增加；

（4）消化系统问题，如胃痛、消化不良或溃疡扩散；

（5）肌肉紧张，尤其是发生在头部、颈部、肩部和背部。

2. 情绪信号

（1）消沉和经常性的忧愁；

（2）丧失信心或者变得自负自大；

（3）感觉精力枯竭并缺乏积极性；

（4）容易烦躁，喜怒无常，并且伴有焦虑；

（5）情感的自控力下降，极端性情绪的发生频率增加。

3. 精神信号

（1）记忆力减退，判断力差；

（2）持续性地对自己及周围环境持消极态度；

（3）注意力不集中，经常有视而不见、听而不闻的情况；

（4）思维容易中断，经常遗忘正在谈论和思索的事情；

（5）思维紊乱，分析问题缺乏逻辑，分析能力下降。

4. 行为信号

（1）睡眠易受打扰；

（2）饮酒及吸烟比平时更频繁、量大；

（3）性欲减退；

（4）从朋友和家庭的陪伴或同事的友谊中退出；

（5）发现自己很难放松，经常烦躁和坐立不安。

（三）压力源

是什么让人们产生压力？有的是属于生活方面的，比如孩子的教育、房贷、婆媳关系；有的是工作中的，比如加班、任务太难、任务过多；还有的属于工作的需要和家庭的需要产生时间上或经历上的冲突，比如接送孩子无法按时上下班，工作太忙无法照顾生病的父母，收入差异导致夫妻不和等。

1. 生活压力源

生活中的各种事件，如结婚、离婚、家庭成员的变化等都会产生压力，如当前很多人因还房贷、赡养父母等问题带来巨大的经济压力而不堪重负。

2. 工作压力源

（1）角色模糊和角色冲突。有的人说，我搞不清楚自己要做什么工作，也不明白工作要如何开展，这就是角色模糊。角色模糊指工作人员对他们工作职责的不明确程度。很多主管都无法向他们的下属提供清晰的方针和指示，以致工作人员对自己究竟要做些什么感到模糊不清。当工作人员面对不兼容的要求时，或者工作之间（角色内）、工作与非工作之间（角色外），角色冲突便产生了。

角色内冲突产生于多重工作要求。例如，两位主管要求工作人员完成的是不兼容的任务，一位要求工作人员完成任务过程中要尽可能仔细，另一位要求工作人员快些完成。这两项要求不兼容，因为工作人员要做得仔细只有放慢速度。这种不兼容性在角色冲突中体现出来。

（2）工作负荷。小李在一家广告公司做业务员。他抱怨说：我从学校毕业就从事广告业务员这份工作，这项工作需要的社会经验和社会网络我一样也没有，做了以后才发现工作的压力完全超乎我的想象。一年多来，我大部分时间郁郁寡欢、身心疲惫、情绪低落。

工作负荷是指对工作人员的工作要求，包括数量和质量两个方面。数量上的工作负荷是指工作人员有太多的工作要做，质量上的工作负荷是指由于任务太难而无法轻易完成工作任务。小李就是面临着质量上的工作负荷。

工作负荷是比较普遍的。哈里斯研究中心的一项研究涉及 16 个国家的 5 300 个人，54% 的调查对象认为工作压力的主要来源是工作负担太重。

"生命中难以承受之重"，即指压力过重，而我们也难以承受"生命之

轻",因为人们总是希望通过努力能够实现自我价值,而且能在工作中有创造性地贡献,因为这是赢得自尊的一种好方法。

(3)工作条件。差的工作条件也是一种压力源,例如极端的温度、强噪声、光线太暗或太亮、辐射和空气污染等。有些压力在特定的职业中表现得更为突出,表2-1中列出了特定职业中所特有的压力来源,这些特定的压力影响了个体的身体健康和心理健康。

表2-1　　　　　　　　特定职业中所特有的压力来源

压力来源	职业
传染性疾病	医生、护士
噪声	机场工作者、音乐家
身体的袭击(致命的)	警察、出租车司机
身体的袭击(非致命的)	疗养院护理者、精神病院护士
重复性动作	数据输入员、打字员
毒性物质	害虫驱除剂使用者、农民
咽喉疾病	教师、客服中心呼叫员

舒适的工作条件能调节工作人员的心情,降低个体压力感,变压力源为压力缓解剂。

3. 社会压力源

这里所说的社会压力源特指工作中的人际关系。很多人困惑,不知道怎样搞好同事间的关系,应该和同事保持一种怎么样的距离才更合适,太近了会感觉不安全,太远了又怕人家说不好接近。所以有的人希望自己有一把神奇的尺子能度量最佳的距离。

💬 **小贴士**

> **刺猬相互取暖**
>
> 　　在一个冰冷的夜晚，两只困倦的刺猬，想要相互取暖，可是因为彼此身上都长着刺，不停地扎着对方，于是它们分开了。但是冷得不得了，它们就坐下来想办法，带着疲倦调整位置。为了不刺到对方，它们持续调整位置。几经折腾，两只刺猬终于找到合适的位置和距离，既能获得对方的温暖而又不至于被对方的刺扎着。
>
> 　　天快亮了，两只共度寒夜的刺猬为相互合作实现目标而感到欣慰。

　　其实我们也需要学习"刺猬相互取暖"的精神。刺猬为了相互温暖，不顾疲倦而调整位置，最终找到一个合适的位置和距离——既扎不到对方，又可以相互取暖。有的人说，人其实就像刺猬，身上都有着各种各样的"刺"，想从对方那里取暖，但是又怕被刺扎到。

　　现实生活中，没有现成的可以衡量人际距离的标尺。刺猬给人们做了一个很好的榜样，通过个人亲身的体会和摩擦，可以找到彼此最合适的距离。因为每一个人的身上都有"刺"，在相互交往的过程中被刺伤是很正常的事情。因为怕被刺伤而不敢接近他人，你的损失是很大的，你不会得到温暖。调整距离的结果是双赢的，互帮互助可以使我们的工作更加顺利，而且在这个过程中，每个人也趋于完美。人际关系好比是一把双刃剑，可以是帮助个人应对压力的社会支持力量，也可以成为压力之源。与他人和睦相处能让我们感觉更加幸福，而不能与他人很好相处则会导致紧张有压力。

4. 工作和家庭冲突

　　近年来，西方国家已经开展了不少有关工作和家庭冲突的研究，我国在这方面的研究还不多。然而，我国正处于社会经济转型的关键时期，随着全球化、信息化带来的工作节奏的加快，员工的工作和家庭冲突的问题也日益突出。男性与女性的工作和家庭冲突存在着很大的差别，这是由女性传统的性别角色——家庭主妇所决定的。

现代女性对于自身角色定位已经发生很大变化，自尊意识和平等意识让她们丰富了自我价值的内涵，拓宽了自我价值的外延，从原来站在家庭的"厨房"，到现在坐到了办公室的"桌旁"。现代女性的职业要求她们像男性一样干练与出色，而传统的社会角色却要求她们完成家庭事务和照顾孩子。双重的标准像两座大山压在她们的肩头，她们会遇到更多的冲突压力，产生很多心理困扰和问题，因此需要我们给予更多的关注和人文关怀。

二、对压力的正确认识

（一）经典的心理学实验揭开压力的神秘面纱

心理学家曾形象地说：压力就像一根小提琴琴弦，没有压力，就不会产生音乐，但是，如果琴弦绷得太紧，就会断掉。人需要将压力控制在适当的水平，使压力能够与生活协调。

1. 感觉剥夺实验及其启示

1954年，加拿大麦克吉尔大学的心理学家首先进行了感觉剥夺实验：实验中，被试者被要求戴上半透明的护目镜，限制其视觉；用空气调节器发出单调声音限制其听觉；手臂戴上纸筒套袖和手套，腿脚用夹板固定，限制其触觉。被试者被要求单独待在实验室里，几小时后开始感到恐慌，进而产生幻觉……在实验室连续待了三四天后，被试者会产生许多病理心理现象：出现错觉幻觉、注意力涣散、思维迟钝、紧张、焦虑、恐惧等，实验后需数日方能恢复正常。这个实验（当然这种非人道的实验现在已经被禁止了）表明：大脑的发育，人的成长成熟是建立在与外界环境广泛接触基础之上的。

创造是人的全部体力和智力都处在高度紧张状态下的有益的创新活动。而人的全部体力和智力从松弛状态转入高度紧张状态，需要给予适度的刺激。缺乏刺激的环境，就培养不出杰出的创造型人才。在没有刺激因素的环境中长期生活，人的意志就会衰退，智慧就会枯竭，理想就会丧失，才能就会退化。只有经常给予适度的刺激，才能激发起人的事业心、责任感和惊人的毅力。因此，对于不同的人才分别给予适度的刺激，是充分发掘他们创造力的一种有效方法。

感觉剥夺实验对认识压力的启示：适当的压力是人们前进的动力。

2. 叶克斯—杜德逊法则及其启示

叶克斯—杜德逊法则认为，压力与业绩之间存在着一种倒 U 型关系（如图 2-1 所示），适度的压力水平能够使业绩达到顶峰状态，过小或过大的压力都会使工作效率降低。

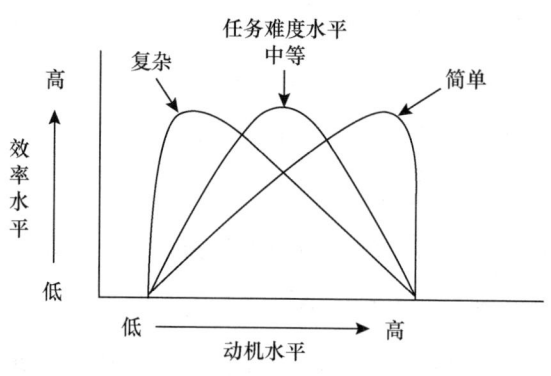

图 2-1　压力与业绩之间的关系

叶杜二氏法则是用来解释心理压力、工作难度与作业成绩三者之间的关系。他们认为因为动机而产生的心理压力，对作业表现具有促动功能，而其促动功能之大小，将因工作难度与压力高低而异。

在简单易为的工作情景中，较高的心理压力之下，将产生较佳的成绩；

凡是复杂困难的工作，在工作程序上必定含有多种因素交互配合的关系，如果心理压力过高，思考稍有疏忽，就难免忙中出错。简单工作多属重复性的活动，此种活动日久便会形成自动化的连锁功能，至此不须认真思考，若有心理压力存在，不但不影响自动化功能的进步，反而有可能使自动化的速度提升。

叶克斯—杜德逊法则对认识压力的启示：中等程度的压力水平最有利于发挥出最好的绩效和成果。

（二）压力的认识误区

1. 压力无处不在，我们对它无能为力

事实并非如此。压力并不会压垮我们，我们仍然可以计划自己的生活，有效规划优先次序，简单的问题先解决，然后解决更复杂的困难。当压力处理不善时，我们才很难规划生活，才会感觉压力无处不在。

2. 压力总是没好处

根据这一观点，零压力使我们快乐和健康。其实错了！像前面讲到的，压力对人类的作用就像小提琴琴弦上的张力：太少了，音乐声枯燥、刺耳；太多了，音乐是尖声或弦断。压力可以是工作的负担，也可以是生活的香料，问题是如何把握它。正确把握压力，会带给我们动力和快乐。

3. 压力管理的目标是消除压力

压力不能也不应该被消除，正如被誉为"压力之父"的汉斯·塞利所说的那样，只有死人才没有压力。唤醒是生活中的一部分，压力管理的目标应该是控制压力，从而降低他们转为有害的不良压力的概率或缩短压力持续时间。

4. 良好的生活状态应该是没有压力的

这是不一定的。当面临挑战和紧急事件时，唤醒程度越高越有利于达到某一特定点。压力能转化为行动,形成对事件的理解,并提高注意力。

💬 小贴士

正视心理压力

就像人的体温一样是身体自然产生的,36.5 ℃是正常体温,超过37.5 ℃就该退烧了。心理压力也一样:程度适当的心理压力是必要的,人的生活如果没有了心理压力也就没有了挑战。没有压力,运动员就会丧失竞争的欲望,学生的考试成绩也会下降,销售代表的订单将会越来越少。没有了压力,早晨我们都会懒得起床,人会变得百无聊赖、昏昏欲睡。人的能力的提高离不开适度的压力。但是,如果心理压力的程度过大,超过了人们的能力承受范围,就是一件非常糟糕的事情。

心理压力的破坏力和危害程度,远比体温超过37.5 ℃要严重得多,它不但影响人的身心健康,而且影响人的事业前途、家庭和睦,甚至留下无法弥补的终身遗憾。超额的心理压力,就像一笔贷款,在还清以前,一直需要你不停地支付利息。

第二节 压力的评估

一、对压力源的评估——生活事件量表(LES)

每个人都有可能遇到的一些日常生活事件,究竟是好事还是坏事,可根据个人情况自行判断。这些事件可能对个人有精神上的影响(体验为紧张、压力、兴奋或苦恼等),影响的轻重程度是各不相同的,影响持续的时间也不一样。请你根据自己的情况，实事求是地回答表 2-2 中的问题，在最适合的选项下面打钩。

表 2-2　　　　　　　　　　生活事件量表

生活事件名称		事件发生时间			性质		精神影响程度					影响持续时间				备注
		未发生	一年前	一年内	长期性	好事	坏事	无影响	轻度	中度	重度	极重	三月内	半年内	一年内	一年以上	
示例：房屋拆迁				√			√							√			
家庭生活问题	1. 恋爱或订婚																
	2. 恋爱失败、感情破裂																
	3. 结婚																
	4. 自己（爱人）怀孕																
	5. 自己（爱人）流产																
	6. 家庭增添新成员																
	7. 与爱人或父母不和																
	8. 夫妻感情不好																
	9. 夫妻分居（因不和）																
	10. 性生活不满意或独身																
	11. 夫妻两地分居																
	12. 配偶一方有外遇																
	13. 夫妻重归于好																

续表

生活事件名称		事件发生时间			性质		精神影响程度				影响持续时间			备注
		未发生	一年前	一年内	长期性	好事	坏事	无影响	轻度	中度	重度	极重	三月内	半年内	一年内	一年以上

	生活事件名称	未发生	一年前	一年内	长期性	好事	坏事	无影响	轻度	中度	重度	极重	三月内	半年内	一年内	一年以上	备注
	示例：房屋拆迁			√			√							√			
家庭生活问题	14. 超指标生育																
	15. 本人（爱人）做绝育手术																
	16. 配偶死亡																
	17. 离婚																
	18. 子女升学（就业）失败																
	19. 子女管教困难																
	20. 子女长期离家																
	21. 父母不和																
	22. 家庭经济困难																
	23. 欠债500元以上																
	24. 经济情况显著改善																
	25. 家庭成员重病或重伤																
	26. 家庭成员死亡																
	27. 本人重病或重伤																
	28. 住房紧张																

续表

生活事件名称	事件发生时间			性质		精神影响程度				影响持续时间				备注
	未发生	一年前	一年内	长期性	好事	坏事	无影响	轻度	中度	重度	极重	三月内	半年内	一年内	一年以上	
示例：房屋拆迁			√			√							√			
29. 待业、无业																
30. 开始就业																
31. 高考失败																
32. 被扣发奖金或罚款																
33. 突出的个人成就																
34. 晋升、提级																
35. 对现职工作不满意																
工作学习问题 36. 工作学习中压力大（如成绩不好）																
37. 与上级关系紧张																
38. 与同事、邻居不和																
39. 第一次远走他乡																
40. 生活规律重大变动（饮食、睡眠规律改变）																
41. 本人退休、离休或未被安排具体工作																

续表

生活事件名称	事件发生时间				性质		精神影响程度				影响持续时间				备注
	未发生	一年前	一年内	长期性	好事	坏事	无影响	轻度	中度	重度	极重	三月内	半年内	一年内	一年以上	
示例：房屋拆迁			√			√							√			
社交及其他问题	42. 好友重病或重伤															
	43. 好友死亡															
	44. 被人误会、错怪、诬告、议论															
	45. 介入民事法律纠纷															
	46. 被拘留、受审															
	47. 失窃、财产损失															
	48. 意外惊吓,发生事故、自然灾害															
其他问题																其他的生活事件，请依次填写
正性事件值：负性事件值：总值：																

（一）LES 的使用方法和计算方法

上述 LES 属于自评量表，含有 48 条我国公民较常见的生活事件，包括三个方面的问题：一是家庭生活方面，有 28 条；二是工作学习方面，有 13 条；

三是社交及其他方面，有 7 条。另设有 2 条空白项目，供填写当事者自己经历而表中并未列出的某些事件。

填写者须仔细阅读和领会指导语，然后将某一时间范围内（通常为一年内）的事件记录下来。有的事件虽然发生在该时间范围之前，如果影响深远并延续至今，可作为长期性事件记录。对于表上已列出但未经历的事件应——注明"未经历"，不留空白，以防遗漏。然后，由填写者根据自身的实际感受而不是按常理或伦理道德观念去判断那些经历过的事件对本人来说是好事或是坏事？影响程度如何？影响的持续时间有多久？

一次性的事件如流产、被罚款要记录发生的次数，长期性事件如住房紧张、夫妻两地分居等不到半年记为 1 次，超过半年记为 2 次。影响程度分为 5 级，从毫无影响到影响极重分别记 0、1、2、3、4 分；影响持续时间分一月内、半年内、一年内、一年以上共 4 个等级，分别记 1、2、3、4 分。

生活事件刺激量的计算方法：

（1）某事件刺激量＝该事件影响程度分×该事件持续时间分×该事件发生次数；

（2）正性事件刺激量＝全部好事刺激量之和；

（3）负性事件刺激量＝全部坏事刺激量之和；

（4）生活事件总刺激量＝正性事件刺激量＋负性事件刺激量。

另外，还可以根据研究或诊断治疗需要，按家庭生活问题、工作学习问题、社交及其他问题进行分类统计。

（二）LES 结果解释及应用价值

LES 总分越高反映个体承受的精神压力越大。95%的正常人一年内的 LES 总分不超过 10 分，99%的不超过 32 分。负性事件的分值越高对心理健康的影响越大，正性事件分值的意义尚待进一步的研究。

1. 应用价值

（1）甄别高危人群，预防精神障碍和心理疾病，对 LES 分值较高者加强预防工作；

（2）指导正常人了解自己的精神负荷、维护心理健康，提高生活质量；

（3）用于指导心理治疗、危机干预，使心理治疗和危机干预更具针对性；

（4）用于神经症、心理疾病、各种躯体疾病及重性精神疾病的病因学研究，可确定心理因素在这些疾病发生、发展和转归中的作用分量。

2. 适用范围

LES 适用于 16 岁以上的正常人，神经症、心理疾病、各种躯体疾病患者以及自知力障碍的重症精神疾病患者。

二、测测你的压力水平

个体在压力管理中，首先需要检查自己的压力处于什么水平上，然后寻找相应的压力管理措施。下面的测试可以考察一个人的压力状况，使个体能大致了解目前的压力水平，可为有效缓解自己的压力提供必要的数据依据。

测试题

1. 两个非常了解你的人正在谈论你，下面哪一条是他们最有可能用到的？

（1）他很合群，几乎没有什么事情可以让他感到心烦意乱；

（2）他很不错，但是你跟他谈话时要集中注意力；

（3）他的生活中总有一些地方显得不对劲；

（4）我近来发现他喜怒无常、捉摸不定；

(5) 近来我很少看到他开心。

2. 下列哪些是你生活中的普遍现象?

(1) 感觉自己做事情总是出错,或者自己总是不满意;

(2) 感到别人总是强迫自己做事情,而不是自愿完成的;

(3) 感觉自己的消化系统好像出了问题;

(4) 夜晚总是失眠;

(5) 时常感到自己头昏眼花、心跳过速;

(6) 没有剧烈运动、气温不高的时候经常浑身冒汗,到医院检查身体却没有异常;

(7) 在拥挤的环境中惊慌不安;

(8) 感到自己疲惫不堪、心力交瘁;

(9) 强烈的失望感;

(10) 对琐碎的小事极度烦躁不安;

(11) 晚上无法放松自己;

(12) 半夜和凌晨时常被惊醒;

(13) 难以作出决定,总是犹豫不决;

(14) 对别人的指责感到无能为力;

(15) 即使是很容易成功的事情也缺乏足够的热情;

(16) 不愿意会见陌生人,也不愿意尝试新的经验;

(17) 被别人要求时不会说"不";

(18) 经常担心别人指责自己的所作所为;

(19) 感到自己所承担的任务超过了自己的能力范围;

(20) 一旦事情进展不顺利,立即会坐立不安;

(21) 总担心有什么潜在的危险要发生;

(22) 觉得工作就是为了生存,没有什么乐趣可言;

（23）经常暗自怀疑自己的工作能力；

（24）对周围很多人都耿耿于怀；

（25）背部和颈部经常会出现不适感；

（26）早上上班时，总觉得不是很情愿。

3. 你比以前更乐观还是更悲观？

（1）更乐观；（2）大约一样；（3）更不乐观。

4. 你喜欢看体育比赛吗？

（1）是；（2）否。

5. 你能在周末睡懒觉而不产生负罪感吗？

（1）是；（2）否。

6. 在合理的职业和个人范围内，你能把想法告诉你的上司、同事或亲人吗？

（1）能；（2）不能。

7. 在生活中什么人为你做决定？

（1）自己；（2）其他人。

8. 在工作中受到批评时，你通常会怎样？

（1）非常沮丧；（2）中度沮丧；（3）轻度沮丧。

9. 你每天完成工作后对成绩感到满意吗？

（1）经常；（2）有时；（3）偶尔。

10. 你是否觉得很多时候都没有解决与同事间的冲突？

（1）是；（2）否。

11. 你必须完成的工作量是否超过了时间的允许？

（1）经常；（2）有时；（3）偶尔。

12. 你对工作对你的要求有清楚的认识吗？

（1）多数时候；（2）有时；（3）几乎没有。

13. 你有足够的时间处理私事吗?

(1) 有;(2) 无。

14. 假如你想商量自己的事情,你能找到一个有同情心的人吗?

(1) 能;(2) 不能。

15. 你是在实现人生目标的固定轨道上吗?

(1) 是;(2) 否。

16. 你对工作厌倦了吗?

(1) 是;(2) 否。

17. 你是否总想着工作?

(1) 是;(2) 否。

18. 你觉得自己的能力和工作被恰当评价了吗?

(1) 是;(2) 否。

19. 你觉得自己的能力和工作成绩被恰当奖励了吗?

(1) 是;(2) 否。

20. 你觉得上司在你的工作能力发挥上起到什么作用?

(1) 极力限制你的工作;(2) 积极帮助你的工作。

21. 如果十年前你就知道自己的工作像现在一样,你会认为与期望符合程度如何?

(1) 超出了期望;(2) 完成了期望;(3) 没有达到期望。

22. 假如你必须把喜欢自己的程度划分为5(最喜欢)到1(最不喜欢)的5个等级,你的等级是什么?

(1) 5;(2) 4;(3) 3;(4) 2;(5) 1。

评分标准

1. (1) 0分;(2) 1分;(3) 2分;(4) 3分;(5) 4分。

2. 每个小问题回答"是"得1分。

3. (1) 0分；(2) 1分；(3) 2分。
4. (1) 0分；(2) 1分。
5. (1) 0分；(2) 1分。
6. (1) 0分；(2) 1分。
7. (1) 0分；(2) 1分。
8. (1) 2分；(2) 1分；(3) 0分。
9. (1) 0分；(2) 1分；(3) 2分。
10. (1) 1分；(2) 0分。
11. (1) 2分；(2) 1分；(3) 0分。
12. (1) 0分；(2) 1分；(3) 2分。
13. (1) 0分；(2) 1分。
14. (1) 0分；(2) 1分。
15. (1) 0分；(2) 1分。
16. (1) 2分；(2) 1分；(3) 0分。
17. (1) 0分；(2) 1分；(3) 2分。
18. (1) 0分；(2) 1分。
19. (1) 0分；(2) 1分。
20. (1) 1分；(2) 0分。
21. (1) 0分；(2) 1分；(3) 2分。
22. (1) 0分；(2) 1分；(3) 2分；(4) 3分；(5) 4分。

结果解释

注意：对压力自评测试的解释必须谨慎，因为还有一些其他的因素在影响着我们对压力的理解和处理方式，而这个在自测的问题中没有包括。另外，两个得分完全一样的人所体会到的压力程度很可能是不一样的。

尽管如此，这个压力自评测试还是可以提供很多的具有参考价值的信息，它可以使你了解自己目前大致的压力状况。

0~15分：祝贺你！压力在你生活中不是问题。生活的经验或个人天生的素质使你对压力具有非常强的免疫力，你总能够沉着应对，也不会出现不良反应。

16~30分：提醒你！这是一个中等程度的压力。对你来说，也许更多的是感到生活和工作的充实，不是过度的压力。但是，这种状态如果持续时间过长，你时刻紧绷的神经就会厌倦这种生活方式，随后就会出现慢性的压力反应症状。因此，对于这一得分范围的人来说，如何缓解压力还是值得注意的。

31~45分：告诫你！压力对你来说，显然是个问题，采取措施的必要性是显而易见的。你在这种压力程度下工作的时间越长，解决它的困难就越大。仔细学习本书后面的内容对缓解你的职业和生活压力非常重要。

46~60分：警示你！在这个程度上的压力算是一个非常突出的问题了，必须立即采取措施！你可能正面临精疲力尽的阶段，你感到自己时刻都会有崩溃的可能。压力对你来讲必须被缓解！如果可能，你应该求助于压力缓解的专业人士进行详尽的咨询和治疗。

（节选自《驾驭压力》，戴维·丰塔纳著，邵蜀望译．生活·读书·新知三联书店1996年出版）

三、测试你的心理承受能力

通过下面两个图，可以大致看出你的压力大小，因为图片与心理承受力有关。据说这是美国用来测试犯罪嫌疑人压力大小的，大家来做做看吧！

请正面仔细看图2-2中的图片，你感觉到了什么？

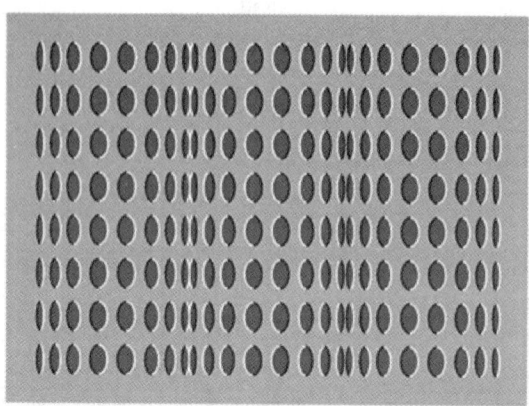

图 2-2　图形心理测试

心理测试结果：

（1）人们的心理都在不同程度地发生着变化，欲望随机而起。经心理测试证明：图 2-2 中的图片与每个人的心理承受力有关，你的心理承受力越强，图片转动越慢。

（2）大部分的老人和儿童看到的是这幅图片是静止的。请大家自己为自己做一下测量，看你的心理承受力有多大，以待自己更好地调整心态。

第三节 不良压力喜欢缠上什么人

一、A 型性格

表 2-3　　　　　　　　　　A 先生和 B 先生的一天

潜在压力事件	A 先生（紧张，低效应对）	B 先生（放松，有效应对）
1. 早上 7 点，闹钟没响，睡过了头	反应 急忙刮胡子，穿好衣服。没吃早饭就离开家 想法 我不能迟到，这将会把我一整天都弄得一团糟 结果 急急忙忙离开家	反应 打电话告诉同事会迟到半小时。做好上班准备，并吃完早饭 想法 这不是个大问题，我有办法补上迟到的半小时 结果 轻轻松松离开家
2. 早上 8 点在高速路上遇到堵车	反应 猛按喇叭，紧握方向盘，试图超车，然后加速 想法 为什么那辆卡车不驶入慢车道？真气死我了 结果 血压升高，脉搏加速。到达后，工作起来心烦意乱	反应 等待交通堵塞结束。同时边听广播，按正常速度行驶 想法 我才不会为此不安，因为我不能为此做什么 结果 保持安静与轻松，到达后，神清气爽
3. 上午 10 点，生气的同事对我的错误大发雷霆	反应 表面上有礼貌，但是言语和行为显示出没有耐心和不满	反应 放松而又认真听，同时考虑如何处理这件事情。保持冷静与风度

续表

潜在压力事件	A 先生（紧张，低效应对）	B 先生（放松，有效应对）
3. 上午 10 点，生气的同事对我的错误大发雷霆	想法	想法
	我不能容忍这个傲慢无礼的家伙，这样忍耐他使我大为恼怒，我还怎么完成工作	他生气有他的道理。在这个问题变得严重之前应该认真处理好
	结果	结果
	同事依然怒气难消。因为同事的打扰，我没能处理好日程表上重要的事情	同事怒气已消，他感谢聆听意见。我很高兴，顺利处理问题
4. 中午午休	反应	反应
	边工作边在办公室吃午餐，找不到所需要的文件。打电话找人但人不在	在公园漫步 20 分钟，然后在里面吃完午餐
	想法	想法
	我从来不能从所有这样的工作中摆脱出来，我还费力处理掉工作直到晚饭的时间	像往常一样，午休后我恢复了精力。当我心态放松的时候，我会工作得更好
	结果	结果
	由于恼怒，工作中屡屡犯错	恢复到良好状态，头脑清楚，继续工作
5. 晚上 11 点，睡觉时间	反应	反应
	难以入眠，失眠两个小时	迅速入眠
	想法	想法
	为什么我不能做得更多呢？我让自己和家人感到失望	这真是愉快的一天。很高兴我防止了一些潜在问题的发生
	结果	结果
	早晨睡醒后精疲力竭而又郁闷	神清气爽而又愉快

从表 2-3 中看了 A 先生的一天，或许对这样的性格模式有点了解了吧。

美国学者弗里德曼等人把人的性格分为两类：A 型和 B 型（即上述 A 先生和 B 先生）。A 型性格者，又叫 A 型行为模式，具有进取心、侵略性、自信心、成就感，并且容易紧张，总愿意从事高强度的竞争活动，不断驱动自己要在最短的时间里干最多的事，并对阻碍自己努力的其他人或其他事进行攻击。其特征是永不停歇地努力完成（强动力）工作，做比一定要求更多的事情（急性子），一般定位是没有耐心、急躁和易怒。与之相反的B型性格者则较松散、与世无争，对任何事皆泰然处之。

（一） A型性格的显著特点

1. 强烈的时间紧迫感

喜欢赶时间是A型性格的典型特征。他们喜欢同时从事两个或两个以上的任务，希望以越来越少的时间完成越来越多的任务，却又常常由于不能按时完成任务而浪费时间。

2. 不适当的攻击和敌意

A型性格的人经常设定较高的工作目标并努力保持良好的工作业绩，有过度与他人竞争的倾向，即使面对极轻微的刺激和挫折，也常有敌意和不适当的攻击性。

3. 对于完成目标没有适当的计划

具有A型性格的人常常并不了解怎样去完成目标而仓促去工作，这通常导致他们不能完成工作或工作中有许多错误，从而反过来又浪费时间、精力和物质成本。

具有A型性格的人，由于长期生活在紧张和压力中，心理和生理上的负担十分沉重。统计表明，85%的心血管疾病患者与A型行为有关；在心脏病患者中，A型性格者高达98%；偏头痛的发病也与A型性格有着密切的关系。现代社会中，每个人都处在快节奏的工作和生活中，每天都有时间紧迫的感觉。在这种情形下，更需要有意识地调整自身，尤其是A型性格的人。

（二） A型性格改变

A型性格可以改变吗？答案是肯定的，可以改变！那么怎么改变呢？

1. 回顾你过去的成功

你会发现你的成功不是因为A型行为所致，没有它同样可以成功。急躁、敌意和高攻击性非但不能导致成功，还会使人远离成功。因为还没发现一个人的失败或成功是完全因为工作做得太慢或太好，而很多人却非常有可能因为急躁冒进而失败。

2. 进行一次彻底的自我评价

评价变通能力、改变节奏的能力和迅速适应环境的能力，找出并评价泛化式敌意的强度。在此过程中，不要因为自己的合理化或自我解释而掩饰真实的情况。最后，坚持反复地问自己，直到你能很好地回答这个问题：除了每天生活中乱七八糟的事之外，我的生活本质应该是什么？

3. 恢复健全的性格

重新激活你的右脑，这一部分与文学、艺术以及审美有关。而这些将有助于减少急躁、敌意等A型行为。每时每刻去发现生活中美好的东西，你会感受到周围充满着美丽与安宁。

二、完美主义者

完美主义是指对他人（外在完美）、自我（内在完美）或两者的高期望值。

瑞士学者通过研究发现，完美主义者更容易在生活中产生心理压力，从而带来健康隐患。瑞士苏黎世大学研究人员邀请50名中年男子接受一项测验，研究者先以问卷方式测定这50名男子的完美主义倾向，然后要求他们用10分钟时间准备一次面对2~3名"考官"的求职演说。演说完毕后，研究者要求他们从2083开始，每隔12个数字向下数一个数字，直到倒数至0，其间只要错一次就要重数。

1. 处世高标准

测试过程中，研究人员为这50人测量唾液中的应激激素皮质醇含量、心律、血压以及肾上腺素和去甲肾上腺素分泌水平。

结果显示，完美主义倾向越严重的人，测试中分泌的应激激素越多，说明心理压力越大。研究人员还发现，完美主义倾向越严重者在测试过程中显露出越多的"生理衰竭"迹象，证明他们产生了疲劳、急躁或信心受挫等负面情绪，而"生理衰竭"容易导致心脏病。

苏黎世大学的皮特拉·维尔茨说，完美主义者的处世高标准完全是自我强加的，如果完美主义者能使自身标准更贴近真实情况，那么他们就能增强信心，并减少社会压力带来的影响。

2. 时常有挫败感

如果要判定你是否是一个完美主义者，看看以下几个问题：

（1）当你在工作的时候，别人说话或打岔时你的注意力是否会被破坏，并且由此你感到愠怒？

（2）当你计划购物时，你是否不想理睬对你促销的人，而是去找一些你需要的信息然后再做定夺？

（3）你是否对那些随随便便的人感到非常厌恶，并且暗自批评他们对自己的生活太不负责？

（4）你是否不停地想，某件事如果换另一种方式，也许更加理想？

（5）你是否经常对自己或他人感到不满，因而经常挑剔自己所做的任何事或他人所做的任何事？

（6）你是否经常顾及别人的需求，而放弃你自己的需求和机会？

（7）你是否经常认为干任何事都是全力以赴的，却又常常希望你自己能够再轻松些？

（8）你是否常常心里计划今天该做什么，明天该做什么？

（9）你是否经常对自己的服装或居室布置感到不满意而时常变动它们？

（10）你是否不断地为别人没能一次就把事情做好，而亲自去重做这项工作？

这些问题，若你都回答"是"，无疑你与完美主义者已经无限接近。

现在，仔细分析一下完美主义者的性格特征：完美主义者的最大特点是追求完美，而这种欲望是建立在认为事事都不满意、不完美的基础之上的，因而他们就陷入了深深的矛盾之中。要知道世上本就无十全十美的东西，完美主义者却具有一股与生俱来的冲动，他们将这股精力投注到那些与他们生活息息相关的事情上面，努力去改善它们，尽量使其完美，乐此不疲，但是往往半途而废。

小贴士

完美主义和成就：两种哲学观念

也许有人会问：难道内在的完美主义对于个人的、学术的以及职业的成功不重要吗？难道设定更高的标准不能激发一个人更加努力向上吗？思考下面两种相对的哲学观或许能给你启发。

完美主义哲学

我必须做得尽善尽美。

如果我做不完美，我就会受到惩罚。

既然这次我做得不完美，那下一次我必须做得完美。

健康哲学

我会尽力做到更好。

我会接受自己现在所做的一切。

我会从那次努力的尝试中学会下一步取得进步。

三、习得性无助/习得性悲观主义者

以下介绍关于悲观心态的实验——习得性无助的相关研究。

（一）狗的电击实验

1. 前期实验

（1）实验。先给狗适度强度的电击（以产生刺激为主，不要过度伤害），狗遭受电击时会产生恐惧反应。然后在电击同时伴随高频声音。

（2）结果。狗学到将声音与电击联系起来，听到声音就会出现遭受电击时的恐惧反应，建立声音与恐惧的条件反射。

2. 后期实验

（1）实验。在狗建立了条件反射后，将狗放入特殊的可以通电或产生高频声音的箱子里。分别对实验狗和对照狗给予声音或电击，看实验狗是否对声音产生恐惧和逃跑反应。

（2）结果：

1）对照组的狗。遭受电击时，立即产生恐惧和逃跑反应；听到声音时，没有恐惧和逃跑反应。

2）实验组的狗。遭受电击时，不逃跑，只是躺在原地哀号；听到声音时，不逃跑，只是躺在原地哀号。

人们开始不理解实验组的狗在遭受电击时不逃跑现象，只认为这是阻碍实验的不正常现象。心理学家塞利格曼指出这些现象背后深层的原因：在实验早期，由于实验狗在遭受电击时，不论怎样挣扎反应，都无法逃脱或使电击停止，因此，狗意识到无论它做什么都没有用，也就不再做什么，学会了无助。

（二）人类习得性无助实验

上述有关狗的实验发现的动物无助模式适用于人类吗？能否利用这个模式预测人类的悲观行为？能否利用这个模式预防和改变人类的悲观行为？

1. 实验设计

将实验研究对象随机分为三组：

第一组　实验对照组，接受噪声刺激。但可以通过操作开关，控制噪声。

第二组　实验控制组，接受噪声刺激。可以操作开关，但没有用，无法控制噪声。

第三组　空白对照组。

2. 实验结果

第一组　学会控制噪声，在新环境会同样反应。

第二组　三分之二的人学会无助行为，在新环境不去控制噪声，忍受刺激。

第三组　多数人在新环境作出反应，尝试控制噪声；十分之一的人不去控制噪声，忍受刺激。

3. 结论

根据实验可以得出，习得性无助模式适用于人类。

习得性无助是指人在最初的某个情境中获得无助感，那么在以后的情境中仍不能从这种关系中摆脱出来，从而将无助感扩散到生活中的各个领域。这种扩散了的无助感会导致个体的抑郁并对生活不抱希望。在这种感受的控制下，个体会由于认为自己无能为力而不做任何努力和尝试。

习得性无助是一种过早放弃的倾向，习得性悲观主义是一种不良压力倾向的人格模式——是解释事情好与坏的一种特定方式。习得性悲观主义是把消极事件归因为个体造成的、长期的，从而波及个体生活的各个方面的倾向，以及把积极事件归因为运气或者外部作用力，是暂时的、仅限于某一时刻的倾向。既然归因方式可以习得，就可以进一步推知：通过教育和治疗的手段，可以成功地把人培育成习得性乐观主义。

四、拖沓者

（一）拖沓是没有正当理由的拖延行为

拖沓并非仅仅因为懒惰或不负责任，其背后隐藏着更深层次的心理因素。心理学研究发现，导致拖沓的主要原因如下：

（1）拖沓主要是因为人们害怕失败或听到负面评价，例如认为迟迟不完成报告，那么领导就自然不能批评你报告中漏洞百出；

（2）人们不愿意从事单调或无意义的工作也会导致拖沓，这就是为什么那些只追求形式的工作总结总是被一拖再拖，拖到最后时刻才能完成；

（3）完美主义者也常常容易拖沓，由于没有最好只有更好，所以完美主义者总是不断地不满、修改、完善，而迟迟不能结束任务。

此外，有些人为了寻求和享受一种快感和刺激会故意拖沓，因为在短时间内完成任务会让人感到更有成就感。

（二）拖沓的危害

实际上，工作或生活中几乎谁都避免不了拖沓。但拖沓一旦成为习惯，"明日复明日""拖拖拉拉"会极大降低工作效率，带来更多的心理压力，影响个人成长和发展。

心理学研究还发现：习惯性拖沓对身体健康无益，因为拖沓的人大多喜欢喝酒、抽烟，同时还伴随着失眠和胃部问题。

（三）防止拖沓的经典妙招

有效防止拖沓的策略是把任务分解化和具体化，把一个庞大的目标划分成一个个可以控制的小目标。例如你计划在夏天到来之前把体重减到某个理想程度，那么从现在开始，你可以列一个非常具体的计划表，如"每天晚上不吃肉食""每周游泳两次，每次2个小时"等。当按时完成任务后，给自己一定奖励以强化有效行为；当未能按时完成任务时，给自己一些惩罚以消退无效行为。这样你就会比较容易坚持下去，并达到理想的效果。

在面对那些令人厌烦但又非常重要的任务时，还可以利用"最坏的事情最先完成"的技巧来减少拖沓。

给每项任务或目标设定一个较短的最终期限，也是减少拖沓的策略之一。如果你是完美主义者，请在那些真正重要的事情上力求尽善尽美，那些并非重点的小事情就不必吹毛求疵了。有时候工作时间拖得越长，工作效率越低。

向领导或同事公开承诺完成某项任务的期限，为了不失诚信和避免尴尬，你就会强迫自己必须按时完成，避免拖沓发生。

第四节 确定压力源及其危害

一、确定压力源的方法

如何更加迅速、准确地找到自己的压力源，从而更有针对性地应对呢？下面的方法教你如何精准定位自身的压力源。

（一）生活事件量表（LES）

根据测试结果评估你的压力源来自哪个方面（详见本章第二节压力的评估相关内容）。

（二）压力日记

1. 压力日记及其作用

压力日记是了解短期压力的一项重要技术。它可以帮助测试者认识到自己的压力应对方式，以及所能适应的压力水平。

压力日记建立在这样一个基本原则上：对正在经历的与压力有关的信息进行记录，因此可以对这些压力进行分析与管理。这一点相当重要，因为人们可能常常忽略了这些压力，没有给它们以足够的关注。除了认识、分析生活中最主要的压力源之外，压力日记还可以协助理解以下几个方面：

（1）更详细的压力源；

（2）最有利于工作绩效的压力水平；

（3）压力应对方式，以及该方式是否恰当、有效。

压力日记是一项非常有用的压力管理技术，它可以定期有规律地收集信息，协助将日常压力和偶然出现的压力区分开来。可将它们建构起一个模式，通过这个模式，能从中获得所需要的信息。

2. 记录信息

养成定时填写压力日记的习惯，如果你时常遗忘，就定上闹钟提醒自己下一次查看或填写的时间。同时，应该在每次感觉发生较为重要的压力事件之后就立即把它记在压力日记上。每次加入一个新的条目的时候，要记录以下关键信息：

（1）日期和时间。

（2）使用主观评价判断你现在感觉的愉悦程度，范围从-10（你经历过的最不愉快的事情）到10（你经历过的最愉快的事情）。与此同时，记下你感受到的情绪状态。

（3）你此时的工作效率（主观评价，10点量表）。0表示完全无效，10

表示你的最高效率。

（4）你感受到的压力，同样使用10点量表。0表示你经历过的最放松的感受，而10表示你经历过的最大的压力。

（5）你近期经历过的最大压力事件。

（6）你感觉到的症状（如坐立不安、生气、头痛、脉搏加快、手心出汗等）。

（7）导致压力的最主要原因（尽可能诚实、客观）。

（8）你是如何处理该事件的，你的应对方式有助于解决问题，还是使事情变得更糟。

3. 分析调整

采用压力日记这种技术以后，在很短的时间内，就可以感受到它的帮助。但是，如果生活方式发生改变，或是在将来又一次承受到较大的压力，那就应该再一次重新使用这种日记方法，会发现面临的压力可能已经改变。如果是这样的话，再使用压力日记这种方法将有助于开发出新的压力应对策略。

另外，在一个阶段的末尾还要对压力日记进行分析，分析时要注意以下几点：

（1）首先看一看在记录日记期间都经历了哪些压力，列举出经常承受的压力类型，按频率高低进行排列。列一个表单，把最令人感到不愉快的压力列在顶端。回顾一下列出的压力表，那些在顶端的压力就是应该立即处理的。可以使用压力管理计划来预先准备要处理的压力，并选择最适合的压力管理技术。

（2）比较不同压力感受下的工作效率，会发现在适当的压力下，工作效率可能是最高的。

（3）回顾并列举使人产生压力的情境。

（4）回顾在压力情境下的感受，看看这些压力是怎样影响当时心情与效率的，自己是怎样处理它们的，有什么样的感受。例如，使用理性思考来减压就有助于改善心情、管理情绪。

对自己的日记进行分析以后，就会清楚什么是日常生活中最重要、发生频率最高的压力源。要想使自己保持在一个适当的压力水平，就应该对可能导致压力的情境做到心中有数，以便在不得不面对这种情境的时候进行预先的准备，对它们进行有效的管理。

4. 列出压力源并按重要性排序

确定压力源后，就要按重要性对其进行排序，这样就能够分辨出那些必须处理的重要压力源，排除对自己实际影响不大的、发生频率较低的次要压力源。

按重要性重写整个表单，在表单最上面的就是最重要的、亟须处理的压力源，而在底部的内容可以等到确实有时间的时候再考虑。

5. 小技巧

如果用电子数据表（如 Excel）来制作表单，在排序的时候就可以免去许多冗杂的工作。这样一旦明确了生活中最重要的压力源，下一步就是考虑使用最适合的压力管理技术来处理每一个压力源。

二、不良心理压力可能引发的疾病

（一）心理压力与心身疾病的关系

现代医学理论认为，心理压力是影响疾病发生、发展和预后的重要因素之一，根据有关长期追踪研究报告估计，目前75%的疾病发生与心理压力有关。不仅如此，处于严重心理压力状态的患者，其病情会加重，严重影响其预后。可以说，心理压力影响人体的各个方面。

1. 心理压力与免疫系统

人体免疫系统是人体识别并抵御病毒和细菌及其他有害物质侵害的保护体，所以说人体对于各种疾病的感受性和抵御能力，在很大程度上取决于免疫系统的功能是否健全。科学家们原来以为免疫系统是一种自我调节的孤立系统，但最近的研究证明，人脑能够影响免疫系统的功能。这就意味着，人体对各种致病因素的抵抗力会受到情绪因素的影响。

免疫系统的作用随着心理压力的增大而减弱。当人体受到伤害时，免疫系统中的化学物质（即抗体激素）会释放出能量来保护身体，而这些化学物质的释放，会因为心理压力的影响而减少。担心、失望、愤怒以及其他一些不良的情绪，都会对免疫系统造成伤害。无论是长期心理压力，还是短期心理压力，都会影响免疫系统的活力。丧亲之痛、绝望抑郁、孤独及长期的心理压力都会对人体内的免疫细胞造成伤害。

2. 心理压力与生理健康关系

人体稳态失去平衡，自身调节能力下降，会导致生理功能紊乱，例如内分泌功能障碍、免疫功能下降，会使人体疾病易感性增加，或者加重原有的疾病，包括能促进肿瘤的生长。

3. 心理压力与心理健康的关系

较长时间处于高水平警觉状态，易导致情绪振荡、焦虑不安、心烦意乱、内心痛苦、失眠、注意力分散、思维不清晰、判断能力下降、工作效率降低等，使人体对外界压力的应激能力普遍下降。

（二）心理压力容易引起的生理疾病

1. 心理压力与失眠

随着社会的发展、生活节奏的加快，失眠症的发病率有上升的趋势。在现代社会里，失眠症可见于各行各业的人群，从事脑力劳动的科技工作者和行政管理者更多见。据统计，约有20%的成年人患有失眠。失眠可能是暂时性的，如健康的人可因过度兴奋紧张而失眠，兴奋和紧张平复后，睡眠可以自动转为正常。但较长时间的失眠者则是病态，主要表现如下：

（1）入睡困难。就寝后半个小时，甚至一两个小时还难以入睡。

（2）睡后易醒。每夜要醒来好几次，觉醒时间约占睡眠时间的15%～20%，而正常人一般不超过5%。

（3）早醒。离清晨起床时间还有两个小时或者更早时间就会醒来，醒来后很难再次入睡。

（4）上述症状兼而有之，并常伴有睡眠表浅、易醒、多梦、噩梦，晨起后四肢倦怠，头脑不清醒、情绪常低沉或伴焦虑等症状。

不少失眠者都是抱怨周围的吵闹声、噪声等外界因素导致了自己的失眠。其实这些失眠者就是到远离闹市的郊区或风景秀丽的庄园里，依然睡不着，因为他们内心的不安宁与躁动使得自己难以入眠。例如内在的冲突、烦恼、忧郁及家庭、人际矛盾等诸多方面的心理压力，致使他们在睡眠的时候思绪万千、杂念丛生，剪不断理还乱，难以入睡。如果单纯地把失眠归为外界因素影响所造成的话，那么失眠就很难纠正。由于回避了失眠真正的原因，单纯服安眠药并不能有效地缓解心理压力和解除自身的心理问题，长期失眠症状得不到改善。

因此，解决失眠的根本是要解决失眠者的心理问题，纠正他们对失眠的错误认识，调整对导致失眠的事件的看法和态度，减轻他们的精神压力，让他们学会有效的减压和放松方法，从而达到根本治愈的目的，精神饱满地迎接每一天。

2. 心理压力与消化性溃疡

有研究认为溃疡患者常具有保守、依赖、顺从、过度自我抑制及不能表达自己的敌对情绪等性格特征。

能导致心理应激的各种压力事件均可能增加溃疡的危险性。调查结果表明，溃疡病患者在生活中经历了更多的压力事件，如家庭矛盾、经济压力、法律纠纷、失业等。例如，第二次世界大战中，受到严重空袭的英国伦敦居民中，胃、十二指肠溃疡穿孔的发生率明显上升。也有调查显示，空中交通管制员的溃疡病发生率较一般人群高 2~3 倍。实验性研究结果表明，情绪变化时可引起胃酸分泌及胃肠运动功能改变，如愤怒时胃酸分泌增加，抑郁、失望时胃酸分泌减少。

3. 心理压力与肥胖

俗话说"腰带越长，寿命越短"。肥胖症确实导致了中年人许多健康问题，许多疾病是与体重超标有关的，如心绞痛、高血压、糖尿病、动脉硬化、中风、间歇性跛行、椎间盘突出、骨关节炎、静脉曲张、胆结石、肝硬化及各种背部、髋、肩、踝等关节病变。超重的人在各种不幸事故和外科手术中，并发症的发生率和死亡的危险性都要比正常人高得多。

超重不仅影响躯体功能，而且也影响人们的心理状态。心理学研究发现，肥胖者大多倾向于对自己做出过低的评价，而正是这种消极的态度，对肥胖者的生活等方方面面都可能产生不利的影响。当然，这也包括一些社会原因。现代人的肥胖，心理压力是难逃干系的。因此，心理压力和肥胖又相互影响，互为因果，让人们陷入一个恶性循环、不可自拔的境地，主要体现在如下几个方面：

（1）心理压力过大导致人们饮食结构不合理、进餐过快、生活没有规律、吸烟酗酒等不良的饮食和生活方式，使身体摄入了过多的能量，为肥胖提供了前提和基础；

（2）心理压力过大的时候，人体的内分泌系统会发生紊乱，新陈代谢会明显减慢，这就为脂肪的堆积提供了绝妙的机会；

（3）肥胖的人群由于社会观念以及自身的影响，往往又要承受比常人更大的心理压力。

因此，肥胖的人有一大部分都是心理脆弱者。因为，当他们情感的需求（如他人的认可、尊重、爱人的关怀等）无法满足时，只得采取更直接、更快速、更容易的方式来达到即刻的满足，即毫无顾忌地享受各种可口美味的食物和饮料，以此来暂时地缓解内心的烦恼。但其结果是更加肥胖，给自己以后的心理和身体健康带来更大的压力。

4. 心理压力与原发性高血压

原发性高血压是最早被确认的一种身心疾病，其发生受多种因素的影响。除饮食高油、高盐、肥胖、家族史等原因外，心理因素是其发生的重要因素之一。

一般认为原发性高血压患者的性格特征为容易激动、冲动型、求全责备、刻板主观、不善于表达情感等。具有这些性格特征者，遭遇压力时，常压抑自己的情感，但又不易控制情绪，导致长期的心理不平衡，伴随机体自主神经功能紊乱，从而促使高血压的发生。

流行病学调查表明，高心理压力的人群中，高血压发病率高于低心理压力的人群。与高血压有关的心理压力有以下两个明显的特征：

（1）职业特征。从事注意力高度集中、精神紧张而体力活动较少，以及对视觉、听觉长期慢性刺激的职业者，容易发生高血压病。有调查显示，在高度紧张下工作的空中交通管制员，其高血压发病率比机场普通工作人员高出5倍多；城市闹市区汽车司机比其他职业人群的高血压病发病率要高。

（2）慢性压力源比急性压力源更易引起高血压。长期生活不稳定，长期生活在噪声环境中的人高血压发病率也较高。

人在长期精神紧张、压力、焦虑或长期噪声环境、视觉刺激下可引起高血压，这与大脑皮层的兴奋、抑制平衡失调，以致交感神经活动增强，儿茶酚胺类介质的释放使小动脉收缩，并继发引起血管平滑肌增殖肥大有关。而交感神经的兴奋还可促使肾上腺素释放增多，这些均促使高血压病的形成并使高血压状态维持。

人在应激状态下，情绪反应的不同对血压的影响程度及变化的类型也不一样，血中激素水平的增高程度也不同。如愤怒、焦虑、恐惧容易引起血压升高，而沮丧或失望引起的血压变化较轻；焦虑时以收缩压升高为主，愤怒和敌意时以舒张压升高为主；愤怒时可致血中去甲肾上腺素浓度升高，而强制压抑敌意或愤怒情绪时,血中去甲肾上腺素和肾上腺素浓度均增高。个体处于心理压力下的应激状态时,开始只是血压阵发性升高,经过数月或数年的血压反复波动,最终会形成高血压病。

5. 心理压力与癌症

尽管癌症的病因十分复杂,到目前为止仍未完全明了,但是可以肯定的是,心理因素与癌症的发生和转归有明显的关系。

癌症患者普遍具有内向、抑郁、好生闷气、克制、压抑情绪发泄、缺乏灵活性、孤独、矛盾等性格特点,有专家在多年的临床观察中发现,癌症患者的情绪与其预后有明显的关系。心理压力大的人群比压力小的人群的癌症的发病率高;压力时间长,缺乏社会支持的癌症病人的复发率高;积极乐观的癌症患者预后明显比消极悲观的患者要好。

心理因素在癌症发病中的机制尚在进一步研究当中,有学者认为是通过免疫系统发生作用,也可能是多个因素的共同作用,如因心理压力增大而导致频繁过量吸烟、饮酒等都可以增加个体的癌症病发率。

6. 心理压力与冠心病

研究表明,强烈的、持续的心理应激状态可使具有冠心病潜质或已有心肌供血不足的人发生冠心病。调查发现冠心病的发生与遭遇生活事件的频度与强度有关,如有人研究发现,事业中有过4次或更多重大挫折者比未受过重大挫折者的冠心病发病率高4倍,在配偶死亡6个月内死于缺血性心脏病的发生率比无丧偶的对照组高67%。

(三)心理压力容易引起的心理疾病

1. 心理压力与抑郁

美国心理学家经过一年多研究发现,长期承受工作压力者患抑郁症的风险高于常人。在高工作压力环境下,男性患抑郁症的概率是在正常工作压力环境下的两倍多。高工作压力环境是指要求苛刻、缺少决策权的工作环境。女性情况略有不同,缺少决策权是导致女性抑郁的主要因素。

2. 心理压力与焦虑

焦虑是心理压力的最初表现。专家介绍,心理压力分三个阶段,呈现不同的症状:第一阶段是身体症状,会产生失眠、焦虑、多疑、胃口差等情况;第二阶段会产生退缩性行为,表现为不愿上班、无端请假、不愿意参加各类社交活动等;第三个阶段会产生攻击性行为,比如火气大、与人交往矛盾多、破坏性强,甚至产生自残、自虐或者自杀倾向。

3. 心理压力与强迫症

心理学家指出,现代社会的竞争日趋激烈,高度紧张的工作、生活节奏和过度的外界压力导致具有强迫心理的人越来越多,这也是强迫症发病率不断上升的直接原因。在压力大的环境下,内心脆弱、急躁、自制能力差、具有偏执性格或完美主义性格的人很容易产生强迫心理,从而引发强迫症。目前,强迫症已经被列入严重影响都市人群生活质量的最主要障碍之一,成为21世纪精神心理疾病研究的重点。

第五节 信访工作者压力管理的策略

一、打造从容状态的心悦生活

(一)食疗减压

众所周知,合理的营养能促进身体的正常生理活动,改善身体的健康状况,增强身体的抗病能力,提高免疫力。合理营养可使人们精力充沛、提高工作效率，对抗老防衰、延年益寿具有极其重要的作用。

但是鲜为人知的是，饮食与心理健康的关系也异常密切，大脑中负责管理行为的神经递质会受到每天饮食结构的影响。例如，多巴胺、5-羟色胺、肾上腺素都是神经递质的传导物质，当大脑分泌 5-羟色胺时，脑神经呈现休息、放松的状态；当分泌多巴胺及肾上腺素时，我们倾向思考、动作敏捷，也较具有警觉性。因此，饮食对于每个人的身心健康是一个非常重要的因素之一，也是心理治疗重要的方法。

1. 九大抗压食物明星

（1）鱼类。住在海边的人都比较快乐，不只是因为大海让人神清气爽，还因为他们把鱼当作主食。哈佛大学的研究报告指出，鱼油中的欧米伽-3 脂肪酸，与常用的抗忧郁药如碳酸锂有类似作用，能使人体分泌出更多能够带来快乐情绪的血清素。

（2）葡萄柚。口感好、水分足的葡萄柚带有淡淡的苦味和独特的香味，无论是吃起来还是闻起来都非常清新，可以振奋精神。而最重要的是葡萄柚里高含量的维生素 C，不仅可以增强身体的抵抗力，也是为人体制造多巴胺、去甲肾上腺素这些愉悦因子的重要成分。

（3）香蕉。嫩黄色的香蕉不仅美味，而且含有一种称为生物碱的物质，生物碱可以使人振奋精神和提高信心。而且香蕉是色氨酸和维生素 B6 的超级来源，这些都可以帮助大脑制造血清素。

(4) 南瓜。南瓜之所以和好心情有关，是因为它们富含维生素 B6 和铁，这两种营养素都能帮助身体所储存的血糖转变成葡萄糖，而葡萄糖正是脑部唯一的燃料。南瓜派也被认为是菜单上"最聪明"的甜点，因为每吃一口南瓜派，就会同时摄取 3 种类胡萝卜素，这对预防心脏病、抗细胞老化都十分有用。

(5) 菠菜。"大力水手"吃了菠菜后会力大无穷，实际上吃了菠菜还会心情大好。缺乏叶酸会导致脑中的血清素减少，在 5 个月后将出现无法入睡、健忘、焦虑等症状。那什么是富含叶酸的食物呢？几乎所有的绿色蔬菜和水果都含有叶酸，但菠菜最多！

(6) 樱桃。鲜艳欲滴的樱桃不仅好吃，而且还和阿司匹林一样有效。它能缓解电脑工作者的不适症状，如改善视力，减轻手指关节、手腕、双肩、颈部、背部等部位酸胀疼痛。樱桃的含铁量居各种水果之首，非常适合受到电脑辐射影响的女性食用。

(7) 低脂牛奶。温热的牛奶向来就有镇静、缓和情绪的作用，尤其对经期女性特别有效，可以帮助她们减少紧张、暴躁和焦虑的情绪。而且选择低脂牛奶，绝对不用担心影响到减肥计划。

（8）全麦面包。麻省理工学院的朱蒂丝·渥特曼博士表示，吃复合性的碳水化合物，如全麦面包、苏打饼干，它们所含有的微量矿物质如硒，能提高情绪，类似抗忧郁剂。

（9）鸡肉。英国心理学家班顿和库克给受试者吃了100微克的硒之后，受试者普遍反映觉得精神很好、思绪更为清晰了。美国农业部也发表过类似的报告。硒的丰富来源有鸡肉、海鲜、全谷类等，尤其以鸡肉最为典型。

2. 拒绝升压食物，减少身体伤害

升压食物中不乏平时被误认为有助于减压的东西，像酒精、咖啡因等，这些东西虽可能带来短暂的愉悦，但同时也会造成长时间的身体伤害，因此必须改正这些错误观念。

（1）咖啡因。存在于咖啡、茶、可可、可乐等食物当中。适度地食用时，咖啡因可以提升肌肉、神经系统和心脏的活动力，并增加身体的灵活机警度。但如果大量摄入，则会促进释放肾上腺素，导致心理压力增大。

（2）酒精。适量饮酒对身体影响不大，尤其适量的红酒对心血管系统健康是有所帮助的。不过如果是借酒浇愁的话，则反而是造成心理压力的主要原因。

（3）抽烟。许多人都会借抽烟来调节情绪，就短期来看似乎真的可以释放压力，但长期而言对身体的伤害已是众所周知了。

（4）精制糖。精制糖可以提供短期的热量，热量缺乏时可能会出现易怒、注意力不集中与情绪低落的现象，但过量摄入也会增加身体的负担，因此含糖饮料或高糖食物不宜多吃。

（5）盐。过量的盐分摄入会导致血压上升，消耗肾上腺素，并会使得情绪不稳定。因此建议烹调食物时应减少钠（如一些含盐高的调味料）的添加，同时也应尽量避免摄取含钠量高的腌制食物，如培根、火腿、香肠以及加工品食物等。

（6）油脂。显然油脂过量摄入是造成肥胖的凶手之一，并会带给身体心血管系统与其他器官不必要的负担与压力。

（7）高蛋白质。高蛋白质饮食会提升脑内多巴胺与去甲肾上腺素，这两种分泌物都会使得焦虑与心理压力更加严重。

3. 减压花茶

（1）玫瑰舒压茶

1）材料：玫瑰花6克、洋甘菊6克、马鞭草5克。

2）做法：

①将材料置入茶壶或茶杯；

②冲入90度热开水400毫升；

③在茶壶内焖约6分钟；

④用调匙充分搅拌均匀，若想喝甜一点可加入少许蜂蜜。

（2）薰衣草舒压茶

1）原料：薰衣草3克，茉莉花3克，蜂蜜15毫升。

2）制法：在500毫升热开水中放入薰衣草、茉莉花，浸泡5分钟后取出茶渣。加入蜂蜜搅拌至溶解，倒入杯中即可。

3）特点：薰衣草具有舒压、安眠的作用，茉莉花有润肠、通便及减肥的功效。

(3) 舒压舒缓的花茶组合

1) 薄荷、紫罗兰、甜菊叶。舒缓精神压力，适合上班族饮用，还可减轻感冒时头痛、喉咙痛等不适。

2) 接骨木花、柠檬草、薄荷。三种花草都具有治疗感冒和发汗的作用，可舒缓呼吸系统的不适。

3) 洋甘菊、马鞭草、甜菊叶。味道香甜可口，可舒缓紧张的情绪，适合日常饮用。

(4) 洋参玫瑰茶

1) 材料：西洋参、黄芪、枸杞各10克，玫瑰花15朵。

2) 作法：将药材洗净，加500毫升开水冲泡，焖约20分钟即成元气茶饮。

3) 效用：清心解郁、补充精神、增强免疫功能。

（二）运动减压

经常性地参加身体锻炼可以强身壮体，使人精力充沛，对抵抗压力、调节情绪、改善睡眠、提高工作效率作用明显。

1. 慢跑

从20世纪60年代起，在美国估计有700万~1 000万人坚持慢跑，目的在于增进健康、增强体质、减肥防胖并求体态优美和心情舒畅。慢跑每分钟消耗10~13卡的热量（打网球每分钟消耗7~9卡热量）。1967年，俄勒冈大学的径赛教练包尔曼和专门研究心脏学的医学家哈里斯合著的《慢跑》一书出版，大大促进了慢跑活动的普及。医学权威认为，慢跑是锻炼心脏和全身的好方法，通常以隔日进行为宜。在硬地面慢跑每 1.5 千米两脚击地 600~750 次，因此有的医学家认为，慢跑会引起足弓下陷、外胫夹、汗疹、跟腱劳损、脚肿挫伤以及膝部或后背病痛等。所以慢跑前要做好热身动作，要穿着合适的鞋和宽松的衣服，跑法要正确。

《黄帝内经》中记载："夜卧早起，广步于庭。"早晨跑步有助于身体健康。其速度应依体力而定，宜慢不宜快，以自然的步伐轻松地向前行进，以循序渐进、持之以恒为原则。慢跑要从短程开始，逐步增大跑程，运动量的掌握以慢跑后自觉有轻松舒适感，没有呼吸急促、腰腿疼痛、特别疲乏等不良反应发生为宜。在慢跑过程中，心率以每分钟不超过 180 次减去自己的年龄数为适宜。

（1）慢跑的要领。慢跑时，全身肌肉要放松，呼吸要深长、缓缓而有节奏，可两步一呼、两步一吸，亦可三步一呼、三步一吸，宜用腹部深呼吸，吸气时鼓腹，呼气时收腹。慢跑时步伐要轻快，双臂自然摆动。慢跑的运动量以每天跑 20~30 分钟为宜，但必须长期坚持方能表现出对身体健康的效果。

慢跑运动可分为原地跑、自由跑和定量跑等。其中，原地跑即原地不动地进行慢跑，开始每次可跑 50~100 步，循序渐进，逐渐增多，持续 4~6 个月之后，每次可增加至 500~800 步；自由跑是根据自己的情况随时改变跑步的速度，不限距离和时间；定量跑有时间和距离限制，即跑完一定时间或一定的距离，从少到多，逐步增加。

（2）慢跑的功效

1）增强肌肉与肌耐力。规律而不间断的慢跑可增强肌肉力量与肌耐力，而肌肉力量与肌耐力是平时维持工作与紧急应变的重要能力条件。

2）增进心肺功能。持之以恒的慢跑将会使心脏收缩与输出量增加、降低安静状态心跳率、降低血压，增加血液中高密度脂蛋白胆固醇含量，提升身体的作业能力。

3）代谢排毒。规律的运动可让体内的新陈代谢加快，延缓身体机能老化的速度，并可将体内的毒素等多余物质由汗液及尿液排出体外。

4）减轻心理压力。处于竞争激烈的大环境下，若不排除紧张情绪、精神及心理压力，将永远居于劣势。适度的慢跑可减轻心理负担，保持良好的身心状态。

5）提高生活品质。健康是一切工作生活的基础，生活品质提升的首要条件就是要有健康的身体，而规律性慢跑是促进身体健康的明智选择。

2. 打太极拳

练习了20多年的太极老师葛瑞光·芒祖著有《寂静中的招式》一书，他在书中说道："练习太极拳会渐渐将你带入一个超脱的境界，因为我们越多地去做原始真实的探索，就可以更多地摆脱缠身困扰。我们的欲求越少，就越少受情绪波动影响，就能把自己的身体维护得更好，吃得更好，身材保持得更好，拒绝会污染身体和思想的东西。最后，我们就会发掘真正本质的东西，发现舍得越多就越富有！"

北京体育大学研究太极拳的专家徐伟军教授把太极看作"以心行气、物令沉着"的一项身心综合运动。"它效法自然，遵循着自然界乃至整个宇宙的运动规律。太极中讲究'旋移'即旋转和移动两个基础动作形态，这就像宇宙间的星体自转和公转的运动。这个动作形态（双臂环于胸前的张合运动）就像科学家对宇宙运动形态的猜想：由起始状态的爆发、扩张，到一定极限后慢慢回收，又像是海潮的涨落和我们身体里心脏的跳动。"

（1）受益太极运动。太极是让身体每一块肌肉、每一个器官、每一个细胞都平和运动的"药草"，它对身体健康状况的效果是很直接的，可以扩大肺活量，改善血液循环，提高睡眠质量，让消化系统更畅通。

太极拳可以加强人对身体细节的控制，遵循升、降、开、合的圆道运动规律进行各种综合练习，以脊柱为中轴，手腕的缠、绕，协调四肢与呼吸配合。练习太极拳不需花费太大的力气，它总是让人处于一种放松的状态。谈到放松，徐伟军教授认为："这种放松是指精神和关节，肌肉依然保持着用力的状态。太极招数正是靠这种控制肌肉的力度带出'劲'，它是瞬间动作带出的弹性力。"

太极拳可作为一项终身的运动，你可以用一生来学习和锻炼，它没有年龄的限制，因为太极拳是少有的保护关节的运动方式。在练习中，放松的关节只承载较小的力，腿部既不会笔直，也不会过于屈伸；旋移时不以个别关节来带动身体，而是躯干带动整个身体的移动。

（2）初学太极

1）初学太极拳要每周跟着老师练习90分钟，每天在家里练习15分钟。

2）太极拳的入门没有年龄的限制，没有特殊的体质要求，也没有任何成果要求。每个人根据自己的节奏来练习，顺其自然。

3）不受练习环境的限制，但凡空气污染小、流通性好，没有噪声的地方均可练习。当然，如果能置身自然之中，碧空如洗、古树参天或是青青茶园、绿草如茵会让人获得更富饶、舒适的心理体验。

4）练习太极拳的时间也没有太多限制，但因为日出前后植物聚集的地方二氧化碳含量较高，不适于健身活动，建议在天亮1~2个小时后在户外、树林中练习；夏天中午12~14时日照强烈，不宜在户外练习。

3. 做办公瑜伽

长期在办公室里伏案工作的人，很容易引起腰、背疼痛，长时间坐在电脑前会使视力下降。这里向大家推荐一组特别适合长期在办公室工作，而又拿不出时间来锻炼人群的简单易做又实用的瑜伽术。这组练习大约用时30分钟就可以完成，你可以在工作间隙中做，也可以在工间休息时做。

（1）基本呼吸法。瑜伽术认为人类依赖吸取宇宙的能量而生存，而在有生命素之称的空气、阳光、泥土、水分和食物中，呼吸空气是最为重要的，呼吸包含着神奇的力量。

1）方法：坐在椅子上，双腿并拢。一手扶在大腿上，一手放在腹部，收下颌，脊椎伸直。先腹部放松，用鼻子吸气，并用力扩展喉和胸，使气充满胸、腹部，肚子鼓起；然后放松下颌、呼气，同时放松胸部，肚子渐渐收起。呼气时要用吸气时的两倍时间从鼻子慢慢呼出，呼尽后，保持屏息状态 1~2 秒钟。

2）意识力：放在腹部呼吸上。

3）注意事项：瑜伽的呼吸有深呼吸、轻呼吸和静呼吸，根据动作的幅度大小、难易程度而采用不同的呼吸方法。不论练什么，在练习前后都要这样调整呼吸，每次做 5 秒钟。

（2）坐姿转背姿势

1）方法：坐在椅子上，右手扶左膝关节，左手扶在背后或右髋关节上，吸气时转体，静止 15~30 秒，自然呼吸，然后还原呼气。左右各做 4 次。

2）意识力：集中在腹部。

3）注意事项：回转时，腰、胸、颈、头，脚要固定，背肌要伸直，头尽量向后方转，往远处望，最好看绿色的物体，放松眼睛。

（3）骑士姿势

1）方法：坐在椅子上，双腿左右分开放在椅子两侧边沿，脖颈伸直，从头到尾骨要非常直。双手抬至胸前上下重叠，挺胸立腰、颌下收，然后将臀离开椅子上提 10 厘米高，呈马步蹲式，要屈膝下腰，颈、背尽量伸直，呼气。然后双腿逐渐上伸直，提腰，站立。

2）意识力：集中在腰腹部。

3）注意事项：呼吸与动作配合好，双脚要站稳。

（4）虎士姿势

1）方法：

①闭上双眼，肩放松，让心情放松下来 10 秒钟，然后坐在椅子上，竖起两手的食指，双食指顶在一起，凝视指尖 10 秒，自然呼吸。

②右手往右边移动，双眼追逐右手指尖，直到看不到为止；再慢慢将双眼回到正面来。左手做同样动作。

③竖起双手食指分别往左右两边移动，其间静静地看着手指，持续 10 秒。

④双手放下，身体不动，尽可能凝视上面，10 秒钟，然后向下凝视 10 秒。接下来上下交互，做 10 次。

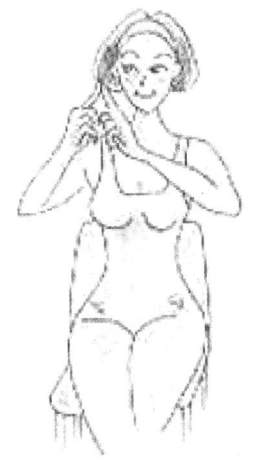  

⑤将双眼往右、下、左、上移动，转3次，然后是往左、下、右、上移动，转3次。

⑥闭上双眼，保持身心轻松。

2）意识力：集中在指尖上，想象从眼中产生能量。

3）注意事项：移动眼睛时，头不动；在凝视时，不能眨眼，先吸气之后再终止。

（5）牛面式

1）方法：坐在椅子上，将背肌伸展，右手向后由上而下，左手由下而上，绕到背后，双手在背后勾住，胸廓尽量张开，静止10秒。然后换相反方向。

2）意识力：放在被拉扯向上的胸部。

3）注意事项：将手勾在一起，注意双眼尽量向正后方望去，上面的肘关节有被强劲拉扯向后的感觉。重复3次。

（6）收缩腹提举内脏术

1）方法：站在椅子后面，双手扶椅背，双腿开立，弯曲。闭上双眼，将气吐尽后屏息，收缩腹部，好像将整个内脏器官向上提起，保持这种姿势1~3秒。放松腹部，吸气。做5~10次。

2）意识力：放在小腹、呼吸上。

3）注意事项：尽量用鼻子呼吸，上提时，肛门也要同时上提。

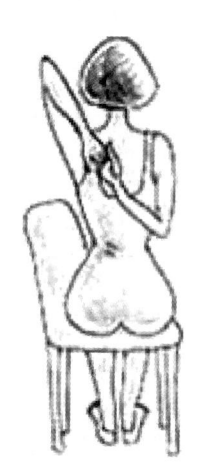

以上6种瑜伽术用时20~30分钟即可完成。做的时候要注意动作缓慢柔和，配合呼吸；注意身体松紧节律，意识力要集中，不要过度紧张和勉强用力；尽量在空腹时做，吸气、呼气都要均匀缓慢、绵绵不断；最好每天坚持，定时进行。

（三）音乐疗法

音乐作为一种艺术，是人的情绪、情感的一种表现方式，曲调和节奏不同的音乐可以使人产生不同的情绪感受，利用音乐来调节情绪已为人们广泛运用。中医的经典著作《黄帝内经》两千多年前就提出了"五音疗疾"的理论，《左传》中也说，音乐像药物一样有味道，可以使人百病不生、健康长寿。

1. 音乐的减压作用

音乐的作用是非常多的，在很多情况下音乐可以帮助人们改善生活的质量，还可以用来帮助人们舒缓压力，是一种非常好的减压良方。因为音乐可以通过生理和心理两条途径来帮助人放松心理压力、释放心情。

一方面，音乐声波的频率和声压会引起人生理上的反应。音乐的频率、节奏和有规律的声波振动，是一种物理能量，而适度的物理能量会引起人体组织细胞发生和谐共振现象，能使颅腔、胸腔或某一个组织产生共振，这种声波引起的共振现象，会直接影响人的脑电波、心率、呼吸节奏等。优美悦耳的音乐，可以改善神经系统、心血管系统、内分泌系统和消化系统的功能，促使人体分泌一种有利于身体健康的活性物质，可以调节体内血管的流量和神经传导。

另一方面，音乐声波的频率和声压会引起心理上的反应。美好的音乐能提高大脑皮层的兴奋性，可以改善人们的情绪，激发人们的感情，振奋人们的精神，同时有助于消除自身或社会因素所造成的紧张、焦虑、忧郁、恐怖等不良心理状态，提高抗压能力。

也许有人会说，我情绪不好的时候不喜欢听音乐。那说明你有可能选错了音乐。音乐放松心情的方式要讲究同步性原则，就是你选的音乐一定要和你当前的心情同步，如紧张烦躁的时候要听舒缓的音乐，并同时让自己的身体、姿势尽量放松,如此它才能不知不觉地带你进入你想要的境界。

2. 明快酣畅、解除忧郁类音乐

对情绪低落、沮丧消沉、孤独空虚、兴趣降低、办事犹豫、自责自罪者,建议选用中国名曲《喜洋洋》《步步高》《春晖曲》等,或外国经典名曲《布蓝登堡舞曲》《春之声圆舞曲》《杜鹃圆舞曲》等。该类乐曲多属于自然音乐,舒展明快、旋律酣畅、生机勃勃。当人们陶醉于大自然中时,某些忧郁情绪就会自然解除。

(1) 用乐方式。建议上述心理压力者每日听该类音乐1次,每次30~40分钟。此外,选择乐曲时要注意:从心理学的角度来看,在强烈的忧郁感使人不能自拔的时候,想借助欢快的音乐来加以抑制,效果并不理想,有时因为两种情绪反差过大,反而使人心情烦躁。所以,开始时可以听一些略带忧伤的乐曲,使人的心灵得到震撼和共鸣,郁结之气就会缓慢地随音乐得到发泄。此时,再选择一些明快酣畅、朝气蓬勃的乐曲,会对改善情绪帮助很大。通过不断的聆听,最终达到释放驱除人的心理压力,滋养平衡身心的效果。

(2) 在听该类音乐时需要注意:

1) 选择一个舒适温暖、灯光微暗的地方,让自己尽量舒适地倚靠或躺倒;

2) 播放音量调整到感觉舒适的程度;

3) 闭上眼睛,让自己全身放松;

4) 音乐开始后,试着把注意力集中在呼吸和心跳上,跟着音乐的旋律波动,慢慢将注意力集中到音乐的旋律和自然的声音中;

5) 试着保持这种轻松美好的心情,让自己逐渐进入放松、无压力的状态。

3. 舒心理气、消除疲劳类音乐

对焦虑、烦闷、疲劳者,建议选用中国名曲《彩云追月》《塞上曲》《春江花月夜》《高山流水》等，或选用外国经典名曲《沉思曲》《帕格尼尼狂想曲》《天鹅湖》等。该类乐曲悠然平和、节奏舒缓，能够调解情志，消除紧张情绪，以此保持神情稳定、愉快舒畅。

（1）用乐方式。对焦虑、烦闷、疲劳者应每天听1次，每次30分钟。此外，还应该配合性情调养，养成良好的工作和生活习惯，充分休息。

（2）在听音乐时，做以下的想象：

1）现在想象你正站在自己美丽的花园里；

2）这是你自己私人所拥有的最放松宁静的园地；

3）在这里每件东西都沉浸在阳光里；

4）缤纷的色彩与自然之美围绕着你；

5）许多不同种类的植物和花朵也都沉浸在柔和的阳光下；

6）从碧蓝的天空中，太阳撒下柔和的光芒；

7）从一朵花到另外一朵花，你看到许多色彩靓丽的蝴蝶正在晴空中飞舞，它们那彩色的翅膀闪烁在阳光下；

8）远处的鸟儿也开始高歌加入自然的舞场；

9）空气中充满了由花草树木所散发的自然香气；

10）你可以听见潺潺的溪流正缓慢地流过一些小岩石；

11）在你的花园里一切是那么美好、宁静、安详，具有生机和活力。

4. 增加自信、振奋精神类音乐

对缺乏自信的人，建议选用中国名曲《走马》《旱天雷》《下山虎》《将军令》等，或外国经典名曲《斗牛舞曲》《火之战车》《命运交响曲》等。该类乐曲雄壮有力、节奏感强，旋律中充满坚定和无坚不摧的力量。久而久之，会使听者树立起信心、振奋起精神。

对缺乏自信的人，建议每天听该类乐曲1~2次，每次20~30分钟。想象一个非常静谧、安详，阳光洒落的森林的初晨。小鸟展翅飞翔之后，活泼的旋律跳出，欢快的音乐牵动了它们的心，也注入自己的心里，人不自觉地也跟着快乐起来、兴奋起来。

5. 静心安神、助眠音乐

对工作、生活压力比较大，且表现出心情烦躁、多梦易醒、睡眠质量较差者，建议选择静心安神、帮助睡眠类音乐，如中国传统乐曲《二泉映月》《大海一样的深情》《汉宫秋月》《军港之夜》等，或外国经典名曲《梦幻曲》《夏日里最后一朵玫瑰》等。该类放松音乐和声简单、乐声和谐、旋律变化较小、缓慢轻悠，非常容易诱人入睡。

该类音乐主要在心情急躁、烦躁时或在睡前使用，一般20~30分钟。在听音乐时，建议保持周围环境安静，营造良好的氛围。此外，在听该类音乐时，如果能结合身心平衡的松弛疗法，效果会更佳。

二、身心平衡的松弛疗法

（一）自我放松法

1. 姿势

可坐着、躺着，以任何自己觉得舒服的姿势都行，轻轻把眼睛闭上。

2. 调整呼吸

深深地吸足一口气，缓慢地呼出，如此反复做三遍。

3. 放松身体

心里默念：头顶放松、前额放松、眉心舒展、太阳穴放松……脚掌放松、十个脚趾尖放松。如果还没放松，可重复上述过程。

4. 想象调节

（1）若有若无地想象。

（2）感到身体很重，在下沉。

（3）感到身体很轻，像云一样向上飘。

（4）感到大脑里是一汪清澈的湖水，很清；大脑很放松，什么都不想、什么都不思考。

（5）感到心情像一朵粉红色的莲花在开放，香气四溢，非常快乐；粉红色的莲花在清澈的湖水中心慢慢开放，香气飘逸到很远；闻到了花香。

（6）感到小腹很温暖。

（7）感到身体很柔软，像婴儿一样、每个细胞都充满温暖的生命力。

5. 结束

（1）头脑慢慢的感觉很清晰，身体慢慢的感觉很轻松，手慢慢的感觉很灵活，腿慢慢的感觉很强壮；

（2）感觉整个人像刚睡醒一样；

（3）轻轻地睁开眼睛，做些轻柔的活动；

（4）如果在睡前做，可不做这一步，直接进入睡眠。

（二）腹式呼吸法

所谓腹式呼吸法是指吸气时让腹部凸起，吐气时压缩腹部使之凹入的呼吸法。

正确的腹式呼吸法为：开始吸气时全身用力，此时肺部及腹部会充满空气而鼓起，但还不能停止，仍然要使尽力气来持续吸气，不管有没有吸进空气，只管吸气再吸气。然后屏住气息4秒，此时身体会感到紧张，接着利用8秒的时间缓缓地将气吐出。吐气时宜慢且长而且不要中断。做完几次上述步骤后，不但不会觉得难受，反而会有一种舒畅的快感。

做腹式呼吸时，体内会产生一种前列腺素的物质，可消除活性氧，并且有扩张血管的功能。做腹式呼吸法活动横膈膜时，前列腺素会从细胞内渗入血管及淋巴管，去除活性氧的毒素，促进血液循环。此外，做腹式呼吸可使腹部的各个内脏,皆得以受到呼吸节奏的刺激,这种刺激透过神经,作为一种和缓的呼吸节奏的自我调节信号传至脑,脑在接受这些刺激之后便成为α状态。

所谓好的呼吸是在意识之下"缓缓"进行的,另外"深深的"也很重要。换言之,意识之下既缓且深的呼吸法是造就α波最有效的方法之一。腹式呼吸法可使脑波维持在12赫兹以下,就大脑生理而言,就是α波最容易出现的时候,同时它能增进脑内荷尔蒙内啡肽的分泌,有助于创造力的开发。

(三) 想象放松法

想象放松是指通过想象最能让自己感到舒适、惬意、放松的情境,从而达到让自己消除紧张感,全身放松下来的目的。想象放松过程中通常会结合其他的一些方法,如暗示、联想等。

想象前的准备工作:选择一间安静整洁、陈设简单、光线柔和、周围没有噪声和干扰的房间;参与放松者在放松前可少量进食,排空大小便,解松衣裤、鞋带和颈部衣扣,坐在舒适的沙发或椅子上,整个身体保持舒适、自然的姿势,闭目。

最常用的是想象在大海边(或湖边)的情景,如进行以下想象:

"我静静地躺在海滩(或湖边的草滩)上,周围没有其他人,微风轻轻地吹着,我渐渐聆听到风吹过耳旁,感受到了阳光温暖的照射,触到了身下海滩上的沙子(湖边柔软的草儿)。我全身感到无比舒适,微风带来一丝丝海腥味(清新的草的味道),海涛在有节奏地唱着自己的歌(湖面上的水静悄悄地涌过来,时不时有鱼儿嬉水溅出的水花声)。我静静地听着这永恒的波涛声(这令人神往的梦里水乡)。

我坐上了小船,在平静的水面上慢慢荡漾,小船轻轻地摇呀,它有节奏地向我梦中最美丽的地方摇去,我的呼吸渐渐慢而深,和着小船的节奏,在这个美丽的世界里，我尽情地享受着。

天上的白云倒影在镜子一样的水面上，不知哪里是水面，哪里是天空。几只飞来的海鸥（白色的鸟儿）在贴近水面掠过，翅膀几乎触到水面，一会儿它们又飞向蓝天，尽情地展示它们的飞行技巧，非常轻巧、潇洒自如……"

给别人放松时，讲述的声音要低沉、轻柔、安详、愉快、坚定，吐字要清楚，发音要准确。可以低声播放轻松、缓慢、柔和的背景音乐。自我想象放松可以自己在心中默念，节奏要逐渐变慢，配合自己的呼吸，积极地进行情境想象，尽量想象得具体生动，全面利用五官去感觉。

想象放松法的初学者可在别人的指导下进行，也可根据个人情况，自我暗示或借助于播放录音来进行。

（四）催眠减压技术

1. 简介

催眠减压技术是指催眠师利用道具使患者进入潜意识中，并使患者进入深度睡眠状态，从而使患者从生理到心理达到放松。

2. 原理

在催眠过程中，催眠师运用心理学技术手段，在被催眠者头脑中唤起的一种特殊意境，这种意境能使人的心理对生理产生控制力量，诱使其意识状态渐渐进入一种特殊境界并对外界的认知判断能力降低，防御机制降低，主动表现得配合与顺从。在这种状态下，被催眠者只与催眠师保持密切的感应关系，配合地接受催眠师的指令和暗示，这样，可以减轻心理压力。在催眠状态下，被催眠者的思维只同催眠师的指令进行"单线联系"，外界的一切对被催眠者都不构成干扰，催眠师不仅可以帮助个案寻找内心不能放松的真正原因进而解决，而且可以使其注意力和头脑清晰度达到最高极限，进而帮助其在潜意识中形成催眠中的幻想记忆，强化生存意志。

3. 功用

通过催眠，可以从许多方面对压力进行管理，例如：可以帮助人们消除内心的障碍和冲突，如过去积压的感情创伤；可以帮助人们建立一种"免疫"系统，来应对突发压力事件所带来的负面影响；通过暗示，可以帮助人们渐渐地进入深度放松状态。

（五）渐进性肌肉放松技术

1. 简介

渐进性肌肉放松技术是一种放松疗法，是通过有意识地按一定的顺序逐步绷紧和放松全身肌肉，同时有意识地感受身体的松紧、轻重和冷暖的程度，使个体掌握主动松弛的过程，目的是诱导人体进入松弛状态，以降低运动系统的功能，降低应激水平，减轻负面情绪，改善生理功能，提高生活质量。

这种技术简单易行、安全有效、无副作用，无须专门的仪器，可以随时随地进行，经济实用。

2. 原理

渐进性肌肉放松技术是建立在交互抑制理论基础之上的。交互抑制理论认为，情绪状态与肌肉活动通过神经系统的作用而互相影响。肌肉放松与焦虑情绪是两个对抗过程，其中一种状态的出现必然会对另一种状态起着抑制作用，即交互抑制。因此情绪紧张伴随着肌肉的绷紧，绷紧的肌肉也会导致情绪紧张，而全身肌肉放松能减轻焦虑。

3. 适用情况

渐进性肌肉放松技术是对抗焦虑的一种常用方法，和系统脱敏疗法相结合，也可单独使用，可治疗各种焦虑性神经症、恐怖症，且对各系统的身心疾病都有较好的疗效。渐进性肌肉放松技术也可用来处理慢性病，包括高血压、心脏血管病变、偏头痛、气喘及失眠等。

国外已将这一技术应用于高血压、冠状动脉粥样硬化性心脏病（冠心病）、哮喘、癌症、艾滋病、心肌梗死、糖尿病等多种心身疾病的临床治疗中。实践研究证明，渐进性肌肉放松疗法能够有效地降低患者的应激状态，减轻负面情绪，减轻身体疾病症状，提高免疫功能和生活质量。

4. 训练程序

训练过程中，可以自己提示自己做，也可以请别人帮助讲提示语。

在开始正式的放松训练前，需要完成一些准备工作，主要包括：选择一间安静整洁、陈设简单、光线柔和、周围没有噪声和干扰的房间；参与放松者在放松前可少量进食，解松衣裤，坐在舒适的沙发或椅子上，整个身体保持舒适、自然的姿势。

放松过程中，如果是请别人讲述，那么要求讲述者的声音要低沉、轻柔、安详、愉快、坚定，吐字要清楚，发音要准确。同时可低声播放轻松、缓慢、柔和的背景音乐。以下内容是放松训练的具体步骤示例。

（1）准备："现在我来教你如何使自己放松。为了让你体验紧张与放松的感觉，你先将身上的肌肉群紧张起来，再放松。请你用力弯曲你的前臂，同时体验肌肉紧张的感受（大约9秒钟）。然后，请你放松，一点力也不用，尽量放松，体验紧张、放松感受上的差异。（停顿5秒）这就是紧张和放松。下面我要你逐个使身上的主要肌肉群紧张和放松。从放松双手开始，然后双脚、下肢、头部，最后是躯干。"

（2）开始练习：

1）"深深吸进一口气，保持一会儿（大约9秒）。好！慢慢把气呼出来。（停一停）现在我们再来做一次，请你深深吸进一口气，保持一会儿（大约9秒）。好！慢慢把气呼出来。（停一停）"

2）"现在，伸出你的前臂，握紧拳头，用力握紧，注意你手上的感受（大约15秒）。好！现在请放松，彻底放松你的双手，体验放松后的感觉，你可能感到沉重、轻松，或者温暖，这些都是放松的标志，请你注意这些感觉。（停一停）我们现在再做一次。"

3）"现在开始放松你的双臂，先用力弯曲绷紧双臂肌肉，保持一会儿，感受双臂肌肉的紧张（大约15秒）。好！放松，彻底放松你的双臂，体会放松后的感受。（停一停）我们现在再做一次。"

4）"现在，开始练习如何放松双脚。好！紧张你的双脚，用脚趾抓紧地面，用力抓紧，用力，保持一会儿（大约15秒）。好！放松，彻底放松你的双脚。（停一停）我们现在再做一次。"

5）"现在，放松你小腿部位的肌肉。请你将脚尖用力上翘，脚跟向下向后紧压地面，绷紧小腿上的肌肉，保持一会儿（大约15秒）。好！放松，彻底放松你的双脚。（停一停）现在我们再做一次。"

6）"现在，放松你大腿的肌肉。请用脚跟向前向下压紧地面，绷紧大腿肌肉，保持一会儿（大约15秒）。好！放松，彻底放松。（停一停）我们现在再做一次。"

7）"我们现在放松头部肌肉。请皱紧额头的肌肉，皱紧，保持一会儿（大约15秒）。好！放松，彻底放松。（停一停）现在，转动你的眼球，从上至左、至下、至右，加快速度。好！现在朝反方向旋转你的眼球，加快速度，好！停下来，放松，彻底放松。（停一停）现在，咬紧你的牙齿，用力咬紧，保持一会儿（大约15秒）。好！放松，彻底放松。（停一停）现在，用舌头顶住上腭，用劲上顶，保持一会儿（大约15秒）。好！放松，彻底放松。（停一停）现在，收紧你的下巴，用力，保持一会儿（大约15秒）。好！放松，彻底放松。（停一停）我们现在再做一次。"

8）"现在，请放松躯干上的肌肉群。好！请你往后扩展你的双肩，用力向后扩展，用力扩展，保持一会儿（大约15秒）。好！放松，彻底放松。（停一停）我们现在再做一次。"

9)"现在,向上提起你的双肩,尽量使双肩接近你的耳垂。用力上提双肩,保持一会儿(大约15秒)。好!放松,彻底放松。(停一停)我们现在再做一次。"

10)"现在,向内收紧你的双肩,用力收,保持一会儿(大约15秒)。好!放松,彻底放松。(停一停)我们现在再做一次。"

11)"现在,请抬起你的双腿,向上抬起双腿,弯曲你的腰,用力弯曲腰部,保持一会儿(大约15秒)。好!放松,彻底放松。(停一停)我们现在再做一次。"

12)"现在,紧张臀部肌肉,会阴用力上提,保持一会儿(大约15秒)。好!放松,彻底放松。(停一停)我们现在再做一次(休息3分钟,从头到尾再做一遍)。"

(3)结束:

"这就是整个放松过程,现在感受你身上的肌肉群,从下至上,使每组肌肉群都处于放松的状态(大约20秒)。请注意放松时的温暖、愉快、轻松的感觉,并将这种感觉尽可能地保持1~2分钟。然后,我数数,数到'五'的时候,你睁开眼睛,你会感到平静安详、精神焕发。(停1~2分钟)好!我开始数,'一'感到平静;'二'感到非常平静安详;'三'感到精神焕发;'四'感到特别的精神焕发;'五'请睁开眼睛。"

(六)头部按摩技术

头部是所有紧张与情绪的中心地带,头部按摩会触及很多末梢神经反射点,从而达到深层放松的效果,还能有效平静思绪的起伏,缓和过度的精神兴奋。另一个值得一提的优点是,头部按摩能促进血液循环从而恢复头发的活力。

触感专家加乐娅·奥尔特加推荐了一种简单的替别人放松的按摩法,能给人带来百分之百的宁静和享受,适合日常各种情况下的放松。

在柔和的灯光下，让他头枕着沙发的扶手，腰下加个靠垫，平躺在沙发上，而你可以坐在他头后方的圆凳上。或者，他可以躺在床上，头枕个枕头，你坐在床边的矮凳上。

首先，你需要好好洗净双手，避免接触时的静电反应。如果还要做颈部按摩，可以适当地用一点按摩油。不过，为了达到更好的放松效果，你也可以在掌心加入几滴薰衣草或是洋柑橘精油，或是一些古龙水。

在开始按摩前，先将你的双手放到他脸上方几厘米处，让他做一下深呼吸。接着，将手轻拢在他头顶部，做着舒缓的接触。在按摩的过程中，你也可以配合着放一点音乐。在你开始按摩的时候，要求他将注意力集中在你双手的动作上，而你按摩手势的节奏也要和自己舒长而平和的呼吸配合起来。

这一套按摩共有4个步骤，历时20~30分钟，按摩的重点就是要不紧不慢。只要肯用心用情，人人都能有一双"妙手"。

1. 轻柔托压，舒展枕骨部位

这一部位有很多反射点，位于头部后方两耳之间的水平地带，是放松的关键部分。

（1）位置。手指张开呈扇形，按摩头皮，但不要碰到耳朵。从头发的边缘按摩起，直到头部后方的凸起处，再向头顶部慢慢按摩。

（2）手势。在脑后用指肚轻轻揉动头皮，指尖不要离开头部。以两个大拇指为支撑，手指在原地轻柔打转。指尖用力要柔和，平稳地进行按压，可以向被按摩者确认力度是否适中。你可以将被按摩者的头转向一边，以一手支撑，另一手按摩另一边，然后更替，也可双手同时按摩其头部的两边。

2. 适度按压，舒缓颅中间线

颅中间线将头部从额头到脖际分为两边，在这条线上分布着一些重要的放松点，能够有效缓解疲惫，帮助睡眠。

（1）位置。确定中间线的位置，可以将中指碰触到耳郭上方，两个大拇指相交处即是。

（2）手势。从颅中间线正中开始，两个大拇指交叠，着力按压，默数一、二、三，深呼吸一下，再松开。下移3厘米，重复一次按压，以此类推，直到发际，一共可按压3次。也可以采取2厘米的间隔，开始新一轮按压，基本上是按压在第一次着力点的两边。可以根据你的本能与直觉去发挥。

3. 指梳，放松头皮

这个放松头皮的动作确实能够产生自在解放的感觉。

（1）位置。手指从脖颈处发际开始，向上梳直到头顶。将头部倾侧在一手，另一手则梳理另一边，然后更替。

（2）手势。这是一个松散型的动作。手指呈扇形，轻轻支撑在头皮上梳理上去，就好像要让头发透气或是把头发弄蓬松那样。

4. 揉按，松弛双肩

揉捏和按压能够使肌肉松弛，产生如释重负的效果，让肩头的沉重感消失。

（1）位置。从脖颈与肩膀连接处的斜方肌一直到两肩外侧。

（2）手势。在两肩上同时按摩，用大拇指和其他手指揉捏斜方肌并轻轻按摩，主要是大拇指用力。然后用大拇指依次按压从脖子到肩外侧之间5个点，每个点按压3秒钟。

三、幽默减压

随着心理医学理论和临床试验的不断深入，越来越多的心理学家发现，幽默是人们给自己心理减压的重要方法。他们认为，幽默是人类特有的，即使在严酷的生存环境下仍然能享受其愉悦的品质。

美国幽默治疗协会成立于1987年，目前有会员近600名，倡导尽可能把幽默应用到医疗保健之中。自成立以来，该协会都在倡导用幽默帮助自己和别人减缓病痛和忧虑。

1999年1月，丹麦、挪威、瑞典、冰岛四国的共51位医师在哥本哈根举行会议，专门讨论幽默对医疗保健的意义，认为幽默引发的大笑，使人的紧张情绪和肌肉得到放松，减少忧郁不安，同时还能活跃血液循环，激发免疫机能，提高对疾病的抗御力。此外，在诊疗中运用幽默，还可减少或消除患者的某些恐惧，使其能更合作地接受诊疗。

美国幽默治疗协会经实验证明，欢笑有益健康：人在看了好笑的录像带之后，体内的紧张荷尔蒙，如肾上腺素及多巴胺会下降，相对的人体免疫系统功能会增强，一些改变会持续至欢笑后的次日。说笑话时，脑及免疫系统都会受到影响。他们得出了结论："当我们领会了一个笑话，脑波的活动就改变了，更为和谐一致；当我们没有领会笑话的好笑时，脑波没有变化。"另外，经常大笑可降低血压并控制压力。

（一）幽默治疗的最佳应用

幽默疗法，有时也被称为笑疗法，是利用幽默来减轻身体和情绪上的痛苦和压力。幽默疗法通常与其他疗法结合使用，帮助患者应对疾病。幽默治疗并不试图超越愤怒、恐惧或者悲伤这些情绪，而是尝试中和它们，使人的情绪反应更加平衡，如果发现人的思维大多都是消极悲观、厌世的，可尝试用更多积极和幽默的思维去平衡它们。

提倡幽默治疗也不是要求人们时时刻刻都保持笑容，这个要求既不健康也不现实。情绪健康应该是有能力体验和表达所有的人类情绪，包括积极的和消极的。幽默是所有积极情绪的符号，能够使人们保持情绪健康，具体体现在以下三个方面。

1. 幽默能帮助我们摆脱困境

苏格拉底邀请朋友到家里做客，这是一个兴趣非常投缘、并且很久没有见面的好友。

他们在苏格拉底的书房足足谈了一个下午，吃完晚饭之后，他们继续回到书房交谈，这时在忙着做家务的苏格拉底太太非常生气，大声报怨苏格拉底，说他就会吃，也不帮助洗碗做家务。好友一看形势不对，就起身告别。苏格拉底送好友出门到楼下的时候，苏格拉底太太拿起一盆水就朝下泼去，刚好全泼在苏格拉底头上。此时，面对非常尴尬的好友，苏格拉底说："我就知道嘛，雷声之后肯定有暴雨。"他的幽默让本来手足无措的朋友瞬间释然。

2. 幽默让他人心悦诚服地接受批评

俄国著名的作家赫尔岑应朋友邀请出席一场音乐会，可是，音乐会所演奏的曲子令他非常倒胃口。他便捂起双耳，打起瞌睡来。这时，女主人对赫尔岑的举动感到非常奇怪，就问他："先生你不喜欢音乐吗？"赫尔岑摇了摇头，指着演奏者说："这么低级轻佻的音乐使人厌烦。"女主人惊叫起来，对赫尔岑说："你说什么啊？这可都是流行音乐。"赫尔岑心平气和地说："流行音乐就时尚了？"女主人很不服气地说："那你认为什么是时尚？"赫尔岑微微一笑，对女主人说："那么流行感冒也很时尚了。"

3. 幽默有治疗的功能

俗话说，"笑一笑十年少"。幽默能给人带来欢声笑语，能化解言谈中的尴尬，能消除彼此的紧张情绪，能消除我们日常生活中积累的疲劳等。所以利用笑来对抗严重疾病，驱散阴霾、消除紧张，增强病人的生活能力，这就是幽默治疗的作用。医学上还发现，医生以幽默来引发病人发笑，用笑来激发病人对生活的力量、生存的意志、康复的能力，进而增强精力、战胜疾病。被病魔缠绕的人格外需要欢快的笑声，更喜欢听到幽默风趣的言语。因此，幽默是送给他们最好的礼物。

（二）如何把握幽默的分寸

1. 幽默要出语高雅

如果语言过于粗俗就会被搞成粗俗的笑话。

在一家饭店，一位顾客非常生气地对服务员说："你们家的菜里怎么会有虫子啊！"服务员故作幽默地说："有什么！反正是你吃它，又不是它吃你。"结果，顾客非常生气，一场冲突就发生了。

2. 幽默要充满善意

交际场合，只有充满善意的幽默才能起到活跃气氛的效果，如果不是，那就成了挖苦他人。

一个德国军队的宴会上，一位年轻的士兵不慎将酒泼洒到德国著名将军霍尔曼的秃头上，士兵惊骇不已，手足无措，全场鸦雀无声。倒是霍尔曼将军自己打破了紧张的气氛，他拿出口袋中的手帕，擦了擦脑袋，然后站起来拍拍士兵的肩膀，幽默地说："老兄，你以为这种治疗能起作用吗？"全场顿时发出一片轻松的笑声。

3. 幽默要曲折委婉

幽默要委婉，如果过于直白就不是幽默，而是指责。

（三）常见的幽默法

1. 移花接木

移植是幽默创作的主要技巧手段之一，即把在某种场合中显得十分自然、和谐的情节或语言移至另一种迥然不同的场合中去，使之与新环境构成超出人们正常设想和合理预想的种种矛盾，从而产生幽默的效果。

一位长官到连队巡查，正赶上士兵们在吃中午饭。"伙食怎么样？"长官问士兵们。"报告长官，汤里泥土太多。"一个多嘴的士兵回答。"你们入伍是为了保卫国土,而不是挑剔伙食!"长官非常生气地大声斥责道,"难道这个道理都不懂?""懂!"士兵毕恭毕敬地立正,又斩钉截铁地说,"但我们不能吃掉国土!"

2. 语义双关

利用同音异义词或一词多义的现象,有意使话语同时兼有两种含义,一种为虚,一种为实,表面上听起来是一种意思,实际上是借助这种意思表达另外一种意思。语义双关总能在显示智慧之余,令人开怀。

例如,《我的伯父鲁迅先生》里面写道:

"爸爸的鼻子又高又直,你的呢,又扁又平。"我望了他们半天才说。

"你不知道,"伯父摸了摸鼻子,笑着说,"小的时候,鼻子跟你爸爸的一样,也是又高又直的。"

"那怎么——"

"可是到了后来,碰了几次壁,把鼻子碰扁了。"

"碰壁?"我说,"你怎么会碰壁呢,是不是走路不小心?"

"你想,四周黑洞洞的,还不容易碰壁吗?"

"哦!"我恍然大悟,"墙壁当然比鼻子硬得多,怪不得你把鼻子碰扁了。"

3. 形成对比

对比是产生幽默的基本手法。幽默的对比是指把两种(或两种以上)互不相干(甚至是完全相反)的,彼此之间没有历史的或约定俗成的联系的事物放在一起对照比较,以揭示其差异之处,即不协调因素。幽默的对比可划分为画面、语言、人物和情境等四大类。其中,画面的对比用于绘画艺术,语言、人物、情境的对比分别用于文学、戏剧、影视等艺术。

文学大师钱锺书最怕被宣传,更不愿意在报刊上露面。一次一位英国女士慕名求见,钱锺书执意拒绝,回电话说:"假如你吃了鸡蛋觉得不错,何必要认识那只下蛋的母鸡呢?"

4. 顺水推舟

顺水推舟就是指从对方的言语出发,顺着对方的话接下来。当面临一个比较难对付的对手的时候,顺着对方的话说能达到事半功倍的效果,因为一个人不可能同时否定自己的观点。

罗斯福就任美国第三十二届总统之前,曾当过海军部长。一天,一位好友问到海军在某海岛建立基地的事。"你只要告诉我,"朋友说,"我所听到的传闻是否确有其事。"这件事在当时不便公开,但好友的提问又如何拒绝呢?罗斯福望了望四周,压低嗓子问:"你能对不便外传的事保密吗?""能!"朋友急切地回答。"真凑巧,"罗斯福微笑着说:"我也能。"

5. 自嘲法

自嘲法是幽默情节交叉技巧的表现形式之一,即在幽默作品中赋予喜剧性人物一种特殊的气质和性格,当人物遭遇挫折难以实现愿望时,以自我解嘲及贬低、歪曲事物或事件的价值和意义来获得精神上的满足和成功,从而形成与观赏者在对该事物或事件实际价值和意义的正常评价方面的理解交叉。

著名作家梁实秋在大学任教期间,当时的校长刘真常请名人到学校演讲。有一次,主持人因故迟迟不到,在座的师生都等得很不耐烦,刘真便请在座的梁实秋上台给同学讲几句笑话,以拖延时间。梁实秋当然不喜欢充当这种角色,但是校长的请求又无法拒绝,便露出无奈的表情,慢吞吞地说:"过去演京戏,往往在正戏上演之前,找一个二三流的角色,上台来跳跳加官,以便让后台的主角有充分的时间准备,我现在就是奉命出来跳加官的!"

6. 声东击西

声东击西是指造成要攻打东边的声势,实际上却攻打西边,是使对方产生错觉以出奇制胜的一种战术。在言语交谈中常常带有暗示的作用。

华盛顿有一个年轻的秘书,一天早晨,这位秘书姗姗来迟,他发现华盛顿正在等候，感到非常不安，便说他的表出了点毛病。华盛顿平静地回答："恐怕你得换一只表了，否则我就要换一位秘书了。"

7. 巧妙回避

将对方提出的问题巧妙地引向与原来的思路迥然不同的方向，造成两种不同思路的矛盾交叉，指答话者出于某种目的，故意作出驴唇不对马嘴的回答，顾左右而言他，回避对问题的实际回答。

美国第十三届总统柯立芝任期将满，发表声明说他不想当总统了，记者们觉得其中必有隐情，追问不停。柯立芝无奈之下，把一位记者拉到旁边，神秘兮兮地对他说："因为总统没有升职的机会。"

四、认知重构轻松三步走

（一）第一步：放下压力

试想一下，手上拿着一杯水，你觉得手中的这杯水有多重呢？20克？100克？还是500克？其实，这杯水的重量并不重要，重要的是你能拿多久？拿一分钟，你一定觉得没问题；拿一小时，可能觉得手酸；拿一天，可能就得叫救护车了。其实这杯水的重量是一样的，但是你拿得越久，就觉得越沉重。

这如同承受压力一样，如果我们一直把压力放在身上，不管压力是大是小，我们都会觉得压力越来越沉重，以致最终无法承受。我们必须做的是，将自己承受的压力在一段时间后适时地放下并好好地休息一下，然后再重新拿起来，这样才能承受更久、更大的压力。

（二）第二步：转变思维

1. 不要绝对化的要求

人们有时以自己的意愿为出发点，对某一事物怀有认为其必定发生或不会发生的信念，它通常是与"必须""应该"这类字眼连在一起。

（1）情景："人应该得到自己生活中的每一位重要人物的喜爱和赞许""别人必须很好地对待我"等。如果事情的发展不如所愿，那么由失望而导致的情绪障碍就在所难免。

（2）思维转变：很多事情是"君子有所为，有所不为"。过于要求完美，就不能用开放的心态去接纳自己和接受他人。我们做事期望得到别人尤其是在自己看来比较重要的人物的喜爱和赞赏，这是人之常情，然而，事实上，我们无论是谁，都永远也不可能得到周围所有人的认同。因此，想得到每一位重要人物的喜爱和赞许是无法实现的不合理信念。做事应该重点考虑是否应该做、值得做、有能力做，而不必太在乎会不会有人不认同。

2. 不要过分概括化

过分概括化是一种以偏概全、以一概十的不合理思维方式的表现。一方面是对其自身的不合理的评价，另一方面是对他人的不合理评价。

（1）情境：当遭遇到一次失败时，就往往认为自己是"一无是处"、是"失败者"等，从而导致自责自罪、自卑自弃的心理及焦虑和抑郁情绪的产生；别人稍有差错就认为一无是处等，一味地责备他人，产生敌意和愤怒等情绪。

（2）思维转变："人非圣贤，孰能无过？"一个人只能在某一个方面或某几个方面表现出优势，"山外有山、天外有天"。人的价值有大有小，但无论大小都是有价值的，何况衡量价值大小的标准是很难确定的。只要我们能充分利用自己的潜能始终做一些有利于他人和社会的事情，就是有价值的人。大可不必为追求"出类拔萃"或"辉煌的成就"而整日焦虑、烦躁、不安，有时甚至因害怕失败而害怕尝试，结果反倒错过了成功的机会。

3. 丢掉"糟糕至极"的想法

这是一种将可能的不良后果无限严重化的思维定式，即使发生的是一个小问题，也会认为是非常可怕、非常糟糕，甚至是一场灾难。这将导致个体陷入极端不良的情绪体验。

（1）情境：如果说你在临近最后的期限还没把工作做完，当你还在焦头烂额、坐立不安的时候，你会怎么办呢？是在抱怨工作负荷要把你压垮？还是觉得这是一份很糟糕的工作呢？

（2）思维转变："啊哈，还有几天就要完工了，到时候就能彻底放松一下，为了快点迎接放松时刻的到来，现在就努力坚持吧。"这样想，还会觉得工作是苦不堪言的事情吗？

（三）第三步：启动认知重构

1. 让心灵得以平衡

放松技巧一旦开始，精神就会放松，而且意识会从一种分析的模式转变为接受的模式。在这个放松的过程中，正在吸引意识注意的那些不重视的想法被驱散，使得个体对当前的问题能够采取更宽广的视角。这样的视角随之会给个体带来启发，并且为积极观念的产生打开了方便之门。

2. 为你的想法负责

处于压力之中，我们可能觉得受害者是自己，而事情总是自己所不能控制的。一种获得暂时性控制的方法就是，因自己感到了压力而觉得不公平，从而责备他人。责备与愧疚相关联，而愧疚则是一种毒性思维。如果你发现自己正在为那些让你受伤害的事情而责备他人，问一下你自己，你怎么样才能将责备他人转变成对自己的思维和情绪负责任，而这种责任是不会产生愧疚的。

3. 调整预期值

人们相信，调整先前的预期以面对压力要比事情发生后换一种态度更容易点。很多时候我们都是带着预期做事情，当这些预期未被满足，消极的想法就产生了。调整预期并不意味着降低自尊或者放弃理想,而是通过现实的检验调整你的知觉,质问其有效性,从而实现他们与实际情况相匹配。

4. 给自己积极的肯定

在意识中持续进行的内部心理对话常常被那些消极思维所占据,这些消极思维是自我出于防御的目的而产生的。尽管最初产生是出于良好目的,但占据优势的消极自我反馈会不断侵蚀自尊,而积极的肯定能够用积极观念平衡这些内部心理对话,从而增强自信和自尊。试着对自己说能够增强自尊的话,如"我是一个胜利者""我是一个可爱的人"。

五、社会支持系统给予无限关爱

1. 家人、朋友和同事

要保持一个温馨、支持性的家庭氛围,因为来自家庭成员的理解与支持,是预防和减缓职业激情枯竭的有效途径。如果能够增加与家人朋友共度的时光,不但能够消减压力事件的绝对数量,而且可以运用社会支持系统去抵抗已经形成的压力。

平时要注意积极改善人际关系,特别是要加强与上级、同事及下属的沟通,注意与配偶、孩子、父母的情感交流。在压力过大或情绪不佳时,要坦诚地寻求上级、同事、朋友或家人的协助,不要试图一个人就把所有压力与痛苦都承担下来。要筹建自己心情的蓄水池和支持系统,成功时有人分享,挫折时有人倾诉。

2. 组织机构

(1)营造温馨的组织文化。领导对员工提供的实际支持(为员工提供物质、建议、反馈、进修等激励方式)对于缓解员工的认知枯竭、提高个人成就感具有积极作用;提供情感支持(如倾听、关怀、鼓励等)对于缓解情绪枯竭、人性化、提高个人成就感具有更好的帮助。关怀、积极的领导风格,是一种具有双重激励作用的工作机制,它建构的是激励与关怀相结合的组织文化。

个性化的领导风格也是缓解压力的有效途径,同时,对员工进行定期的健康教育与健康监控,也体现了重用与关怀相结合的组织文化特征。

(2)提供员工心理援助计划(EAP)。目前的世界500强企业中,有90%以上建立了EAP。经过几十年发展,EAP的服务模式和内容包含工作压力、心理健康、灾难事件、职业生涯困扰、婚姻家庭问题、健康生活方式、法律纠纷、理财问题、减肥和饮食紊乱等,全方位帮助员工解决个人问题。

完整的EAP应当包括压力评估、组织改变、宣传推广、教育培训、压力咨询等几项内容。具体地说,可以分成三个部分:一是针对造成问题的外部压力源本身去处理,即减少或消除不适当的管理和环境因素;二是处理压力所造成的反应,即情绪、行为及生理等方面症状的缓解和疏导;三是改变个体自身的弱点,即改变不合理的信念、行为模式和生活方式等。

EAP服务通过帮助员工缓解工作压力、改善工作情绪、提高工作积极性、增强自信心、有效处理同事(客户)关系、迅速适应新的环境、克服不良嗜好等,使企业在节省招聘费用、节省培训开支、减少错误解聘、提高组织的公众形象、改善组织气氛、提高员工士气、改进生产管理等方面获得很大收益。

3. 专门的特色机构和专家支持

专业的心理访谈在本质上是助人自助的活动,所以心理访谈服务的最基本的作用就是能够帮助当事人学会正确了解、面对和接纳自己,并帮助当事人学会对自己所面临的问题或困难正确地了解、分析、评估和应对。具体来说,有以下两个方面。

(1)促进当事人自我成长。通过助人自助的咨询过程,心理访谈专家能够帮助当事人了解并澄清所面临的问题,学会相应的方法,进而学会对自己的心理和行为进行协调和控制，提高自己对环境的适应能力。在咨询过程中，当事人还能学会接纳自己，以积极的态度去生活和工作，与周围的人融洽相处，在此基础上发现自己的发展潜力，最终走向自我实现的境界。

（2）帮助当事人实现思维、情绪和行为的改变，特别是从消极情绪向积极情绪的转变。当事人所面临的问题或困难，往往与其不良的想法和信念有关，通过心理访谈的过程，咨询专家能够帮助当事人了解并澄清这些不良想法和信念，并经过系统性的咨询进程，帮助当事人实现改变，从而能够积极而有效地独立应对将来可能面临的问题或困难。

第六节　应用与练习

正如布鲁斯·兰根所说的：人就像茶叶袋，只有置于热水中，才知道自己的力量。

在本节，我们可以跟着如下内容来练习创建自己的压力管理计划书。

以下的策略计划涉及本章的内容。当进行下面的步骤时，不要让自己有过多的束缚，这样能够使你的压力管理计划尽可能个性化。

步骤1. 确定你的压力源

列出5个你认为最严重的压力源（从压力最大的到压力最小的），每种压力源用一句话说明。这么做的目的是识别问题所在，这是解决问题的第一步。

1. _____
2. _____
3. _____
4. _____
5. _____

步骤2. 干预

现在，看看你列举的压力源。问问你自己，哪些压力源引起的是恐惧，并在这些压力源上标记为 F。接着，看看哪些是极其愤怒的感觉？记住，愤怒有很多种表达方式，包括急躁、生气和敌意，并在此类压力源上标记为 A。如果有一个或者多个项目被同时标记了 F 和 A，这项工作就算完成了。一旦你识别了与问题有关的潜在情感，要解决它就容易多了。

步骤3. 整合

压力影响着我们的所有方面，包括思想、情绪、身体、精神。

思想：你是否对于你的问题感到不知所措或烦恼不堪？如果你觉得不知所措，就意味着你的思想有太多的东西需要删除或者改变一部分来达到思想平衡。

描述一件能让你找到思想平衡的事件：

_____

_____

情绪：尽管压力所引起的情绪范围相当广泛，但每种情绪都会令你有一些害怕或者愤怒的成分。问问自己感觉（是感觉不是思考）到的是什么？如果你发现压力感占据了多于 50% 的时间，那么就暗示着你的情绪处于不平衡的状态。

描述一件能让你找到情绪平衡的事件：

_____

_____

身体：压力能够影响身体健康。你有什么健康问题是和压力有关的吗？

描述一件让你找到身体平衡的事件：

_____

_____

精神：看一看你目前的压力源列表，有多少压力源涉及人际关系、价值观（或价值观冲突）和生活目标。精神的平衡能够通过很多方法获得，从独自冥想到团队支持都有作用。

描述一件能让你找到精神平衡的事件：
_____
_____

自尊是精神健康的一个方面，低自尊会使问题从很小的不顺利发展为如同炼狱一般。

列举能够提高自尊的一件事：
_____
_____

步骤4. 你个人的压力管理策略

应对技巧都是心理和情绪的技巧，它们可以把你受到的威胁改变为不受威胁感。幽默、认知重构都只是应对技巧的一些例子。

看看你在步骤1列举的压力源列表。尝试为每种压力源配上至少3种有效的应对技巧。

你现在可以利用的技巧：

1. _____
2. _____
3. _____
4. _____
5. _____

你可能会使用的技巧：

1. _____
2. _____

3. _____
4. _____
5. _____

步骤 5. 我的曼陀罗行动圈

在圆圈中 4 个象限做出标注（思想、情绪、身体、精神），然后在每一个区域都填入一种或者多种应对压力的方法（称为曼陀罗行动圈）。如果你愿意还可以使用彩色的笔，这样能使你的曼陀罗行动圈富有朝气。然后把这一页剪下来，贴在你常常能看到的地方，比如贴在冰箱上、卧室的镜子上、留言板上或者你的计算机屏幕旁边，提醒自己每天都要寻找平衡。

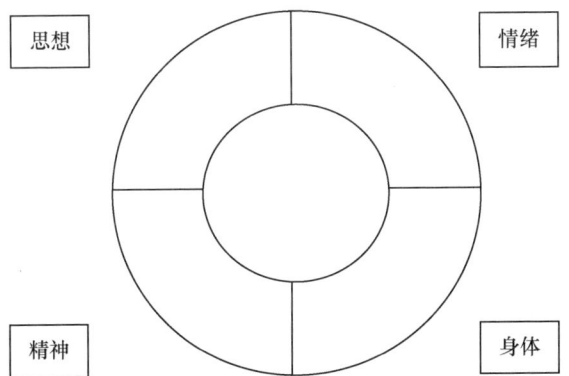

第三章
信访工作者的情绪管理

第一节 情绪的认知

一、什么是情绪

"人非草木,孰能无情?"在生活中,人们常常有各种各样的情绪体验,可以说,情绪渗入了人们生活的方方面面。下面就先通过一组表情图片来认识情绪吧!

看看图3-1中的各幅图片,你能够辨认其中表达的情绪吗?

想必你一定有过如图3-1中所示的表情和心理体验,也一定在他人的脸上看见过这样的表情。这些情绪都反映了人们内心的心理活动,都是十分正常的。

在心理学中，对情绪的定义是：情绪是人对外界事物是否能够满足自身需求所产生的态度体验。一个人生活在世界上总是有各种各样的需求，例如，要满足自己的基本需求，能够生存下去，就产生了对食物、衣物等物质的需求；而要很好地生活，除了满足物质需求，还必须满足精神需求，主要包括与人交往的需求、获得成就感的需求等。这样当需求得到满足时，

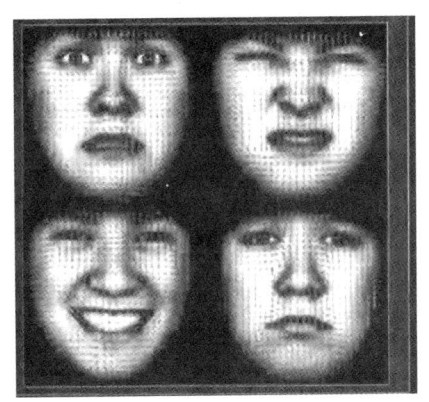

图 3-1　不同的情绪

人们就会产生一些积极的情绪体验，比如喜悦、满足，而当需求得不到满足时，就容易产生一些消极的情绪，如苦恼、烦闷。

（一）情绪的产生过程

情绪究竟是怎么产生的？简单来说，当我们接受外界的刺激时，大脑能够将这一信息通过两条通道进行传导：一条通道是直接将信息输送到掌管情绪记忆的"杏仁核"；而另一条通道则是先把信息送到大脑皮层中枢进行分析，然后传送到"杏仁核"。

第一条通道信息的载运量低，大概只占大脑所接受刺激的10%，但是传输的速度却很快。这样，就使得我们能够对一些不完整的信息做出快速的反应。例如，平时在路上偶然看到S形的物体，还未看清，你就马上尖叫"有蛇！"转身就跑。这个通道看似莽撞，却能够使人在危急的情况下，在最短的时间内做出反应，以躲避危险而保证自身的安全。看来，这个小小的通道作用还不小呢！

还有90%的刺激信息都被送到第二条通道去分析了。大脑皮层中枢需要花费一定时间，对这些信息进行精细的分析。就以刚才的例子为例，经过皮

层中枢的分析，我们发现 S 形的物体仅仅是条粗绳，随后这一结果被送到"杏仁核"，以调整人们的情绪反应：你会立刻停止尖叫，定定心神，继续大步地朝前走。这样，信息经过大脑皮层中枢理性的分析后，再做出相应的情绪反应，就不容易发生情绪失控的情况了。

这就是情绪产生的两条通道，第一条通道速度快，但是容易使人做出冲动、不受理性监控的行为，在应付一些危急的情况时，发挥了重要的作用；第二条通道虽然花费的时间多，但是慢工出细活，它能够使人做出相对理性的情绪反应。总之，这两个通道协调合作，能够使你我在遇到危险时保护自己。

（二）情绪的作用

不同的情绪对于人的身心健康和成长发展有不同的作用。正常的、积极的或良好的情绪不仅有利于身心健康，也对我们的学习、工作和生活有积极作用，例如，能提高个人活动能力，充实人的体力和精力，激励人勇敢地面对艰难困苦。不正常的、消极的或不良的情绪会影响身心健康，妨害我们的学习、工作和生活，例如，会抑制人的活动能力，减弱人的体力和精力，使人的自制力下降。

1. 情绪对健康的影响

俗话说"笑一笑，十年少；愁一愁，白了头。"虽然有点夸张，却告诉我们一个道理：良好的情绪有益于健康，不良的情绪有损于健康。科学实验证明，在人感到愉快时，人体血液中会发生一些变化，增加一些有利于健康的化学物质，如激素、酶和乙酰胆碱等，它们能够调节身体的兴奋性，使身体处于良好的功能状态。其实，在人的情绪发生变化时，往往伴随着生理上的变化。例如，人在感到恐怖时，会出现瞳孔放大、口渴、手心出汗、脸色发白等一系列生理变化。这些生理变化是情绪发生时的正常生理反应，它具有十分积极的作用，可以使身体各部分积极地动员起来，保护机体以对抗环境中的刺激。

然而，过度的消极情绪，长期不愉快、恐惧、伤心，会抑制食欲、减少胃肠运动，从而影响消化系统等功能。消极的情绪会给人以负面影响，诱发各种疾病，或者使原有的病情加重。现代医学证明，那些常常处于情绪紧张或激动状态的人易患冠心病。许多医学家认为，人体本身就是良医，85%的疾病可以自我控制。因此，有的心理学家把情绪称为"生命的指挥棒""健康的寒暑表"。

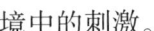小贴士

不可忽视的情绪诱发病

（1）肌肉紧张。如果小范围的抽筋只算是轻微的肌肉疼痛，那么类似腹部绞痛则会展示出肌肉疼痛的严重性。和情绪体现有关的肌肉群往往就是我们使用最频繁的肌肉，其中最明显容易受情绪影响的地方就是颈部肌肉，如频繁出现紧张情绪时容易引起颈后肌肉的疼痛，有心理学家也提出过紧张情绪是诱发脖子疼的主要原因。

（2）胃部不适。在生活中，我们常常可以发现人的食欲和心情息息相关。心情好时，食欲佳消化得也快；心情不好时则食欲差，消化功能也受到阻碍。可见，不良情绪对胃肠疾病的发生有很大的作用。可以毫不夸张地说，在人体所有的器官中，胃部无疑是情绪变化的晴雨表。

（3）尴尬的嗳气。嗳气就是打嗝，在现实生活中几乎每个人都经历过。人们常常在酒足饭饱后打嗝，有时也会有正常的胃部嗳气。殊不知，在焦虑和压力情境中也会发出令人尴尬的打嗝。有一个例子：一位才华横溢的演讲者在第一次登台时，由于过度紧张而频频打嗝，甚至无法连贯地说完一句话。随着演讲的进行，演讲者适应了环境，他就慢慢进入状态，打嗝的次数减少了。

2. 情绪对智力的影响

有一个心理学实验测试了儿童在情绪良好和情绪紧张下的智力水平，结果发现，在情绪良好情况下儿童的平均智商为105，但在紧张状态下却降至91，二者的差别十分显著。事实上，心情高兴时，大脑处于兴奋状态，会增强工作的信心和兴趣，产生努力工作的愿望。此时，人们会感到大脑像一台高速运转的精密机器，思路清晰极了，并且工作效率很高，也不容易产生疲劳感。而当人处于焦虑、抑郁、恐惧时，则会降低工作的愿望和兴趣，极大地抑制思维活动，使疲劳及早到来，从而影响智力活动。如接待信访人时情绪愉快、充满自信，往往能够较好地处理问题，安抚对方的情绪；相反，过度抑郁、焦虑则会导致肌肉紧张、思维堵塞，常常导致不能从容应对信访人，甚至发生工作失误。

3. 情绪对人际交往的影响

在心理学中有一个效应称为"情绪效应"，也就是说，一个人的情绪可以影响到其他人对某一个人今后的评价。尤其在第一次交往的过程中，人的情绪状态显得十分重要。人们拥有稳定、积极的情绪，并通过积极的情绪表情，如真诚地微笑、满意或欣赏地点头、富于同情地注视等，可以使别人在接近自己时感受到喜悦、开心，从而喜欢亲近自己，促进自己与他人的沟通和理解，从而有助于建立良好的人际关系。

消极情绪如情绪低落、愤怒的人往往容易让其他人产生躲避的心理，从而导致人际关系疏远。消极情绪常常还会影响人们的行为反应，如愤怒可能会引发攻击性行为。因为自己的消极情绪使得人际关系受到不良影响的例子在现实生活中比比皆是，我们常常对身边情绪激动、易怒的人敬而远之。因此，常常伴有消极情绪的人若肆意发泄其消极情绪，虽自己能够得到一时的宣泄，但是容易导致周围人的不舒服，长此以往还可能导致人际关系紧张，从而更容易体验到孤独。

二、情绪的分类

情绪像空气一样时刻围绕在我们身边，充斥着我们的生活。人的情绪充满了各种绚烂的色彩，复杂多变。然而正是因为情绪的不停变化，才使得我们的生活像小说情节一样，跌宕起伏，人生充满酸甜苦辣。

关于情绪的类别，长期以来说法不一。我国古代一种说法是"人有七情六欲"，其中"七情"是指喜、怒、忧、思、悲、恐、惊。美国心理学家普拉切克提出了八种基本情绪，即悲痛、恐惧、惊奇、接受、狂喜、狂怒、警惕、憎恨。可见情绪的类别很多，以下主要介绍六种基本情绪，即悲伤、愤怒、愉快、恐惧、羞愧和惊讶。

（一）悲伤

悲伤是指人们在心爱的事物失去或理想和愿望破灭时产生的情绪体验，其程度取决于失去的事物对自己的重要性和价值。悲伤时带来紧张的释放，会导致哭泣。当然，悲伤并不总是消极的，它有时能够转化为前进的动力。

人类最基本的情绪与动物的情绪表现有本质的不同。因为人的生理性需要打上了社会的烙印，尤其在现代社会，人们不再满足吃、喝、住、穿的需求，也会考虑适当的生活方式和现有的社会条件。

不少信访人来到接访部门时是怀着一些悲伤情绪的，他们认为没有得到自己应得的权利，感到自己的利益受到损失。接访的工作人员如果共情水平高，也会被这种悲伤的情绪所感染，进而对自己的情绪和工作状态产生影响。这就需要信访工作者在理解信访群众、做好共情的基础上，加强对自己情绪的把控。

从科学的角度分析，人之所以会感到悲伤，是体内氨基酸的长期不平衡导致的。另外，身体中缺乏镁元素也是人们悲伤不已的潜在原因。因此说，抑制悲伤，浓骨汤、富含维生素 C 的食物等都会有所帮助。另外要确保每日摄入的食物种类，其中蔬菜水果种类应不低于 5 种。

（二）愤怒

当信访人误会信访工作者的好意时，当信访工作者努力的结果"泡汤"时，当有信访人来向信访工作者挑衅时，类似这种种使情绪受到刺激的状况，一般来说，都会让信访工作者的怒气油然而生。

1. 愤怒情绪的"生产"过程

愤怒情绪的产生往往始于痛苦的情绪体验，在这里，痛苦既可以指身体上的病痛（如头痛、过度劳累），也可以指情感受创所导致的痛苦（如失去一个好朋友、失恋）。不论是什么样的痛苦都会使人们因无法真正满足自己的需求而变得不快乐。但是这仅仅是愤怒发生的第一个步骤，愤怒情绪的触发在很大程度上还取决于你对给自己造成痛苦的人或事的认识和评价。也就是说这二者的共同作用导致了愤怒的发生。

假设这样的一个情景：在上班时你胃部非常不舒服，疼得厉害，而此时有一些情绪激动的信访人涌入你的办公室，你一言我一语地开始讲述他们需要解决的问题。你好不容易才了解了问题的经过，此时，你感觉到自己的胃部更疼了，你还是耐着性子安抚他们。但是他们似乎丝毫没有停止的迹象，说话声此起彼伏，甚至对你恶语相向。你的胃疼和他们滔滔不绝的说话声虽然引起了你的痛苦，但是还不足以引起你的愤怒。你的愤怒还需要被你自己的想法所点燃，如你认为他们非常不体谅你的工作，你带病工作并且力图帮助他们解决问题，但是他们丝毫不为所动，只一味地关注自己的感受。这样，你就会感觉到十分愤怒，并且可能用言语或其他方式发泄出来。

2. 愤怒的表现形式

愤怒一般有言语、表情和体态特征以及其他方面的表现。

言语上可能会提高音量、出口伤人，还有可能说出自己以前从来没有说过的脏话。

表情和体态特征：脸红，眉毛向内收缩和下垂，注意力集中在一个目标上；鼻孔张开，下巴往往是收紧的。这个是天生的表情模式，甚至在刚刚会走路的儿童身上就可以发现。此外，愤怒的人的肌肉组织处于紧张状态，举起手臂，常常会做出类似进攻和防御的动作。

事实上，愤怒的表现因人而异，有些性格内向的人甚至不会让人感受到他已经发怒。愤怒还有程度上的差别，严重的可以导致人的意识范围缩小，理智分析能力下降，自我控制能力降低，行为失去控制，做出一些鲁莽的行为。

3. "止怒剂"

研究表明，肉类吃多了，体内的肾上腺素水平就会升高，容易使人发怒。多食（饮）用一些"止怒剂"，可以使人的心情平静、减少怒气。可以用玫瑰花泡茶或山楂泡水饮用，也可以适量饮用啤酒。另外，莲藕属顺气佳品，萝卜生吃（如有胃病可饮用萝卜汤）也是天然的"止怒剂"。

（三）愉快

愉快又称快乐，是人精神上的一种愉悦，是一种心灵上的满足，它会使一个人变得振奋。愉快是一种美好的情绪状态，沉浸在愉快的情绪中，你会忘记忧伤同时感觉世界是美好的、生活是甜蜜的。值得一提的是，愉快并不是没有烦恼，每个人都有一些让自己烦恼的事，但是并非所有人都不快乐。愉快是一种情绪状态，是抽象的；但它又能为人所真真切切地感受到，在这个意义上它又是具体的。快乐常常表现在我们的脸上，那就是我们的笑脸，有淡淡的、羞涩的、灿烂的……

1. 愉快产生的核心——"快乐中枢"

你知道吗，在我们的大脑中还存在着一个主管快乐的部位，那就是"快乐中枢"，只要刺激"快乐中枢"，人们就能感受到快乐！

"快乐中枢"最早是在老鼠身上发现的。1954年，美国加州理工学院的两个年轻的生物学家欧兹和米勒对老鼠进行了一项实验，并率先发现了"快乐中枢"。他们在老鼠丘脑下部接了个电极，电极与一个外部的杠杆相连。只要老鼠压杠杆，电极就接通，从而能够刺激老鼠的中枢神经。

结果令人大吃一惊，老鼠很快学会压杠杆来刺激自己的大脑。它不停地压，每小时可达8 000次，持续15~20小时，直到精疲力竭地瘫倒；一旦醒来，又继续高效工作。大家都知道生存是动物的本能，究竟是什么使得老鼠变得如此不要命？

原来问题就在于，老鼠被刺激的部位正是它们的"快乐中枢"，它们压杠杆，就能够刺激"快乐中枢"，从而体验到快乐，难怪这些老鼠这么卖命地压杠杆。后来科学家发现，人类也有"快乐中枢"，刺激这个区域，人们同样能够感受到快乐。

2. 愉快的来源

愉快的多少，来自有能产生乐趣的事物的多少。

愉快的大小，来自所做的事能够带来多大的快乐。如帮助一位信访人解决了棘手的问题，那时你就会体验到极大的快乐。

愉快的长短，来自有乐趣之事的影响力的持续时间。比如为了实现自己的理想而长期奋斗，就会体验到长久的快乐。

愉快的轻重程度，来自你所做的事在你心中地位的轻重，如爱情、亲情往往是人们心中最为重视的，往往就能够从美好的爱情、浓厚的亲情中体验到浓浓的快乐。

3. "快乐养料"

你知道吗，在大脑中还有一种"快乐激素"——多巴胺，它能够让我们对事物体验到欢愉的感受。在我们身边有许多富含多巴胺的食物和水果，多吃可以使我们更加快乐。这样的"快乐剂"有山药、香蕉、火鸡肉、松软干酪、葵花籽、糙米、花生和豆类食品等。

（四）恐惧

恐惧是因为周围有不可预料、不可确定的因素而导致个人内心的不安全感，也就是信心不足、定力不够，它是因受到威胁而产生并伴随着逃避愿望的情绪反应。

恐惧表现为无所适从的心理或生理的一种强烈反应。恐惧最直观的外部表现是对发生的威胁表现出高度的警觉，个体的目光警惕地追随含有危险的事物，随着危险程度的加剧，可发展为难以控制的惊慌状态，严重者出现激动不安、哭、笑、思维和行为失去控制，甚至休克。而恐惧时常见的生理反应有心跳剧烈、口渴、出汗和发抖等，在恐惧反应中肌张力、皮肤导电性增强和呼吸与心跳速度加快。

为什么人和动物会感受到恐惧，为什么对某一事物的恐惧不容易消除呢？这还得从大脑中的"杏仁核"说起，它位于眼睛的正后方。说"杏仁核"是产生恐惧的核心部位，究竟有什么根据呢？请看下面的实验证据。

美国神经学专家勒杜克斯做了一个关于老鼠恐惧的实验。他先给老鼠听一个声响，再给一次微弱电击，重复多次后，当只呈现声响时，老鼠也会产生恐惧。随后，研究者把老鼠大脑中听觉和"杏仁核"的连接神经给切断，当再次播放声响时，结果令人吃惊——老鼠不再恐惧了！事实上，"杏仁核"能够以某种方式形成并储存"恐惧记忆"。当你遇到一件令你恐惧的事物（如蛇）时，你的大脑将本能地服从于"杏仁核"，从而做出一些看似不受控制的行为（比如尖叫、逃跑）。只要"杏仁核"里的恐惧记忆存在，你下次遇到这个让你恐惧的事物时，就一定还会产生一些恐惧的反应。这也可以说明为什么恐惧是持久且难以消除的。

（五）羞愧

关于羞愧，许多人有不同的解释。心理学家艾里斯认为，羞愧可以是一种不好意思的感觉，并且这一感觉是造成许多人情绪困扰的主要原因。他认为当你感受到羞愧时，不仅会有贬低自己的行为，还会看轻自己。

羞愧感又称为羞耻感。

我们认为，羞愧感是对个人成败的一种感知，是由我们无法实现自己的目标或理想而造成的。羞愧与一个词密切相关，那就是"丢脸"，一个人感受到羞愧时，常常会说"我好丢脸啊！""这下糗大了，真丢脸！"

羞愧感常常出现在某个人看到自己无法实现诺言或理想的时候，而这个人对自己的认可确实是十分在意的。例如，孩子承诺父母在期末考试中取得优异成绩，然而期末成绩远不如原定的目标，此时孩子就会对家长感到羞愧。还有一种情况，就是你可能会在无人监督的情况下感受到羞愧。例如，在回家的路上，不小心踩到西瓜皮滑倒了，虽然没有人看见，但是你依然会感觉到十分羞愧。

1. 羞愧的发展过程

心理学家发现，羞愧是一种较为复杂的情绪，儿童到三岁左右身上开始出现，但一直到他六岁左右，才有能力说出这种感受叫作羞愧。

知名的心理学家哈特曾做过一系列关于儿童自我意识情绪的实验。她发现，儿童的羞愧感有一个渐次的发展历程，见表3-1。

表 3-1　　　　　　　　　儿童的羞愧感发展历程

年龄阶段	羞愧感的发展
4~5岁	自己会说"害怕""高兴",但还不会使用"骄傲""羞愧"等字眼
5~6岁	会说父母为他们感到骄傲、羞愧,却不认为自己会有这些感觉
6~7岁	只在有人观察他们行为的情境下,才会觉得自己感觉骄傲或羞愧
7~8岁	即使在没人监督的情况下,也能对自己的行为感到骄傲或羞愧

这个研究显示,羞愧情绪会随着年龄的增长而更加的成熟、稳定。更重要的发现是,一直到6岁之后,儿童才能在没有人看到的情况下,还能对自己的行为感到骄傲或羞愧。这项能力对儿童的道德及常规的发展十分重要,因为骄傲和羞愧的感受就是一股内在的力量,它促使儿童在没有父母监督的情况下,仍能要求自己循规蹈矩,将社会常规内化成为自己的价值观。这样,当这个儿童成人后,他就会将这样的价值观一直延续下去,不仅有利于文化的传承,还有利于社会和谐稳定。

2. 羞愧的利与弊

羞愧是一种内在的驱动力,能够激励人们去行动。羞愧的内在驱力表现在:它提醒每个人都不是圣贤,犯错误并不可耻,能够改过自新就是进步;应积极改善自己,调整自己与他人的关系,使彼此更加和谐;提升自己,促进行为的成熟,加强自己的责任感。

羞愧还有很多不利之处。常常受羞愧困扰的人,通常评定自己的行为和整个人为"耻辱",认为别人一定不会原谅他的这些"错误",因为别人不能原谅他!这样,羞愧就会造成自我厌恶、低自尊、逃避,从而自甘堕落甚至自我毁灭,形成恶性循环。

因此,应该正确地看待羞愧:要知道引起羞愧的仅仅是愚蠢或无能的行为,这并不会让你成为别人眼中的笑柄,或成为一个可笑、无能的人。还应该记住,虽然我们时常会做出这样的行为,但是完全有能力停止这样的行为。

总之,要勇敢地面对羞愧,摆脱它的纠缠,就要勇敢地面对这些愚蠢的行为，不因为这样的行为贬低自己。

（六）惊讶

惊讶不同于其他情绪，它是一种中性情绪，与积极和消极体验无关，只要事情的结果完全不在人们的意料之内，就会产生惊讶的情绪，它有着类似于催化剂的作用。达尔文认为惊讶是六大基本情绪之一，从好奇、有趣、震惊到骇异，惊讶有着渐进程度。

惊讶往往能够衍生出对事物的好奇。在我们第一次接触某事物时，除了对其产生惊讶的情绪外，往往也因此产生了对其感兴趣，也就是说好奇心被调动起来。自然选择赋予我们惊讶这一中性的情感，就是为了让我们对未知事物充满探索的激情。

惊讶是可以代表愉快的情绪，也可以代表令人不愉快的情绪，如果是代表了一些意想不到的突袭或者埋伏，在这种情况下加剧的惊讶会成为惊恐或恐惧。只是在现实生活中，我们一般已经习惯把惊讶默认为代表让人高兴的事，而不高兴的事却有着特定的表达意义，比如讨厌。

1. 惊讶的"外貌"

惊讶有着非常丰富的面部表情，比如双眼睁大、眉毛上扬，有时还会张开嘴巴和下颚，吸气量约是呼气量的 2~3 倍。一旦遇到出乎意料的好消息、特意安排的聚会等情境，我们会感觉到十分满足，因为这些事物都能够让我们的愿望得到满足从而感受到喜悦，而且这种喜悦会在面部反映出来。意料之外的好事情都是自己认为不该得到的或者没有预期得到的，能让我们更加快乐，同时内心更加相信世界对我们是和睦仁慈的。

2. 惊讶的生理学机制

如达尔文所说的那样，惊讶是机体为了保护自己以免于危险而无意识唤起的策略。这也反映了惊讶（或恐惧）是在提醒我们有危险，提升自我保护意识。在现实中,很多时候惊讶也是一种情调的表现,如幽默而又滑稽。

三、从情绪的表现学会察言观色

人类生活中充满了语言和非语言、有意和无意的信息,如声音的音量和语气,眼神之间的交流,人与人之间的距离,头的倾斜程度等。这些都在帮助人们相互对情绪做出解释,并据此领会对方的意图。

只有清楚地了解情绪的表现,才能学会察言观色。究竟情绪的表现有哪些,又如何通过这些表现来感知别人的情绪呢?

(一)看"脸色"

情绪的一种典型表现就是面部表情,也就是"脸色",这是情绪最为直观的表现,也最容易使人察觉。每一种情绪都有着自己独特的面部表情,如人们在感到高兴时,面部表情有面颊上提、嘴角上扬、额眉平展。因此,人们可以通过别人面部表情的变化来察觉他的情绪。

心理学家发现,人类至少有六种与生俱来的原始面部表情,即喜悦、悲伤、厌恶、愤怒、惊讶和恐惧。而且通常在两岁左右,我们就已经能够用相同的脸部表情来表达这些原始情绪(即使一个不幸又盲又哑的儿童,也会有这些情绪表情)。也就是说人们用表情来表达情绪能力似乎是先天具备的,而"看脸色"的能力也是自幼就养成的,在四五岁时,人们就能辨认一半的面部表情,而到了六岁左右,看脸色的准确率就达到了75%!

至于辨认表情的诀窍,则在于分析脸部的几个重要线条:嘴角上扬或下垂,嘴型张开或紧闭,眉毛上扬或下垂,眼角上扬或下垂,眼睛睁大或微眯,以及眉毛上扬到额间有横纹,眉头紧凑则眉间有直纹。而人们之所以能区别这些情绪,是因为知道某些脸部区域对辨认某些情绪特别重要。例如,对于悲伤与恐惧情绪而言,眉毛及额头就特别重要;而厌恶与喜悦的情绪则以嘴巴的表情最有意义。如高兴时嘴角后伸、上唇提升、两眼闪光，即笑容满面；而愁苦时则眉毛紧皱、眼睑下垂、头部低垂、呼吸缓慢、微弱并不时发出叹息声。

（二）解读"肢体语言"

在情绪发生时，除了表现为典型的面部表情外，有时还表现为姿态表情，也就是除面部外身体各部分的动作，如手、脚的动作，高兴时手舞足蹈，生气时拳头紧握、肌肉紧张。因此，通过对肢体动作的观察也能够察觉人的情绪。但是人的肢体动作很多，要从一个人的肢体动作来体会他的情绪，实属不易。在解读"肢体语言"时，人们必须首先遵循以下三个方面的原则：

（1）一个简单的肢体语言可能代表不同的情绪，例如不停擦汗可能表示紧张或恐惧。所以，不能将肢体动作与某种情绪直接画等号，而是要根据面部表情、肢体动作以及其他的情绪线索来判断不同的情绪。

（2）"一致性"是解读肢体语言的关键。美国FBI在训练调查员时，强调要看的不只是"他做了什么"，更要看"他改变了什么"。如果对方一直低头沉默不语，而当问到某个问题时，其忽然抬起了头，那么这个转变就值得花心思来好好琢磨。这也就提醒人们不可忽略"肢体语言"的细微变化，因为往往这些变化容易泄露其情绪。

（3）先弄清楚他人发生情绪的背景信息，也有利于人们判断其所处的情绪状态。比如，在参加面试的情境中，看到有人不停擦汗，那么毫无疑问，此时，他的内心十分紧张。

（三）破解语调密码

除了面部表情和"肢体语言"外，语调表情也是一种情绪的外部表现。人们在不同情绪支配下，常常会有语调的变化，如语言的节奏、声调的高低、语速的快慢等。例如，高兴时语速快、语调高昂；紧张时说话断断续续、不

连贯。语调表情容易被忽略,然而其不失为一种判断情绪的重要线索。以下为几类典型的语调表情:

快乐——表现为低音频,节奏忽快忽慢;

悲伤——表现为低音频,语速缓慢;

厌恶——表现为低音频,语言表现木讷;

愤怒——表现为高音频,声音颤抖;

恐惧——表现为高音频,声音尖锐;

说谎——表现为高音频,语速快,语言内容空洞。

通过对语调表情的了解,能使人们很好地察觉情绪。

总之,在对他人的情绪进行辨认也就是察言观色的过程中,不能仅仅凭借情绪的一种表现(如面部表情)来解读他人的情绪。应该结合情绪的三个外部表现,对他人的外部表现进行整体了解,再对其所处的情绪下结论。

四、情绪的影响因素

(一)案例

> 年级篮球赛,队员们训练已久但依然以失败告终,班级里的气氛十分沉闷,大家各自沉默、若有所思。
>
> 队长为此感到分外痛心,自己精心策划的战术居然被轻松破解,长期的努力化为泡影。
>
> 队员小蒋认为是裁判给对方放水,偏袒对方导致本队失败,为此他感到十分气愤。
>
> 队员小张却很快就接受了这个事实,因为"胜败乃兵家常事",并且这次的失败能够给队员增长不少宝贵的经验,使队员以后可以更出色地应战。

从上面的案例就可以看出，每个人对于相同情境的情绪反应不同。因为每个人都是独一无二的，由于受到其不同遗传因素的影响加之他们的成长环境不同，以及所受到的教育和文化背景也存在差异，导致他们对自我的认识是不一样的。这样即便是身处相同的情境中，个人的体验也会不一样，因而情绪也会存在一定的差异。

（二）情绪的种子——先天因素

如果我们走进医院的育婴室内，就会看到婴儿们的不同活动情况和表情特征等，有的婴儿在"手舞足蹈"，哭声响亮；有的孩子则安安静静，很少哭闹。这样的差别多来自先天，随着孩子的成长而渐渐成为一种稳定的模式。对于同卵双胞胎而言，他们的遗传基因是完全一样的，而异卵双胞胎的基因是不同的，对于这两种双胞胎的研究表明，同卵双胞胎在情绪方面比异卵双胞胎更加相似。

早在古罗马时期，盖伦医生就提出了最早的四种气质类型理论。他根据希腊医生希波克拉底的"体液说"提出了四种气质类型，即多血质（具有过多的血液，充满活力和动力）、胆汁质（具有过多的黄胆汁，容易激怒）、抑郁质（具有过多的黑胆汁，通常表现为忧郁和悲哀）、黏液质（具有过多的黏液，使人迟缓或者懒惰）。在此基础上，来自苏联的生理学家巴甫洛夫根据神经类型的三个基本特征，即兴奋和抑制过程的强度、灵活性和平衡性，对照盖伦的四种气质类型理论，进一步提出了以下气质的四个基本类型。

1. 不可遏止型（胆汁质）

这个类型的人外向性格较为明显，好斗、情绪不稳定、易冲动、容易激怒、脾气暴躁、精力旺盛、办事简单。

2. 活泼型（多血质）

这个类型的人情绪产生得快也消失得快，虽然情绪易兴奋，但有很大的灵活性，在面临各种应激情境时具有很大的自我调节能力，大多数时候能够保持心情的愉快，善于交际。

3. 安静型（黏液质）

这个类型的人常常表现得很平静、很冷静，情绪起伏并不明显，具有较强的忍耐力和宽容别人的能力，有时也表现得有些压抑，但有很强的自我调节能力。

4. 抑制型（抑郁质）

这个类型的人情绪兴奋性低、稳定，往往情绪压抑、情感脆弱，经不起挫折和打击，容易出现异常情绪。

从以上的分类中可以看出，不同气质类型的人情绪表现是不一样的，充分表现了气质对于情绪的影响。

（三）情绪产生的摇篮——社会文化

由于受到不同文化的影响，人们对情绪的认知和表达都不一样。如有研究表明，相比较而言，日本人在表达悲伤、愤怒、恐惧等情绪时，明显比美国人的肢体动作要少得多。又如，不同文化对身材的审美有极大的差别：有的文化认为身材苗条、瘦即是美；有的文化中却是以胖为美。以瘦为美的文化中，许多人就会盲目地采用各种极端手法让自己变瘦，如节食、拒食等，这样容易造成消化系统功能紊乱甚至导致其他疾病，严重危害健康。

（四）情绪的"加工厂"——家庭环境与教育

一个人所处的家庭环境及所受到的教育也对情绪的认知和表达方式产生影响。家庭环境对孩子的影响是直接的，一般在和睦、亲切的氛围中，孩子倾向于正确地表达自己的情感；而对于常常发生争执的高压家庭中，孩子则往往容易发脾气。此外，父母的教育方式也对孩子的情绪发展与表达起到关键作用，父母有耐心、关心孩子，并不一味强调以自己权威的方式对待孩子，这显然是至关重要的健康情绪。

总之，良好的家庭环境中，父母要教会孩子正确理解情绪的内涵并适当表达情绪。

（五）情绪产生的氧气——性别

男女在情绪的体验与表达上存在着很大的差异。一般来说，男性较女性在处理冲突问题上更为冷静，但是却容易忽略别人的感受，而女性在情绪的沟通和表达上则优于男性。

例如，妻子下班回家，发现窗玻璃被人弄碎了，思前想后，回忆起上周看到隔壁邻居的小孩曾在丢石头玩，就怀疑是隔壁小孩所为。越想越气，于是就开始抱怨大人没有管好小孩，甚至想去找邻居讨回公道。丈夫下班回家后，就说这也没什么好生气的，再补上一块玻璃就可以了。如果实在怀疑隔壁邻居的孩子，干脆过去问清楚，犯不着一直挂念着。

这样的例子足以见得，男女之间在情绪表达与感受上的差异。

五、情绪的传播和感染

你知道吗，情绪是很容易被传播和感染的。而情绪传播和感染的例子在生活中也很常见，有一个幽默故事深刻地刻画了这种现象：

一个在公司受到老板无理呵斥的先生，他不敢与老板顶撞，于是下班后把气往妻子身上撒，妻子将这股怨气又转移到孩子身上，孩子挨了母亲的骂，跑去踢狗，莫名其妙挨了一脚的狗也感到很窝火，跑到路上去咬了行人一口，而那个行人却正是给先生气受的公司老板。

情绪容易传播，不良情绪尤其如此。美国心理学教授詹姆斯·科因的研究证明，只要20分钟，一个人就可以受到他人低落情绪的传染。这对于工作单位而言是极为不利的，因为长期处在这样的负面情绪氛围中，人们的工作兴趣、工作效率等都会受到极大的影响。

然而，你可能不知道，在你的身边也存在着一些负面情绪传播者。他们总是表现得非常"聪明"，常常爱提出与众不同的看法，十分享受"世人皆醉我独醒"的快感。但问题是，他们过于自信，不能容忍别人对其想法有一丝质疑；在任何会议上，只要他们发过言，当遇到别人些许的不认同，他们的情绪便拉响警报，甚至出言不逊侮辱他人；他们总是看似切中问题要害，却实际在泼你冷水，为了反对而反对，拖延策略的执行；他们在你发言时常常冷眼旁观，不停看表，东张西望，让你觉得深受其影响。

为了避免情绪的不良传播与感染，必须从单位领导做起。简单地说，领导者必须牢记"VET"法则：

V（Validate）——认可。不管是不是你所喜欢的，你认为是正面或是负面的，首先应该认可这种情绪的存在，认识到这种情绪的存在是普遍的。

E（Explore）——探索。尝试探索这些情绪所针对的人、事、物。如果你可以通过这种形式上的负面情绪分析他们的感受和想法，就可以对症下药，遏制负面情绪的传播。

T（Transform）——转换。在了解每一个情绪背后的事实后，和团队共同讨论什么会是最有帮助并且最有效果的方法，将愤怒转换为激情，将恐惧转换为承诺，将厌恶转换为信任。

在实践中不妨使用这个法则，及时地对人们的负面情绪进行治理，不让负面情绪以燎原之势传播。

第二节 信访工作者情绪管理的理论支撑

一、认知—评价情绪理论

20世纪50年代美国心理学家拉扎鲁斯认为，人们所遭遇的事件并不能直接引起情绪反应，这中间少不了人们对于这个事件的评价，只有通过评价才能够对事件产生一定的情绪。也就是说，评价决定了情绪的产生、持续时间和情绪表现的强烈程度。

在一次聚会上，一位男士无意中看到了一位漂亮的女士，眼神不自觉地被她吸引。正看得出神的时候，突然那位女士的眼神朝这位男士看过来，这个时候，四目相对，两人都觉得有点尴尬，慌乱中匆忙错开了眼神。

用认知评价理论来解释这个场景，刺激事件——一名异性的眼神直视自己，随即引起了生理方面的变化：心跳加快、面色变红或皮肤出汗等。但是是否有尴尬的情绪出来，还要取决于个人对这个刺激事件的评价。如果那位女士认为男士眼神不正经，那么她很可能是生气；如果那位男士认为女士的眼神轻佻，他很可能就会认为这是一个不单纯的女士，就会感到有点失望。

图3-2所示就是按照认知评价理论产生情绪的过程。

拉扎鲁斯认为，人们对事件的评价包括三个部分，即初评价、次评价和再评价。

初评价需要人们确认事件与自身是否存在利害关系。人们只有对与自身密切相关的事件才会产生情绪。如人们在动物园看到老虎时，会认为尽管自己与老虎距离很近，但是由于老虎是由铁栏杆围住的，因此会评价自己并不会受到危险，也就是说自己的利益并没有受到威胁。然而，若人们在森林里

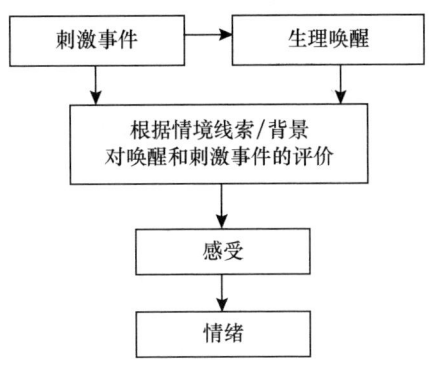

图 3-2 按认知评价理论产生情绪的过程

遇到了野生老虎时,就能够很快地评价自己与这个事件息息相关,自己的生命安全受到了威胁,往往就会产生紧张、恐惧的情绪。

次评价是指人们对自己反应行为的调节和控制。这主要涉及个体能否控制刺激事件,以及对控制程度的判断。如人们遭遇抢劫,是采取攻击还是防御行为,主要取决于人们对能否控制住歹徒的判断。若歹徒手中有刀,可能会发生危险,则大多数人会采取防御的行为。

再评价是指人们对自己情绪和行为反应的有效性和适宜性的评价,实际上也就是一种反馈行为。就是说如果再评价认为该行为是无效的或者不适宜的,个体就会有意识地调整自己对刺激事件的次评价,甚至初评价,进而调整自己的情绪和行为反应。如在与劫匪的抗衡中若采取攻击行为无法制服歹徒,则转而采取防御措施或躲避逃离。也就是说自己的情绪和行为反应并不有效,此时就会对自己的行为进行调整,选择更加有效的行为方式。

看罢认知评价理论,想必你对情绪的发生已有所认识。拉扎鲁斯认为,情绪是在人们对事物评价的基础上而产生的,人们的情绪变化也是在不断地对情绪与自身的关系进行评价、再评价才得以进行的。因此,我们应该针对情绪产生的特点,对症下药,从而将消极情绪扼杀在产生之初。

二、情绪管理的 ABC 理论

在公司的年终总结会上,常常可以看到这样的情境:同样是业绩不佳的职员,而他们却有着不同的情绪。有的职员认为:我努力工作了那么长的时间,竟然依然绩效不佳,是不是我能力太差,人家会怎么评价我。因此,他的脸上布满愁云,情绪十分低落。而有的职员则可能想:这次考核只是代表了一部分的表现,自己的其他方面还是挺好的,而且今年不好,明年才会有更大的提高空间。这样,他就可能保持着积极乐观的情绪,微笑地面对。

这就说明,人的情绪和行为反应不是由于某一事件直接引起的,对这一事件所持有的信念才是直接导致情绪产生的因素。在面对同一事件时,由于人们对事件所产生的一些信念不同,将产生不同的情绪。

这就是 20 世纪 50 年代美国心理学家艾利斯提出的情绪 ABC 理论的精髓所在。他认为正是由于常有的一些不合理的信念才使我们产生情绪困扰,如果这些不合理的信念长期存在,久而久之还会引起情绪障碍。

在 ABC 理论中,A 表示诱发性事件(前因),B 表示个体针对此诱发性事件产生的一些信念,即对这件事的一些看法、解释,C 表示所产生的情绪和行为的结果(后果),如图 3-3 所示。

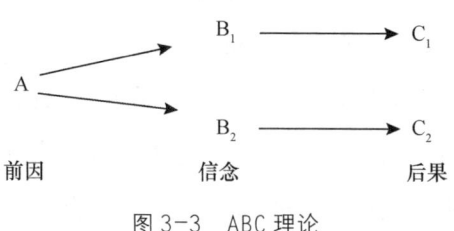

图 3-3 ABC 理论

通常人们会认为诱发事件 A 直接导致了人的情绪和行为结果 C,发生了什么事就引起了什么样的情绪体验。若是这样,那么对于同一个事件 A 所引起的情绪和行为结果 C 应是相同的。然而事实却是,在诱发事件 A 与情绪、行为结果 C 之间还有个对诱发事件 A 的看法、解释（即信念）的 B 在兴风作浪。于是不同的 B 带来的 C 大相径庭。例如，同样是在上班途中错过一辆公交车，有些人就认为自己很倒霉，开始喋喋不休地抱怨起来，继而产生不满、气恼甚至愤怒的情绪；而另一些人则会认为这没什么，再等一辆车就好了，这样他的情绪就不会有太大的波动。

心理学家进行了大量实验，证明了不合理的信念对人们的情绪和行为将产生消极的影响。虽然人们不能改变客观存在的事件，但是可以改变自己对于事件的信念。人们多少都会有一些不合理的信念，但是可以通过对不合理信念的认识，转化这些信念，尽量将其对自己生活的影响最小化，见表 3-2。

表 3-2　　　　　　　　　　不合理信念转化

歪曲思维	习惯想法	导致消极情绪的不合理信念	应该持有的合理信念
极端思维	非黑即白、非此即彼	解决好信访人的问题就是我工作上的成功，否则就是失败（不是成功就是失败）	能否解决好信访人的问题这很重要，能否解决他们的问题有很多的因素在起作用，不仅仅是自己的功劳
泛化	将一次失败看成是对自己整个人生的否定	我今天在局里开会报告工作时出了个洋相，以后无论是什么样的公开报告我都做不好了	这次洋相只是一次偶然的事件，我以前表现得挺好的
灾难化	总是预测事件最坏的结果	这次信访人对我不满，向局长投诉我，我的年终评优完了	这位信访人对我不满，不代表所有的信访人都对我不满，一次失败不见得局长就对我整个否定
无据判断	没有确切依据就下判断	信访人情绪越来越激动，根本不理会我，他一定认为我工作很蹩脚，不喜欢我	信访人遇到了那么重大的事，当然情绪激动啦！他急着寻求帮助哪里还顾得上我
情绪化推理	我感觉自己很笨	这次没有解决信访人的问题感觉自己很失落，我真笨	一次失败不能代表所有的工作都失败，我相信自己还是有能力做好这份工作的

让我们假设一个情景：一天上午，你在局里的报告会上出了一个洋相，当时所有的同事包括局长都笑了，你感觉自己很丢脸。那天下午，一个上周刚刚来访的信访人怒气冲冲地闯入你的办公室，喋喋不休地指责你，说你没有为他解决问题，并且准备向局长投诉你。此时，让我们对你可能产生的不合理信念和合理信念做个比较吧。试着反省自己是否也有这些不合理的信念呢？如果有，就试着改变那些制造消极情绪的"罪魁祸首"吧！

通过对情绪 ABC 理论的介绍，你一定也在心中构建起一个关于情绪产生的框架。其实，情绪的 ABC 理论强调人们对事件所持有的一些不合理信念是导致消极情绪的关键所在。也就是说，我们所遇到的事件并不会直接引起消极情绪，我们自己对这些事件的一些不合理的信念才是消极情绪产生的真正原因。也就是说，在遇到事件时的一些不合理的信念困扰着我们，才导致消极情绪的产生。因此只有从源头做起，认真"治理"我们对事物所持有的一些不合理信念，才能够将我们的消极情绪连根去除。

第三节 信访工作者常见的情绪困扰

情绪是一条绵长的河流，蜿蜒曲折地流经我们的人生，无时无刻不在影响着我们的生活。能够和情绪做好朋友的人，情绪的河流往往是平静、顺畅、活泼的；无法和情绪做好朋友的人，情绪的河流往往是湍急、沉郁、起伏的。

一、焦虑——改变对事件的预期

在介绍焦虑之前，我们先来看一个案例吧！

最近几周，从不知道失眠是何滋味的小于居然晚上躺在床上睡不着觉，脑袋里想来想去就是那一堆未完成的事情：领导交代的重要任务、昨天信访群众提到的问题、给孩子找个放心的保姆……到底是事情太多还是想得太多？习惯于提前计划、提前完成各项任务的小于，居然也为是否能按时完成各项工作任务而深感压力重重、紧张不安，陷入了焦虑之中。

心理学上，焦虑是指一种缺乏明显客观原因的内心不安或无根据的恐惧。信访工作者的焦虑主要是由于其不能达到工作目标使自尊心和自信心受挫，体会到极大的失败感和内疚感而形成的一种紧张、不安的情绪状态。

（一）信访工作者焦虑的来源

一方面，信访工作者通常面临超负荷的工作压力。在信访工作中，一些信访群众文化水平不高，对政策一知半解，认识肤浅，往往对个人利益的要求相对较高。有的提出过高不合理的诉求，甚至为了自身利益要求信访部门突破政策，"特殊解决"。此外，信访群众的问题往往具有复杂性，都是涉及自身利益的现实问题。在这样的工作环境中，信访工作者难免承受着巨大的心理压力。

另一方面，焦虑来自信访工作者对于自己能力的不自信。他们可能高估了自己在工作中所遇到的问题和障碍，低估了自己的能力，认为自己在信访工作中不能发挥应有的重要作用。

（二）焦虑的主要表现

一方面是生理反应：身体紧张，常常觉得自己神经绷得紧紧的，无法放松；坐立不安、注意力不集中、容易疲倦、失眠、血压升高、食欲不振、大小便频繁、易出汗、呼吸急促、眩晕。

另一方面则是指心理上对自己未来的工作担心不已，担心自己不能胜任未来的工作任务或工作岗位要求等。

（三）正确看待焦虑

焦虑是人类产生的一种自我保护性反应，一种个体普遍存在的情绪感受，每个人都会在一定生活的情境下体验到焦虑，它是破坏心理健康的消极情绪之一。但许多心理学家的研究结果却表明，焦虑并非都是消极的。和压力类似，在一定的任务难度条件下，焦虑与工作效率之间的关系呈倒 U 型曲线。也就是说，适度焦虑（中等焦虑水平）能够提高人的工作绩效，毫无焦虑或过度焦虑都不利于工作绩效的发挥。

因此也需要适度的焦虑。焦虑会使我们的身心处于一种准备和兴奋状态，随时准备应对即将出现的问题，并促使我们做出主观努力去解决问题。而在一次次战胜焦虑的过程中，我们也会变得越来越成熟、越来越自信。正是因为有来自焦虑的压力，我们才能更有效地工作和更快乐地生活。

（四）打败焦虑

从情绪 ABC 理论可知，一个人对人、事、物如果有错误的"认知"，如以偏概全、过分夸大或过分悲观等，就有可能造成情绪困扰。因此，如果从"认知"层面下手，就能够将负面情绪扼杀在摇篮里了。箭头向下提问技术就是这样的一种改变"认知"的办法。它是一种心理学认知疗法技术，能使人了解自己不清楚的潜在担心到底是什么，它可以帮助挖掘最底层的信念，从而从源头上打败焦虑。

箭头向下技术是在最初的想法出现时，通过不断地自我提问，将箭头往下指，使对自己的问话越来越深入，最终发现使自己感到焦虑的真正原因。

例如：小李为人热情和蔼，工作认真负责。单位要评选优秀工作者，同事建议她去，她想去，但是她不敢去。她在心里嘀咕："如果别人不选我怎么办？"

这时可以用箭头向下技术提问：

<u>如果我要去参加评选，别人不会选我！</u>

⇩

<u>别人不选你，你会怎么样？</u>

⇩

<u>说明没人认可我！</u>

⇩

<u>没人认可你又怎么样？</u>

⇩

<u>说明我的工作能力得不到欣赏！</u>

⇩

<u>工作能力得不到欣赏又怎么样？</u>

⇩

<u>说明我的工作能力不行！</u>

问到此，我们可以看到小李心中十分追求别人的认可，认为自己的工作价值完全取决于别人的评价。鉴于此，我们继续下面的问话：

<u>只有得到大家的认可，我才算是工作能力强！</u>

⇩

<u>为什么要得到所有人的认可才算是工作能力强呢？</u>

⇩

<u>因为人活在世上就是要受到别人的欣赏和认可！</u>

此时，问题就出来了，在小李身上，一直有一种根深蒂固的观念，那就

是认为"人活在世上就是要受到别人的欣赏和认可"。但是其实这一观念并非站得住脚的。经过这样的分析，小李也动摇了最初的信念。只有这样才有可能对其信念进行转换，并化解其消极情绪。

其实，用箭头向下技术能够十分有效地对自己进行剖析，发现潜藏在自己心中的那些不合理的信念，从而能够尽早地发现自己的不合理信念，并用合理的信念取而代之。所以，当你在生活、工作中遇到了让你感到焦虑的一些事件时，不妨用这种箭头向下技术来对自己提问，找出自己根深蒂固的不合理信念，让焦虑无所遁形。

二、抑郁——低落的情绪

小刘在最近一段时间内，经常莫名地伤感，心情低落甚至感觉到无助。她常常感觉自己很孤独、需要别人的关心，总觉得身边没有什么值得开心的事，情绪就像灰蒙蒙的天气一样压抑极了。究竟，她这是怎么了？

其实，她正在体验着一种抑郁的情绪。抑郁是一种低落的情绪体验，常常表现为不高兴、沮丧、悲哀、消沉等，被形容为"心理疾病中的普通感冒"，几乎每个人在一生中都会或多或少地体验过。

（一）抑郁的主要表现

抑郁的人主要表现是意志消沉、情绪低落、悲观失望，感觉到自己容易疲劳、反应迟钝，对工作提不起劲儿。抑郁在现实生活中是一种很常见的情绪，但是大多数人所体验到的抑郁持续时间短、出现的次数少并且能够通过自我调节加以纾解。

（二）抑郁的起因

抑郁的起因十分复杂，但是主要受到以下四种因素的影响：

1. 心理因素

自卑、性格内向、多疑、不爱交际、悲观的人，常常无法及时排解心中的烦恼，容易引起抑郁情绪。

2. 环境因素

令人感到有压力的重大生活事件及失落感也可能诱发忧郁，如丧偶、离婚、财务危机、失去健康、工作不如意等。

3. 社会支持因素

如果人们在生活中常常能够获得家庭、社会的支持，比如常常有人关心你，和你聊天，你的情绪就比较容易得到宣泄，那么你就不容易发生抑郁。相反地，较少获得社会支持的那些人则很有可能因得不到关心和宣泄而产生抑郁情绪。

4. 生物因素

其实真正导致抑郁的罪魁祸首是——褪黑激素。研究表明，当一个人处在抑郁状态时，褪黑激素在体内就会增加。

💬 小贴士

什么是褪黑激素

褪黑激素主要是由哺乳动物和人类的大脑松果体产生的一种激素，也有报道哺乳动物的视网膜和副泪腺也能产生少量的褪黑激素，它在临睡前和夜间分泌出来。褪黑激素分泌过多能使人昏昏欲睡、无精打采、情绪低落。让褪黑激素减少不是没有办法，它在阳光下会遭到破坏。因此，建议人们多晒晒太阳，这样可以保持高昂的情绪。

(三)打破抑郁的坚冰

心理学家的研究发现,抑郁的人在谈到自己的悲哀和失落时,常常能够明显感觉到在他们的内心经历着两个"我"的对话,一个"我"能够真实地反映自己的想法,他说:"我要这样做,我知道,我能够去……"这是真实"我"。另一个"我"却是在无情地讨伐这真实"我"的想法,他会说:"你不应该,你不能……"这两个"我"的对话无时无刻不在煎熬着我们,从而造成了抑郁、失落等情绪。

当你也经历了上述的情绪状态时,不妨尝试"照镜子对话术"。该技术就是让自己置身于镜子前,将自己的所有想法全部袒露出来,使自己无处躲藏。具体可按照以下的一系列方法进行操作。

立于镜子前。

用第一人称"我"代表头脑中真实"我"的想法,用第二人称"你",代表你头脑中的另一个声音。当用第一人称"我"发言时,身体左侧对着镜子,面孔朝向镜子中假想的"你";当用第二人称"你"发言时,右侧身体对着镜子,面孔朝向镜子中假想的"我"。

说话的声音要大些。

例如:

"我":领导批评我工作进度慢,这可能是因为我太累了,我现在想休息一下,明天再做。

"你":你怎么能够轻易就喊累呢?这样对工作负责了吗?

"我":可是工作太多、任务太重,这样持续不停地工作也没有效率啊。

"你":你总是在找借口偷懒,所以你总是不能够得到领导的赏识。

"我":我休息是为了后面的工作能够提高效率,并不能说我在偷懒。我平常的工作还是很认真的啊,每一份任务都尽量出色地完成。俗话说,慢工出细活，只有保证高效率才能将自己的才能最大化。我今天很累了，再继续工作不仅影响工作效率还会影响我的心情，我还是先休息好、充好电，明天再继续工作吧。

对话结束后，正面转向镜子，对自己笑一笑，接着用类似朋友的语气对自己说："你很棒的，不要因为领导的一句批评就感到情绪低落，进度慢也是可以解决的啊，相信你自己，可以做得更好的！"

三、恐惧———一种不安全感

"唉，明天又要上班了。"周日晚上，公司职员小文发出一声哀叹。周一，是新的一周工作的开始，然而对于许多"白领"来说，却变成让他们心生畏惧、状况频出的"受难日"。有些上班一族在周日的晚上会非常沮丧，有的甚至失眠。

有调研显示，周一上班恐惧症存在于80%的规律性上班族中，这些"白领"工作量大、节奏快，单位要求严格，上班8小时以内基本属于注意力高度集中的状态，强烈的心理、身体疲劳感在上班时却常常容易被工作的专注度所忽略。因此，有限的周末休息时间内，则容易出现周末抑郁情绪，进而排斥周一再回到压力中去。

其实人的一生中都有可能遇到无数的恐惧。恐惧是因为周围有不可预料、不可确定的因素而导致个人内心的不安全感，也就是信心不足、定力不够，它是因受到威胁而产生并伴随着逃避愿望的情绪反应。无论是谁，都会有恐惧的感觉或经历。信访工作者的工作量大，长期接待信访群众，其中不乏情绪激动甚至带有精神疾病的信访人，在接待过程中不仅劳心劳力，有时还必须当别人的"出气筒"。长此以往，有些信访工作者往往对工作、上班、信访人产生了一种恐惧心理。

从某种意义上说，人们感到害怕和恐惧，也是一件可喜的事情。当人们遭遇新冠肺炎疫情、地震等突发性事件或遇到某些威胁人类的生存和幸福的困境时，人们必然会产生恐惧，这是一种本能的反应。这种心理过程能够给我们提出警告，使我们避免许多危险，保护自己不受外界伤害从而生存下来。这也就说明，如果我们想继续生存下去，就必须学会如何避免可怕和有害的事物。从这个角度来讲，恐惧感并不是一件坏事。

不容忽视的是，那些经常处在极度恐慌状态的人，往往会演变成病态的神经质和某种莫名的负性情绪。恐惧会使人们失去活力、丧失工作兴趣，从而降低人们的工作效率。恐惧还会对人们的人格和本性造成巨大的危害，造成人格的扭曲甚至心理的变态。

（一）恐惧的表现

信访工作者的恐惧表现为：

一是一想到明天要接待信访人就感到头疼、不想上班、焦虑，上班的前一天晚上甚至失眠、心慌。二是接待信访人时注意力不集中、萎靡不振、效率低、烦躁、脾气不好，自然就没有办法很好地工作，为信访人解决问题。有的人甚至感觉自己神经衰弱，连晚上睡觉都会梦到工作中的点滴小事，每天都如同煎熬一般，惶惶不可终日，只想早点下班回家。

（二）打败恐惧

用系统脱敏的方法可以有效地打败恐惧，从而摆脱恐惧情绪。下面就以一名信访工作者对于上班的恐惧为例，来说明具体操作步骤。

步骤一：建立恐惧的等级。这是我们主要关注的对象，也是着手治理恐惧的出发点。在这一步中首先找出使你感到恐惧的事件，报告出对其感到恐惧的主观感受程度，并以0~100进行表示。然后将你所报告出的恐惧事件按照恐惧的主观感受程度由小到大排序。

具有"上班恐惧"的信访工作者的主观感受等级见表3-3。

表3-3　　　　　　　　　上班恐惧的主观感受等级

序号	恐惧事件	恐惧的主观感受
1	周日想到明天要上班时	30
2	周一早上起床时	45
3	坐上公交车上班去	50
4	到办公楼下	60
5	来到办公室门前，准备进门	65
6	坐在自己的办公桌前	70
7	一位信访人敲开了你的办公室门	80

步骤二：进行放松训练。一般需要 6~10 次练习，每次历时半个小时，每天 1~2 次，以达到全身肌肉能够迅速进入松弛状态为合格。

步骤三：完成以上的两个步骤后，你可以进入下一步的系统脱敏训练。在这一步骤中，要求你在完全放松的情况下，按照某一恐惧或焦虑的等级层次进行脱敏治疗。具体按以下几步来完成。

首先还是放松。

其次进行想象脱敏训练。在头脑中先想象出让你感觉恐惧的事情（如要去上班，面对信访人），要求自己的想象充分、真实、逼真，就像自己亲自经历一样。按照之前的恐惧等级表来进行想象，先想象最低等级恐惧的事情，比如"周日想到明天要上班"，然后保持着想象中的场景并持续 30 秒。这样依次进入下一个等级的恐惧场景。当你在进行中无法忍受想象中的场景时，可以采用放松的方式缓解自己的恐惧，直到在你想象最高级别的恐惧事件时也没有惊恐反应或反应十分轻微、可以忍受为止。并且，在自己无法忍受时可以将恐惧级别降低，重新进行放松训练，这样反复进行，直至能适应所有级别的恐惧事件为止。

经过这样的系统脱敏的反复训练,你就能逐渐摆脱恐惧,最后成功驾驭自己的恐惧情绪。

第四节 修炼情绪管理技能的策略

一、情绪管理——驾驭自己的情绪

每个人都难免遇到情绪失控的时候,在生活中我们也会体验到各种各样的消极情绪,为了不让其影响学习、工作和生活,就必须对这些情绪进行管理、控制。那么什么是情绪管理?人们又应该如何进行情绪管理呢?

简单地说,情绪管理就是掌控、调节情绪,及时纾解紧张情绪,调整消极情绪,保持心情乐观平和。在生活中,我们常常遇到这样的情况,心里想着"我一定要控制自己的情绪""我要克制自己,不能乱发脾气!"然而失控的行为却不受控制般地表现出来。情绪管理往往说起来容易,但是做起来还真是困难重重啊!

二、通向情绪管理的四大策略

(一)正确解读,转变自己的认知

在工作中,信访工作者常常会遇到挫折、不顺心之事,也常常为一些负面情绪所围绕。然而,那些负面情绪真的是由于信访人蛮不讲理、情绪激动,工作任务重或是领导的批评吗?到底是谁在我们的情绪后面兴风作浪呢?先让我们来看一个故事吧!

有一位百岁老人,每天都乐呵呵的,人们问他:"你为什么这么快乐呢?"他说:"因为每天我都有两个选择,快乐或是不快乐,我当然每天就选择快乐啦,所以我每天都很快乐!"

由此看来,我们自己才是情绪的真正主宰!我们自身能够决定情绪的基本走向。这样说来,似乎我们自己才是气愤、怨恨、悲伤、焦虑等负面情绪的罪魁祸首!

在第二节内容里,我们介绍了美国心理学家艾利斯的情绪 ABC 理论。该理论认为,一个人对人、事、物如果有错误的认知,如以偏概全、过分夸大或过分悲观等,则有可能造成情绪困扰。因此,如果从认知层面下手,就能够将负面情绪扼杀在摇篮里了。

例如,在工作中,一名信访人抱怨信访部门的办事效率低、自己的事情迟迟没有得到解决。我们通常都会对他所说的话语进行"解读",从而对他或者整个事件产生一种认知。如果我们将信访人的行为理解为对你的责难,认为他是在含沙射影地指责你,那么我们就已经给对方贴上了一个"标签",认为他对你不友善、想找你的麻烦。这样,你就很容易产生生气、厌烦等负面情绪。

但是,如果你能够理智地分析这件事,能够站在信访人的立场上想一想,他是因为实在着急,才会这样说。他这样说,也是提醒我们应该努力提高办事效率,也是对我们的一种鞭策。这样,就在一转念的功夫,你的认知领域就扩大了,也不会产生那些恼人的负面情绪了。

这样的扩大认知领域,实际上是给自己在情绪管理上一个"自主选择权"。因此,我们在"解读"对方的言行举止时,要选择有利于自己的方向,从而避免负面情绪的产生,保持快乐的心情。

虽然,我们都了解了一个人的情绪会影响其情绪走势,也都希望改正会带来负面情绪的那些想法,然而有时候,我们就是会在寻找积极情绪的途中遇到瓶颈，这时候该怎么办呢？

在实际操作中，可以采用纸上作业法进行：

（1）在你的负面情绪爆发前，写下此时在你的脑海中浮现的念头；

（2）认真地评估这些念头，看看哪些是不合理的，哪些是合理的；

（3）将自己的那些不合理的信念转变成合理的信念，并牢牢记在心中。

（二）将问题扫地出门

我们知道，情绪都是由一定的诱因引起的，负面情绪自然不会例外。要控制自己的负面情绪，就要改变引起你情绪反应的环境。比如，你曾经因为不能及时完成任务而会受到上级批评，批评又引发自己的羞愧和伤心情绪。因此，你在今后的工作中就会积极地解决面临的各种困难，争取出色地完成任务，改变以往挨批评的状况。

在实践中，我们要学会找出解决问题的方案，具体怎么做呢？

美国著名心理学家丹尼尔·高曼认为，面对日常生活的问题与困境，不应停滞于抱怨问题的产生，或把对事的不满变质为对人的攻击，而应以"红灯、黄灯、绿灯"模式解决问题：

红灯：停下来，平心静气思考后再行动。

黄灯：a. 说出遭遇的情况及感受；b. 想出可能的解决办法；c. 评估各种办法的后果。

绿灯：选择最佳办法付诸行动。

具体怎么操作呢？让我们来看一个情境吧。一周后你就要参加年终绩效考核了，单位却临时增加了一项领导谈话的环节，你感到时间很仓促，就很容易产生紧张不安的情绪。这时候，你可以按照上面所说的"红灯、黄灯、绿灯"模式解决问题。

红灯：你要冷静下来，先仔细思考在这个阶段你能够做什么样的准备才能够与领导进行顺畅的谈话，从而提高自己的绩效考核成绩。

黄灯：你很紧张，此时，你可以向你的朋友倾诉一下自己现在紧张的心情。或者你继续冥思苦想各种方法来提高自己的绩效考核成绩，例如，你可以尽量将自己的各类考核资料准备得全面而详细，用领导喜欢的说话方式来准备自己的陈述，选领导关心的几个话题作为自己重点报告的内容等。在这个环节，你还可以对自己的各种办法所产生的后果进行评估。例如，我准备详细的考核资料可能在与领导谈话的过程中起到很重要的作用，因此我要做好准备。

绿灯：在这一环节，你可以选择一些方法予以实施。例如，你在仔细对比了"黄灯"环节所产生的三种可能的办法后，认为还是仔细准备考核资料，以不变应万变最为保险。因此，你就放手去准备资料吧。

经过这三个环节，想必你已经解决好问题。这样，能够产生负面情绪的问题都被你扫地出门了，没有了容身之所。

（三）不压抑自己，理解他人——空椅子角色扮演法

信访工作者在工作中，常常遇到这样的信访人：他们言行极端，要求解决问题的心情迫切，往往在信访时情绪激动，有不达目的誓不罢休的势头。此时，若信访工作者不能够站在信访人的角度思考，就很容易被激发出一些烦躁、郁闷甚至是愤怒的情绪来。而在实际生活中，我们也常常因为不能体谅父母或孩子的想法而与他们起冲突，因为我们常常被自己的想法所蒙蔽，以为别人也应该这么想。事实上，这样的观点极容易给彼此带来大麻烦，例如，可能引起对别人的误会甚至是友谊关系的破裂。

有一种办法能够有效地避免这种情况的发生，那就是空椅子角色扮演法。下面以亲子冲突为例，让我们一起看看空椅子角色扮演法是如何操作的。

准备几张椅子，然后以每张椅子代表不同的角色从而进行角色对话。例

如，A 椅子代表自己（父母），B 椅子代表孩子。

当我们坐上 A 椅子时，说："你每天一放学就看电视，从不自觉做作业，这样成绩怎么会好呢？"随后，我们坐上 B 椅子，充分体会孩子的想法和心声："我在学校都在学习，放学回家休息一下，你能不能不要唠叨？"

然后，回到 A 椅子上，你说："你真会找借口啊，休息一下至于一看电视就把学习、作业都忘了？"再坐到 B 椅子上："爸妈，我知道你们是为我好，但是整天把学习挂在嘴边，我压力好大！"

像这样反复进行不同角色之间的对话，通过在不同角色之间的穿梭不仅能够使自己吐出苦水，还能学习理解对方的感受。这样，通过理解就会极大地减少彼此之间误会的产生，也就极大地减少了你自己的消极情绪。

（四）放松自己，给情绪调整方向

有时候，在消极情绪突然造访，想要赶紧遏制住自己的消极情绪蔓延时，你可以这么做：

第一步：在自己的消极情绪就要爆发时，你应该先离开那个地方。你可以向对方提出："我们十分钟后再谈吧！"然后离开那个让你情绪激动的地方。当自己的情绪没有办法控制时，与其强忍，倒不如先离开那个场景，让自己冷静一下。

第二步：找一件让自己喜欢的事做一做。你可以冲杯咖啡，品味下咖啡的醇香；可以看几则幽默笑话，让自己开怀一笑；可以打个电话给自己的好友，听听他们的声音，让自己的心温暖起来。这样做就是让你能使自己的情绪放松下来，把自己的情绪垃圾沉淀一下，抛开你的接触范围，然后给自己的情绪调整方向，重新扬帆起航。

第三步：再回去，继续沟通。因为虽然经过前面两个步骤，你的情绪得到一定程度的释放，但是事情还没有解决，你得回去进行圆满的收场。你可以回到那个场景中，说："我们继续谈吧！"然后在谈话中做正确的引导，最后使双方达成共识。

第五节　应用与练习

为了加深你对消极情绪的理解，巩固所学过的消极情绪控制技巧，在接下来的 7~10 天，你需要完成下面的任务：

1. 了解关于情绪的词汇，为绘制自己的"情绪气象图"做好准备。

情绪词汇：

喜：高兴、好受、开心、快活、从容、庆幸、舒畅、动心、爽快、甜蜜、喜出望外、喜悦、快乐、心花怒放，心旷神怡。

怒：气恼、愤怒、光火、生气、不满、愤慨、不服、七窍生烟、勃然大怒、愤愤不平。

惧：不安、心悸、震惊、担心、胆怯、害怕、惊吓、惊恐、胆战心惊、心有余悸。

哀：悲哀、伤心、悲伤、沉痛、伤感、伤心、痛苦、心酸、悲痛、黯然神伤。

利用以上的情绪词汇，常常对情绪状态进行整体的回顾，对自己的情绪状态有所了解。这样，不仅可以使自己认识到主要的情绪状态，了解主导自己的情绪状态是什么，并能够及时地对自己的消极情绪进行调节。

2. 时刻评估自己的情绪状态，并将其以情绪日记（见表 3-4）的方式记录下来。

3. 利用第四节提到的一些信访工作者健康情绪管理的方法进行情绪控制，并找出适合自己的、行之有效的方法，见表 3-5。

表 3-4 情绪日记

时间	诱发情绪的情境		所体验到的情绪	持续时间
	刺激事件	自己对事件的评价		

总评：你这一段时间内的总体情绪状态是_____，让你印象深刻的事件是_____，你所体验到的情绪是_____。

表 3-5 采取措施控制你的消极情绪

日期	激发消极情绪的情境	你认为他人应该怎么做	采取什么样的措施来控制自己的消极情绪	能不能有效控制自己的消极情绪

经过 7~10 天这样的训练，你不仅能够了解自己各种主要的情绪状态，还能够对自己的情绪状态有一个整体的认识。并且，若能够经常对自己的情绪状态做出反思，对自己的消极情绪进行调节、转化，就能够常常保持快乐的心情，以乐观的心态面对工作和生活。

第四章
信访工作者积极心态磨砺

第一节 积极应对才是成就幸福的力量

💬 小贴士

> **狐狸和葡萄的故事**
>
> 1. 第一只狐狸跳了几下摘不到葡萄,从附近找来一个梯子,爬上梯子满载而归。
>
> 2. 第二只狐狸跳了多次仍摘不到葡萄,找遍四周,没有任何工具可以利用,笑了笑说:"这里的葡萄一定特别酸!"于是,心安理得地走了。
>
> 3. 第三只狐狸高喊着口号:"下定决心,不怕万难,吃不到葡萄死不瞑目!"一次又一次跳个没完,最后累死在葡萄架下。

4. 第四只狐狸因为吃不到葡萄整天闷闷不乐，抑郁成疾，不治而亡。

5. 第五只狐狸想："连个葡萄都吃不到，活着还有什么意义呀！"于是找个树藤上吊自杀了。

6. 第六只狐狸吃不到葡萄便破口大骂，被路人一棒子了却性命。

7. 第七只狐狸抱着"我得不到的东西也决不让别人得到"的阴暗心理，一把火把葡萄园烧了，遭到其他狐狸的共同围剿。

8. 第八只狐狸想从第一只狐狸那里偷、骗、抢些葡萄，也受到了严厉惩罚。

9. 第九只狐狸因为吃不到葡萄气极发疯，蓬头垢面，口中念念有词："吃葡萄不吐葡萄皮……"

10. 另有几只狐狸来到一个更高的葡萄架下，经过友好协商，利用叠罗汉的方法摘到了葡萄，成果共享，皆大欢喜！

从这则寓言中，我们能得出一个结论，那就是：积极应对问题才是解决问题的真正捷径！

一、积极应对的概念

"积极"一词源自拉丁文字"positum"，原意是指"实际而具有建设性的"或"潜在的"意思，因而现代意义上的"积极"，既包括人外显的积极，也包括人潜在的积极。而当代心理学中的"积极"，一般是有"正向的"或"主动的"含义。

积极应对，也就是提倡对个体或社会具有的问题做出积极的解释，并使个体或社会能从中获得积极的意义。心理学研究表明，心理问题本身虽然不能为人类增添力量和优秀品质，但问题的出现也为人类提供了一个展现自己优秀品质和潜在能力的机会。我们生活在一个并不总是安全的世界里，因此，不可避免地会出现这样或那样的问题。当问题出现之后，每个人都可以自由地选择自己的思想，也就是说可以对问题做出各种自己的理解，但只有学会积极应对，才能成就幸福。

二、应对策略的种类

当一个压力事件到来时，你一般怎么处理呢？

有的人会像鸵鸟把头埋起来一样逃避压力；有的人会转移它，把它发泄到别人身上；而有的人则会将压力转化为动力。也就是说，在面对压力困扰时，每个人都有一套压力的心理防御机制和应对策略来避开干扰，保持心理平衡。弗洛伊德及其女儿安娜从精神分析的角度提出并发展了数十种自我防御机制，以下为其中的四种：

（1）"压抑"，是指将自己意识中不能接受的那些想法、回忆等，统统推到了无意识中；

（2）"投射"，是指将自己的不被接受的想法、行为推到别人身上；

（3）"移植"，是指将没有办法直接发泄的情绪找个出气筒发作；

（4）"升华"，是用社会许可的方式（文化作品等）表达自己的想法观念。

后来心理学家从认知行为理论方面提出，当外部需求超过我们的处理能力时，可以使用应对策略来处理这些情境。例如：以解决问题为主要目的的"问题中心策略"；以舒缓和发泄情绪为主要目的的"情绪中心策略"；为了让自己暂时离开压力情景的"回避策略"等。策略的分类有数十种，但总结起来，都是可以从"消极应对策略"和"积极应对策略"这两个方面来划分。

那么，消极和积极的应对策略有什么差异呢？下面举个例子来说明。

某信访部门的几位工作人员这几天正在发愁一件事情，"老上访户"老王这段时间几乎是天天都来一次,声称村干部私自动用了村里的钱款。可是早在十几天前,信访部门就已经查过钱款的去向,村干部并没有私自动用,并给老王看了钱款的具体去向,但是老王认为"天下乌鸦一般黑",这是在"官官相护",任凭工作人员怎么解释也解释不通。于是老王这几天是天天来这里,还声称"反正自己也没其他事,全当是来锻炼身体了。"这对于信访部门的这几位工作人员来说可是件十分头疼的事情,这时候他们是怎样应对的呢?

工作人员A:感觉非常郁闷,觉得老王真是不可理喻,自己的心情也感觉糟糕透了。回到家之后,正好看见儿子在看电视节目,就把儿子骂了一通。这是将自己的情绪向别人发泄了,属于"情绪中心策略"。

工作人员B:想老王是如何变成这样的呢,是跟村干部有过节,还是自己本身有点偏执?应该怎么才能安抚老王的心情,怎么解决这个问题呢?于是回去查了一些有关心理问题的资料,并决定去老王村里,具体调查一下到底是怎么回事。这属于"问题中心策略"。

工作人员C:觉得遇上这样的事情真是倒霉,但是这样想会让自己不开心,于是决定忘记这件事。所以像往常一样回到家里,吃完晚饭看会儿电视睡觉了,假装什么事情都没有发生。这属于"回避策略"。

工作人员D:也觉得遇上这样的事情真是倒霉,越想越觉得难受,而且想到以后要天天和这些难缠的人打交道就感觉痛苦,同时还担心明天那个老王还会来。一想到他自己就觉得头疼,另外更重要的是还担心万一老王知道了自己家的地址找上门来,那可怎么办呀,当天晚上就失眠了。这是将情绪指向自己,属于"内化策略"。

以上他们的做法,哪些是积极的应对策略,哪些是消极的应对策略呢?大家或许已经看出来了,工作人员B的策略比较积极,而其他人的策略比较消极。

💬 小贴士

压力应对策略与应对风格

针对具体的压力情境个体做出的具体反应,可以称为应对策略,个体在应对不同压力时会表现出一致性,这种一致性我们可以称为应对风格。应对风格分为情感定向和任务定向两大类,又称消极应对风格和积极或建设性应对风格。

积极的应对策略一般是问题中心策略,是个体依靠自己的力量采取行动、获得成功,或是寻求社会支持;而消极的应对策略多包含回避策略和情绪中心策略等。

三、负面情绪及其应对方式

人的负面情绪是由消极的想法导致的。每个人都会有一些消极的想法,这些想法在个体处于顺境时一般不会出现,但当个体遭遇挫折时,这些消极的想法就会跳出来占据心灵,从而导致个体产生情绪低落、兴趣减弱甚至消失、精神疲惫等抑郁症状。常见消极的想法有很多,下面简单地列几条:

(1) 我很失败;
(2) 老天对我不公平;
(3) 我什么都做不好;
(4) 我不会有什么成就;
(5) 我智力不行;
(6) 我不善于学习;
(7) 我运气总是很差;
(8) 大部分人都不喜欢我;

(9) 我不值得别人来爱我；

(10) 我没有什么吸引力；

(11) 我没什么价值；

……

即使再坚强的人，也抵抗不住这些消极想法的进攻！

在这些消极想法的作用下，个体会处于负面情绪的包围中，当然也会用一些应对方式来摆脱消极想法的控制。这些应对方式可以分为两种，即消极应对方式和积极应对方式。消极应对方式不是针对消极想法本身，指出消极想法的不合理之处，而是仅仅用一些积极想法来抵抗。比如，告诉自己"想开点""一切都会变好，没什么大不了的""顺其自然，船到桥头自然直"。这些想法在一定程度上也能缓解消极的情绪，但往往效果不明显。而积极应对方式则直接针对消极想法本身，对消极想法进行客观的分析，指出其谬误之处，用更合理的想法来替代，这种更合理的想法如果站得住脚，消极的情绪就会大大减弱。

下面举一个例子加以说明。

小张是新上任的信访工作者，刚入职的时候，他就决定要把这份工作做好，解决好每个信访人的问题。可是就在今天来了一位女士，进门就喊：你们都歧视残疾人！小张赶快倒茶递水，刚想问一下是怎么回事，这位信访人一下子把茶水扔掉，情绪特别激动，并且喊道："别跟我来这一套，我不吃这一套。"小张当时觉得挺尴尬，忙问她怎么回事。这一问不要紧，这位女士显得更激动了，说道："我就知道你们歧视残疾人，你们根本就不把我们这样的残疾人的事当回事！"小张一下子蒙了，而这位信访人却越说越激动。后来小张才了解到，这位女士的弟弟是残疾人，有一次居民委员会发东西把这位女士的弟弟给忘记了，于是她就不依不饶，认为别人都歧视残疾人，因此来信访部门讨要说法多次。正巧小张刚刚来这儿上班，不了解情况，这位女士更

第四章 信访工作者积极心态磨砺

加认为小张也把残疾人不当回事，因为她都来过好几次，小张居然还问她"怎么回事"。在与这位女士谈话后，小张出现的想法就是"我真是失败""老天对我真是不公平，明明我已经尽力做得好了，还是没有解决问题。"当他这样想时，内心体验到失落、愤怒和抑郁的情绪。当小张体验到这些消极的负面情绪后，他将如何处理呢？

1. 如果采用消极的应对方式

他也许会这样安慰自己："这没什么，想开点，顺其自然吧。"也许小张虽然嘴上一直这样说，但是由于对这份工作十分看重，他一直想把它做得更好，一想起自己这样努力，信访人仍用这种态度对待自己，自己还是感觉到了深深的失落和郁闷。

2. 如果采用积极的应对方式

他也许会这样问自己，支持"我很失败"这个想法的证据，除了这次信访接待做砸了之外，还有什么其他的证据吗？于是他在纸上写下：上个月也有个信访接待没做好，为此还挨了领导批评；现在儿子都上小学了，房子还没有买上；前天刚跟妻子吵了一架等。接下来，他又问自己，反对这个想法的证据有什么？于是在纸的另一边写下：以前的那份工作做得就挺好，曾经还被评为"先进工作者"；前几天的信访接待工作也都做得非常好，办公室的老同志还说我天生是做这方面工作的专家；像我这样年龄不靠父母买上房子的很少，况且我现在首付已经够了；日子虽然过得辛苦，但是夫妻感情一直还不错。这些都是成功的例子，是反对"我很失败"的证据。通过这样的分析，"我很失败"这句话就需要进行一些修改了，比如变为"我在这次信访接待工作中没有成功"。这样的想法就不会使他有很强烈的情绪反应了，甚至可能会有积极的情绪产生，因为他在这次接待工作中没有成功，隐含着他在其他事情上可能是成功的。

四、信访工作者心理健康与积极应对

信访是一项艰巨复杂的工作,信访工作者的职业性质比较特殊,每天接触各类主张诉求的困难群众,遇到的多是辛酸事、不平事、揪心事、麻烦事,听到的多是申诉声、求助声、哭声、骂声。信访工作者就是来访群众不良情绪的宣泄对象,有时甚至还会成为别人的"出气筒",每天要面对大量消极负面的信息,时间长了,自身也易患情绪"感冒"。

另外,有很多信访工作者这样说:

"做了这么多,很多时候感觉没有成就感,常常感觉自己的劳动价值得不到社会的认可。"

"信访工作很复杂,有时成功办结一起信访事件,还会遭到相关责任单位的指责。"

"下班回家,总感觉有人跟着我,总担心生活受到骚扰,晚上难以入睡。"

如此种种,信访工作者本身的心理健康问题越来越凸显,应该受到社会和各级部门的重视。为信访工作者进行心理访谈和干预治疗,已经被越来越多的信访部门所采用。除了在政策层面上把关心爱护信访工作者落到实处外,最重要的是信访工作者本人的乐观心态、积极应对才是根本办法。

那么,保持乐观心态、积极应对的方法有哪些呢?

1. 制怒

高尔基有句名言:"哪怕是对自己的一点小小的克制,也会使人变得强而有力。"不能遇事就"怒而兴师",要热而能冷、动而能静、急而能安、安而能变,心平气和比疾言厉色更有力。俗话说,"激石成火,激人成祸。"谨防自己的言行态度激怒来访群众,造成不良后果。

2. 宣泄

以压抑自己的情绪为代价，怒气累积时间长了肯定会产生心理问题，因此还要适时做一些适当的宣泄释放，以"疏"解"堵"，以"导"引"流"。一个人要有自己的心理支持系统，领导、亲人、朋友一个都不能少，形成相互补充、协同作用的圈子。如果出现心理问题，比如烦躁、压抑、心堵、易怒、失眠、退缩等情况，当自我调整无法恢复时，就应及时向心理咨询师寻求帮助。

3. 转移

培养一些业余爱好，增加一些健康的生活情趣，让八小时工作时间以外的生活过得多姿多彩，以转移和缓解工作的压力，如听听音乐、看看书、钓钓鱼、练练书法等，形式不拘一格。

4. 升华

心理学研究认为，境由心造，态度影响人对外在事物的感受。信访工作者要升华自己的思想境界，构建自己的精神高地。从小处说，信访工作解决一个人的问题，像是为失明的眼睛开启心灵的窗户，为倾斜的身躯扶正人生的坐标，为封闭的心灵打开一扇窗，为自卑的人送去一份尊严，为困难的人送去一份温暖，都是帮助一人、解救一家、照亮一片的善举。从大处讲，信访工作是党和政府面对社会的一扇窗口，联系群众的一条纽带，沟通党群干群关系的一座桥梁，一举一动、一枝一叶都关乎党心民心、社情民意。这样一个任务艰巨、使命光荣的特殊岗位，个人吃点苦、受点累、作点牺牲又算得了什么！这样一升华，是不是眼前豁然开朗了？

5. 清空

不良情绪像是计算机存储中的垃圾文件，增加死机风险，又像是河道中的淤泥，不断堆积，会影响河道的泄洪能力，增加决堤危险。因此要避免不良情绪的积累，随时清空，以保持饱满的工作状态、良好的精神面貌，轻装上阵。当身心特别疲倦的时候，可利用工休假、年休假旅游散心。

罗兰说："你的爱好就是你的方向，你的兴趣就是你的资本，你的性格就是你的命运。各人有各人的理想乐园，有自己乐于安享的花花世界。"信访工作者既要善于做群众的工作，也要学会做自己的工作，当好自己的"心理医生"。通过适当的心理自助，保持积极的人生态度，坚守自己的理想信念，在实实在在的工作中、在点点滴滴的为人民服务中实现自己的人生价值，于平凡中活出伟大，于简单中活出精彩，又何尝不是一种成功的人生！

第二节　积极心态的理论研究

一、性格特征与应对方式

应对方式的选择受到很多因素的影响。具有不同性格特征或性格倾向的人，他们的应对方式也是不同的。性格是隐藏在面具背后的一个人的真实本质，它同健康和应对存在着某种程度的联系。每个人都有自己独特的性格，面对不同性质的事件，具有不同心理特征的人可能会做出不同的反应。

在我们的日常生活中，你是否经常听到别人说：

"他是个外向活泼的人！"

"他这个人很内向！"

"林黛玉是个抑郁质的人！"

"张飞是胆汁质的人！"

……

这些都是从不同的角度对性格作出了划分，除此之外，我们还经常会听到别人说 A 型性格的人、B 型性格的人，那么 A 型、B 型具体是指什么呢？他们分别又会采取怎样的压力应对方式呢？在本书第二章第三节中我们已经介绍给大家了，现在再总结回顾一下。

1. A 型性格的特征

（1）进取心强、雄心勃勃、争强好胜，喜欢从事有竞争性的工作，对自己寄予极大的希望，喜欢给自己施加压力。

（2）喜欢同时做好几件事，总是想在最短的时间内把事情做到最好，可以进行持续高强度的工作，不容易感到疲劳。

（3）以事业上的成功与否作为评价自己人生价值的唯一标准。

（4）不愿意花时间等待，不喜欢按部就班地工作，如果不得不这样的话，常常会感到烦躁不安。终日忙忙碌碌、紧紧张张，不知道放松自己，极不情愿把时间花在日常琐事上。

（5）情绪不稳定、急躁、容易激动、爱发脾气，喜欢打断别人的讲话，日常有一些典型的动作，如紧握拳头、敲桌子、转笔等。

（6）思维活跃、反应灵敏，喜欢动个不停，希望引起他人的注意，期望有表现自己的机会。

2. B 型性格的特征

（1）通融、随和，但缺乏主见，对一切事情看得开。

（2）做事从容不迫、节奏慢、耐心沉着，不易激动、发怒。

（3）工作节奏缓慢、无时间紧迫感、业余生活丰富，喜欢从事各种娱乐活动。

（4）不计较个人得失，不愿意从事竞争性的工作，不愿意冒险。

（5）动作缓慢、慢条斯理。

> 小贴士

A型性格与B型性格

随着工业化、城市化的发展步伐加快,人们经常会像打仗似的吃饭、小跑似的赶路,生活越来越像一部按下快进键的电影,让人们停下脚步等待也越来越难。在排队的长龙里,总有那么一些人,等了没多久就开始喘粗气、不耐烦、发牢骚,过了半个小时左右再来看他,他已是脸红脖子粗,见点火星就能自燃了,这就是A型性格的人。这正如《红楼梦》里的王熙凤,A型性格的人由于积极进取而更容易成功,但其咄咄逼人的姿态让他们人缘不佳,据调查,85%的心血管疾病与A型性格有关。对于A型性格的人,他们要学会在等待中找事做。其实,现在的很多年轻人都在乘坐地铁、公交车时玩手机或数码产品,也有人会随身带上书报来阅读,这些都是可取的动态等待方式。当然,也有人在等待中双目微合、眼观鼻、鼻观口、口观心地随地入定打坐,这样静态的应对方式也是修身养性的好办法。

与A型性格的人相对的是B型性格的人,《红楼梦》里的妙玉算是一个典型代表。这种人往往与世无争,对任何事皆泰然处之。B型性格的人在独善其身方面是赢家,但在亲朋好友眼中则可能是输家,因为他们的与世无争可能会导致他人来欺负自己,特别是在上司眼中,这是缺乏成功欲与进取意识的表现,会让他们降低竞争力。换言之,B型性格的人的悠然自得大多是短暂的、最终会陷入尴尬的生存境地。他们需要向A型性格的人学习,在餐厅服务员漏了订单时主动催催,给手头上的工作定一个最后期限,这都能让B型性格的人生活得更好。

总之,A型性格的人要学会在等待中欣赏鸟语花香,B型性格的人要学习在等待中为自己增添斗志。

3. 不同的应对方式

那么 A 型、B 型性格的人在遇到挫折、压力、负面情绪的时候应该怎样应对呢？

由于 A 型性格的人工作麻利，做事喜欢速战速决，急躁、没有耐心、紧张、不安于现状，他们有很强烈的竞争意识和攻击性，精力旺盛，有"工作狂"倾向。例如，在闲暇或度假休息时也离不开工作上的事，想"一口气吃成个大胖子"，尽可能在最短的时间内完成最大工作量。从某种角度来讲，这类人是"自求压力"，无论工作量大小，都给出最后的期限，尽最大的力量去完成，总感到时间不够用，关于工作的思考和忧虑贯穿于他的生活里面。由于 A 型性格的人长时间处于和时间赛跑或剧烈运动的状态，这种类型的人会经常感觉到身心俱疲、劳累不堪，但是他们却毫不在意，生活被压力团团围绕，越积越重，很容易引发怄气、愤怒或敌对等不良情绪。因此，极易导致冠心病和高血压病的发生。

对于 A 型性格的人，心理学家给出了一些实用的舒缓方法：

（1）制定一个符合自己实际能力的目标；

（2）在时间安排上要预留有回旋的余地；

（3）严格划清工作与休息的界线；

（4）培养业余爱好，增加生活情趣；

（5）经常参加体育活动，提高机体承受能力。

B 型性格的人会经常有一种弥漫性的抑郁心理状态，它可以影响日常生活中的各种行为。主要表现为：无助和无望相互交织，失眠或嗜睡，厌食或暴饮暴食，疲乏，反应迟钝，思维混乱，注意力下降等。这种抑郁型性格容易引发冠心病、哮喘、头痛和溃疡等疾病。

对于 B 型性格的人，心理学家给出了一些建议：

B 型性格的人可能因为过度地放松与避免竞争而错失良机、影响成就，所以有时给自己适度的挑战与压力是必要的，这样才可以激发潜力与斗志。试着在工作上，多尽一份努力与投入，这样在保有身心健康的同时，会有更好的人生成就。另外，B型性格的人应积极参加集体活动，培养事业心，积极进取，多参加有竞技内容的活动。

4. A型、B型性格的诊断

看看下面的20项描述中，符合你的有多少项：

（1）做事冲动，很少三思而后行；

（2）有很强的危机感；

（3）做事情时喜欢有人在旁边观看；

（4）很想知道别人对自己工作的评价；

（5）喜欢规划将来；

（6）喜欢做众人的领袖；

（7）不喜欢做重复的工作；

（8）喜欢影响别人；

（9）习惯于独断专行；

（10）喜欢对抗性的体育活动；

（11）一边吃饭一边看报纸；

（12）总是揣摩别人的心理；

（13）总有跳槽的想法；

（14）更关注结果，并不在意过程；

（15）很少回顾自己走过的路；

（16）喜欢冥思幻想；

（17）看待事情的观点常常变化，不固定；

（18）好读书，但不求甚解；

（19）有批判精神，不轻易相信别人；

(20) 很在意别人对自己的看法。

以上 20 项中，如果有 14 项以上（含 14 项）符合你，说明你就是一个典型的 A 型性格的人；如果有 7~13 项符合你，说明你有 A 型性格的倾向；如果符合你的描述少于 7 项，说明你是 B 型性格的人。

二、积极心理学

一定要记住：幸福不是竞争，真实的幸福来自提升你的精神层次，而不是与别人相比。

——马丁·塞利格曼著《真实的幸福》

（一）什么是积极心理学

1. 积极心理学的含义

积极心理学是致力于研究人的发展潜力和美德等积极品质的一门科学，提倡用一种积极的心态来对人的许多心理现象（包括心理问题）做出新的解读，从而激发人自身内在的积极力量和优秀品质，并利用这些积极力量和优秀品质来帮助有问题的人、普通人或具有一定天赋的人，使他们能够最大限度地挖掘自己的潜力并获得良好生活。

2. 积极心理学的主要观点

托尔斯泰说："幸福的家庭都是相似的，不幸的家庭各有各的不幸。"其实人生也类似，与其花大力气去探寻各种不幸的原因，还不如先想想幸福的普遍相似性，这也许更有启发意义。

（1）实现心理学的价值平衡

1）积极心理学是对第二次世界大战后集中于心理问题研究的消极心理学的反向研究，强调心理学应实现其本体价值回归的再次平衡；

2）积极心理学实现了心理学的价值平衡；

3）积极心理学充分体现了以人为本的思想，提倡积极人性论，它消解了消极心理学过于偏重问题的片面性，真正恢复了心理学本来应有的功能和使命——使所有人的潜力得到充分发挥并生活幸福。

（2）强调研究每个人的积极力量。积极心理学提倡用一种开放和欣赏的眼光来看待每一个人，强调心理学要着力于研究每一个普通人具有的积极力量。

1）从主观层面讲，积极心理学主张研究个体对待过去、现在和将来的积极主观体验。在对待过去方面，主要研究满足、满意、骄傲、安宁、成就感等积极体验；在对待现在方面，主要研究高兴、幸福、享乐和身体愉悦等；在对待将来方面，主要研究乐观、充满信心和希望等。

2）从个体层面讲，积极心理学主张研究积极人格，尤其是重点研究人格中包含的积极方面和积极特质，特别是人格中关于积极力量和美德的性格特质。

3）从集体层面讲，积极心理学主张研究积极的组织系统，如家庭、学校和社会等组织系统，提出这些系统的建立要有利于培育和发展人的积极力量和积极品质。

（3）提倡对问题做出积极的解释。积极心理学提倡对个体或社会具有的问题要做出积极的解释，并使个体或社会能从中获得积极的意义。不懂或不善做出积极理解的人就像一部没有装上弹簧的汽车，碰到任何小的障碍都会颠簸得厉害，使坐在车里的人总是处于不舒服的状态。而积极的人就像装有弹簧的车子，即使是在最崎岖的山路上，除了使人感觉到一种舒服的左右、前后晃动之外，没有任何其他的不适感觉。

> 小贴士

> **老婆婆的玉米**
>
> 一位老婆婆在自己的屋后地里种了一大片玉米。一棒颗粒饱满的玉米说道："收获那天,老婆婆肯定先摘我,因为我是今年长得最好的玉米!"可是收获那天,老婆婆并没有把它摘走!
>
> "明天,明天老婆婆一定会把我摘走!"长得最好的玉米自我安慰着。
>
> 第二天,老婆婆又收走了一些玉米,还是没有摘这棒玉米。
>
> "明天,老婆婆一定会把我摘走!"这棒玉米仍然自我安慰着。
>
> 此后,老婆婆再也没来过。
>
> 直到有一天,玉米绝望了,原来饱满的颗粒变得干瘪坚硬。
>
> 可是就在这时,老婆婆来了,一边摘下它,一边说:"这是今年最好的玉米,用它做种子,明年肯定能种出更棒的玉米!"
>
> 也许你一直都很相信自己,但你是否有耐心在绝望的时候再等一下!是否在经历漫长的等待以后,仍然保持积极的心态。在何时何地,不论等待多久,都要心存积极心态,相信自己是最棒的。

(二)生命要求一种积极的心境

不能用狭隘的眼光去看世界,更不能用苛刻的视角看待自己,否则我们只会看到自己没有蒙娜丽莎动人、没有赫本的魅力、没有高官的地位,也没有富豪的财富。

三、新行为主义

在传统行为主义中,有一个重要的S—R联结说,其中S代表的含意是引起反应的刺激源,而 R 则是针对刺激源的反应。传统行为主义认为,人类所有的行为、心理包括情绪都可以用这个联结来解释。

而新行为主义的代表托尔曼对传统行为主义的 S—R 联结说解释不满,主张把 S—R 改为 S—O—R,其中的 O 代表有机体的内部变化。即个体在作出行为反应之前或在达到目的的过程中,对所有可能遇到的情境和条件因素的认知。R 是期待的获得,个体有一种期待的内在状态即 O,推动个体对达到目的的环境条件产生认知。O 还可以理解为信念。信念,是蕴藏在你心中的一团永不熄灭的火炬,能给人无穷的力量。要使人生不在平庸中度过,让生命放射出夺目的光辉,信念就是第一道火焰。信念是信心的延续,是信心的归宿;信心是信念的开始,是走向信念的前奏。一个人只要有自信,那么他就能够成为他希望成为的那种人。因此,你认为你行,你就行!

雄鹰因为坚信我能行,才能搏击长空,成为无际蓝天上的勇士;海燕因为坚信我能行,才敢冒风雨、追波逐浪,成为辽阔海洋上的强者;人类因为坚信我能行,才能奋发图强,成为地球的主宰!

"我能行",还因为每个人都拥有极大的潜力。

"滚滚长江东逝去,浪花淘尽英雄。"赤壁之战大败,大笑周瑜、诸葛亮的曹操,最后却不耻下拜关云长而逃过一劫。我们试想,如若曹操当时不相信自己是强者,怎么会有之后的东山再起呢?正因为他相信自己,坚信"我能行",坚信自己会有东山再起的那一天,才会成就鼎立于三国的霸业。

正如苏格拉底所说的:最优秀的人就是你自己!

第三节 个人应对方式的评估

乔夫等人指出,应对是个人对现实环境变化有意识、有目的和灵活的调节行为。马丁指出，应对的主要功能是调节应激事件作用，包括改变对应激事件的评估，调节与事件有关的躯体或情感反应。应对方式是个体为缓冲应激源的影响，应对压力或挫折，摆脱心理冲突引起的自身不平衡的紧张状态而产生的认知性适应过程。个体的应对方式与心身健康之间的关系已成为临床心理学研究的重要内容。

由于文化背景的差异，国外的应对方式量表并不完全适合于我国人群。在国外应对方式量表基础上，根据实际应用的需要，结合我国人群的特点，我国学者编制了简易应对方式问卷。简易应对方式问卷反映出不同应对方式特征及其与心理健康之间的关系。

简易应对方式问卷如下：

（一）指导语

以下列出的是当你在生活中经受到挫折打击，或遇到困难时可能采取的态度和做法。请你仔细阅读每一项，然后选择"不采用""偶尔采用""有时采用""经常采用"，请在最适合你的选项上画"√"。（测试时间：大约需要5分钟；测试条目数：20道）

1. 通过工作、学习或一些其他活动解脱。

    不采用　　偶尔采用　　有时采用　　经常采用

2. 与人交谈，倾诉内心烦恼。

    不采用　　偶尔采用　　有时采用　　经常采用

3. 尽量看到事物好的一面。

    不采用　　偶尔采用　　有时采用　　经常采用

4. 改变自己的想法，重新发现生活中什么是重要的。

    不采用　　偶尔采用　　有时采用　　经常采用

5. 不把问题看得太严重。

　　　　　不采用　　　偶尔采用　　　有时采用　　　经常采用

6. 坚持自己的立场，为自己想得到的斗争。
　　　　　不采用　　　偶尔采用　　　有时采用　　　经常采用

7. 找出几种不同的解决问题的方法。
　　　　　不采用　　　偶尔采用　　　有时采用　　　经常采用

8. 向亲戚朋友或同学寻求建议。
　　　　　不采用　　　偶尔采用　　　有时采用　　　经常采用

9. 改变原来的一些做法或自己的一些问题。
　　　　　不采用　　　偶尔采用　　　有时采用　　　经常采用

10. 借鉴他人处理类似困难情境的办法。
　　　　　不采用　　　偶尔采用　　　有时采用　　　经常采用

11. 寻求业余爱好，积极参加文体活动。
　　　　　不采用　　　偶尔采用　　　有时采用　　　经常采用

12. 尽量克制自己的失望、悔恨、悲伤和愤怒的情绪。
　　　　　不采用　　　偶尔采用　　　有时采用　　　经常采用

13. 试图休息或休假，暂时把问题（烦恼）抛开。
　　　　　不采用　　　偶尔采用　　　有时采用　　　经常采用

14. 通过吸烟、喝酒、服药和吃东西来解除烦恼。
　　　　　不采用　　　偶尔采用　　　有时采用　　　经常采用

15. 认为时间会改变现状，唯一要做的便是等待。
　　　　　不采用　　　偶尔采用　　　有时采用　　　经常采用

16. 试图忘记整件事情。
　　　　　不采用　　　偶尔采用　　　有时采用　　　经常采用

17. 依靠别人解决问题。
　　　　　不采用　　　偶尔采用　　　有时采用　　　经常采用

18. 接受现实，因为没有其他办法。

不采用　　　偶尔采用　　　有时采用　　　经常采用

19. 幻想可能会发生某种奇迹改变现状。

不采用　　　偶尔采用　　　有时采用　　　经常采用

20. 自己安慰自己。

不采用　　　偶尔采用　　　有时采用　　　经常采用

(二) 解释

简易应对方式问卷由积极应对和消极应对两个维度（分量表）组成，包括20个条目。积极应对维度由条目1~12组成，重点反映了积极应对的特点，如"尽量看到事物好的一面"和"找出几种不同的解决问题的方法"等；消极应对维度由条目13~20组成，重点反映了消极应对的特点，如"通过吸烟、喝酒、服药和吃东西来解除烦恼"和"幻想可能会发生某种奇迹改变现状"等。

问卷为自评量表，采用多级评分，在每一应对方式条目后，列有"不采用""偶尔采用""有时采用"和"经常采用"4种选择（相应的评分为0、1、2、3），由受试者根据自身情况选择一种作答，结果为积极应对维度平均分和消极应对维度平均分。临床应用时还应进一步分析各条目回答评分情况。

积极应对维度平均分为0~3。积极应对的得分越高，心理问题或症状越不可能出现，个体的身体健康状况就越好。积极应对的得分越低，心理问题或症状越有可能出现，个体的身体健康状况就越差。

消极应对维度平均分为0~3。消极应对的得分越高，心理问题或症状越有可能出现，个体的身体健康状况就越差。消极应对的得分越低，心理问题或症状越不可能出现，个体的身体健康状况就越好。

所谓积极和消极是相对的。并不是积极的应对方式就一定有积极的后果，或者消极的应对方式就产生消极的后果，如"接受现实，因为没有其他办法"和"自己安慰自己"被归为消极应对，但其却有着缓解挫折打击的作用。不同应对方式，在不同时间和情况下，在不同的人身上，会有不同的结果，这是需要进一步深入研究的问题。

第四节 信访工作者积极心态优化与重塑的策略

一、积极思考

法国思想家帕斯卡尔说："思想形成人的伟大。人只不过是一根芦苇，是自然界最脆弱的东西，但它是一根能思想的芦苇。"真实思考，尤其是积极思考，使这颗自然界最脆弱的植物坚强而伟大。思考，使人类走出脆弱，走向成熟，成为万物之灵长。

（一）什么是积极思考

1. 积极思考概念的要点

（1）我们内在的用积极思考的方法得到我们所期望的结果的能力；

（2）即使事实似乎已经表明不可能还坚信可能性的存在；

（3）各种积极心态的混合体；

（4）进行创造性的选择；

（5）正视问题；

（6）因为思考，梦想放飞；

（7）思考是一条河，绵绵流淌的是上下五千年的智慧；

（8）思考是一座山，巍巍挺立的是纵横几万里的尊严。

2. 积极思考的特点

在思考中，可以增长知识、开阔视野、丰富思想；在思考中，可以享受学习的成功与快乐。要记住积极思考的特点：

(1) 积极思考与消极思考都是以事实为根据的；

(2) 消极思考往往更容易学会；

(3) 我们能够通过抛弃消极思考来重振积极思考的习惯。

💬 **小贴士**

积极思考的小测验

下面的小测验可以检查一下你对积极思考这一概念的理解。你只要简单地标出对与错：

1. 消极的人生原来如此。
2. 人们不能发挥其潜力，大多数情况下是因为外界条件由不得他们控制。
3. 自信是可以虚构出来的。
4. 说一个人是积极思考者就等于说他（或她）是个过分乐观的人。
5. 信念促使我们行动，行动决定了我们的情感。
6. 要成为一名积极思考者，你有时候不得不忽视客观事实。
7. 在大多数情况下我们是不可能改变环境的，我们只能改变自己对环境的认识。
8. 对自己有美好期望常常并不预示着成功。
9. 客观事实比人的态度更加重要。
10. 生活中如果你自己不做选择的话，别人将为你做出选择。

参考答案：

1. × 2. × 3. √ 4. × 5. × 6. √ 7. √ 8. × 9. × 10. √

（二）PMA 黄金定律

成功人士与失败人士的差别在于成功人士有积极的心态，即 PMA（Positive Mental Attitude），而消极人士在面对人生时则运用消极的心态，即 NMA（Negative Mental Attitude），两者的对比见表 4-1。

我们每个人都佩戴着隐形护身符，护身符的一面刻着 PMA，一面刻着 NMA。PMA 可以创造财富、成功、快乐和健康，使人达到辉煌的人生顶峰；而 NMA 则使人终生陷在自卑、沮丧和烦恼的谷底，即使爬到巅峰，也会被它拖下来。因为这个世界没有任何人能够改变你，只有你能改变你自己；没有任何人能够打败你，最终打败你的也只有你自己。

表 4-1　　　　　　　　　　积极心态与消极心态的对比

序号	成就你人生的十大积极心态	毁坏你人生的十大消极心态
1	执着：对个人、企业和团体目标、价值观坚定不移的信念	畏惧：面对困难心生畏惧，没有目标或对自己、公司的目标缺乏信心，不敢接受任务和挑战
2	挑战：勇敢地挺身而出，积极地迎接变化和新的任务	愤怒：因假想的对立或莫名的原因而产生极大的痛苦与敌意
3	热情：对自己的工作以及公司的产品、服务、品牌和形象具有强烈的感情和浓厚的兴趣，对生活充满热情	冷漠：事不关己，高高挂起
4	奉献：全心全意对待工作和职责，有爱心，乐于帮助他人	紧张：头脑、身体和情绪处于焦虑和不安的状态
5	激情：始终对未来充满憧憬和希望，对现在的工作和生活全力以赴	忧虑：对有可能出现的困难、任务或问题感到寝食难安
6	愉快：发现美好、乐趣，并能分享成功	敌意：对立或反抗的行为，不正确的过于强烈的厌恶感

续表

序号	成就你人生的十大积极心态	毁坏你人生的十大消极心态
7	爱心：助人为乐，感恩心态	嫉妒：对他人或团队的成就心生不满甚至感到气愤
8	自豪：因为自身价值或团队成绩而深感荣耀，自我激励	贪婪：无休止、无节制地追求享受、金钱、地位、名誉或权利
9	渴望：强烈的成功欲望与创造价值的激情	自私：从自身利益出发，全然不顾他人的感受
10	信赖：相信他人和集体的素质、价值和可靠性	麻木：得过且过，没有兴趣和热情

（三）如何进行积极思考

1. 积极思考的道路图

很多人都可能记得这样的时刻，在生活或工作中都有使你气馁或威胁到你生命的时候。我们都会记得自己是怎样有效地对付那些棘手的问题，那是积极思考的成果。实际上，或多或少我们都是积极思考者，都是依靠积极思考的策略来摆脱困境的，在很多情况下我们都是自发地运用积极思考的策略来与逆境抗衡的。

（1）摸清情况。面对挑战时，若要成功地确定对策，首先必须花费足够的时间和精力来了解分析情况，分析必须是清楚的、全面的。这种分析有可能只花几分钟，但这样简单的举动可以得到如下成果：

1）为你确定一个明确的集中对付的目标；

2）减少可能产生的各种焦虑情绪。

（2）与自己对话。面对你刚刚分析过的麻烦事，你想对自己说些什么呢？你是知道的，你自己对问题的看法可能对解决问题有利，也可能不利。从积极的方面去想，你就会变得积极起来，消极地想就会变得消极。此时，你的自我对话（你对自己所说的有关麻烦事的话语）是个关键，它决定着你是否能清楚地进行理性思维，或者让消极的情绪如焦虑、害怕、气愤、沮丧等战胜你。

（3）确定目标。在这个时候，你应该清楚你所面临的问题，并且能够以正确的、积极的、建设性的态度来看待它。现在到了将你渴望得到的结果具体化的时候了。对这个结果的表达应该是可衡量的，包括数量上和质量上的衡量。这一步骤包括了三个方面的重要内容，即确定目标、加以肯定、使之形象化。

如果你知道你想要什么的话，你就更有机会得到你想要的东西。你可以按照具体的、可衡量的、有行动倾向的、现实的制定一个具体目标。目标一旦确定，你就需要制订一个计划来将它付诸实施。下一个步骤将帮助你实现你的目标。

（4）增加积极的品格。要实现目标，你必须找出并去掉消极的态度（参见第二个步骤）。只有这样做，你才可以开垦出肥沃的土壤，发掘出所固有的积极的行动来。一个积极思考、积极生活的人有十大行为特征，它们是乐观、热情、诚实、有信念、有勇气、有信心、有决心、有耐心、聚精会神、保持镇定。这些品质会给你以支持，让你渡过难关、达成目标。

（5）在脑海里再现情境。通过把你实现目标所需的各项条件和情感呈现在脑海里，你一定能大大增加制胜的机会。

（6）采取行动。在经历了以上步骤之后，你就要做好行动的准备了。此时，把你所要采取的行动的具体步骤简要地列出来不失为一个好办法。这是一个系统化的过程，不要机械地去做。你可能会发现有的问题很难解决，要延续几个星期或数月，于是需要分成很多小阶段。制定一个详尽的计划过程中，可以帮助你清楚地考虑如何处理需要解决问题的各个方面。

（7）评估行动结果。这是最后一个步骤。行动之后花一点时间彻底反思可以使自己得到进一步的提高，这样今后可以把同类问题处理得更好。事后回顾中，你会发现你所采取的行动有的方面是很成功的，而其他方面就不怎么样了，这样做的目的是将来你可以重复那些对自己有帮助的做法，同时改正你已确认的缺点，从而加速行动、节省时间。

你可以通过以下问题来开始进行事后评估：

1）我的预期目标是否全部达到？

2）有哪些工作进展顺利？为什么？

3）行动计划的哪几个方面（参见步骤一至步骤六）最有效？为什么？

4）哪些工作本来可以做得更好？

5）哪些方面有待进一步改进？

6）获得成功的要素是哪些？

积极思考道路图为我们提供了在富有挑战性的场合全面计划、执行和评估行动的模式。

2. 积极心态的培养

每一个人都会面临人生的某种危机。因此，你需要拥有充足的心灵资源，支撑你度过最恶劣的黑暗时期。最重要的是，你需要保持着内心积极的力量，从始至终、永不放弃。积极的心态能激发潜能，能给你的人生带来惊喜。那么，怎样培养积极的心态呢？

（1）学会假装。如果你装得很活泼、有劲儿，你就能很自然地进入那种状态；如果你想无所不能，那就装得无所不能吧……

当你在生理上假装拥有某种心态时，你就能达到那种状态。由于生理状态的改变是既快又有效的，所以被认为是扭转心态最有力的杠杆。生理状态和内心感觉情绪是密不可分的，如果你能改变其一，另一方则随之改变。

当你觉得筋疲力尽时，你的思绪就跟着停滞；当你觉得活跃时，你的思绪就跟着飞扬。如果你希望能控制自己的思考，那就好好控制你的生理状态吧，只有改变生理状态，你才能改变心态。

（2）表里如一。生理状态有一点要特别留意，那就是要表里如一。你或许有过不信任别人的经验，却又说不出怀疑的理由；虽然你认为他说得很有道理，但就是不愿相信他的话。这种同时进行两方面的举动，就是不一致，嘴里说的是一回事，但举止上却是相反的表示。像这样的矛盾信息，无异于告诉别人自己有所保留。不过，表里如一具有很大的力量，一致状态是我们每个人所追求的，要想能达到这种状态，就必须做到生理上能坚决果断。

（3）清除思想垃圾。我们要每日清除心田里的莠草，要常常怀抱乐观。如果你只看到自己生命中的灰暗面，强调各种可能的困难，那你就把自己置于会滋生上述现象的心态中。记住：我们永远具有选择感觉方式的权利。

（4）控制自我意念。最能干的人，往往是那些即使在最绝望的环境里，仍传送成功意念的人，他们不但鼓舞自己，也振奋他人，不达目的，誓不休止。

行为是心态的反映，如果你曾成功过，那么运用与当时相同的心理和生理状况，就有可能进一步成功。你的心态是个神奇的力量，是可控制的，应不允许外物来摆布。

经常使用积极提示语：

1）在我生活的每一方面，都会一天天地变得更好直至最好；

2）现在就做，便能使异想天开的梦变成事实；

3）我觉得健康，我觉得快乐，我觉得好得不得了；

4）不论我以前是什么人，或者现在是什么人，倘若我是凭积极的心态行动的，我就能变成我想做的人。

积极心态的提示语有助于我们建立积极的心态，形成强大的动力，达到成功的目的。

（5）变不可能为可能。经常使用的变不可能为可能的积极心态有：

1)"人类的一个主要弱点就是人们普遍熟悉的'不可能'一词,这个词显示的一切规则都不起作用,'不可能'主导下的心态任何事都干不成。"

2)"一切皆有可能!"

3)只要充分发挥自己的潜力,敢于做别人认为不能做、不可能做的事,你就一定能成功。

二、希望和乐观

(一)希望

拿破仑·希尔指出:"人的一生就像一趟旅行,沿途有数不尽的坎坷泥泞,但也有看不完的春花秋月。如果我们的心总是被灰暗的风尘所覆盖,干涸了心泉,黯淡了目光,失去了生机,丧失了斗志,我们的人生轨迹岂能美好?"

那什么是希望呢?

希望是我们日常生活、工作中经常讲到的一个概念,有统计表明,仅在 20 世纪后半期,关于希望的定义就至少有 26 种之多。心理学上对希望的理解,既包含认知成分,同时也包含情绪成分。从情感的角度来说,希望是被个体预想的积极情感与消极情感之间的差异所左右的,也就是说预想中的积极情感越是大于预想中的消极情感,则个体的希望就越大;当两者相等时,则不产生希望;如果预想中的积极情感小于预想中的消极情感时,则会产生与期望相反的消极情感(如失望等)。从认知的角度来看,希望是个体的预料与预料背后隐藏的愿望之间的联系,是建立在认知基础之上的。也就是说,个体对预料中的成就与其获得成就的愿望强度之间的关系会产生一种认知,伴随着这种认知之后产生的一种调节力量就是希望。

> 小贴士

希望

19世纪末，有一位叫沃兹的英国维多利亚时代的画家画了一幅画，这幅画以暗淡的蓝色和灰色为主色调，画面上是一位蒙着双眼低着头的少女，少女手里拿着一把古希腊的七弦竖琴，而其中的一根弦已经断了。少女隐约地似乎是坐在一个球上，球的四周布满了云雾。就是这样一幅展现绝望的画面，沃兹却把它命名为《希望》，他认为绝望意味着放弃，而希望意味着尽管遇到了极大的困难，但决不放弃。就像画面中的少女，即使琴断了弦，也要努力演奏出音乐。

这告诉我们，对每一个人来说，希望总是能激励我们，即使我们只剩下一点点资源，也要有前进的勇气。

（二）希望疗法

根据希望理论，心理学家发展出了一些提高希望水平的干预模式。这些干预模式既可以用于个别咨询，也可用于团体辅导。整个干预过程可分为灌输希望、确立目标、加强路径思维、加强动力思维四个方面。

> 小贴士

阳光和希望心态的十个问题

不是没有阳光，是因为你总是低着头；不是没有绿洲，是因为你心中只有一片沙漠。

如果你想走出常规，满怀希望，放松心情，以阳光的心态开始每一天，那么以自问的方式开始这一天吧，下面的这些问题会给我们带来力量和希望。

（1）我现在已经拥有了什么最珍贵的东西，请写出五种：＿＿＿＿＿＿

"失去了才知道珍贵。"人们总是追求自己没有的东西，而对于已经拥有的却习以为常，甚至不去珍惜，比如健康的身体、幸福的家庭、工作的机会等。

（2）截至目前我最自豪的五件事是：＿＿＿＿＿＿＿＿

我今天最自豪的一件事是：＿＿＿＿＿＿＿＿

成绩和成功不分大小，每一次成功都意味着你向前迈出了一步。你可以为你刚刚战胜的一个挑战感到骄傲，可以为帮助了一个陌生人而感到幸福，也可以为刚读了一本新书而感到高兴，总之一切都值得你骄傲。

（3）我今天给自己一个什么样的希望？＿＿＿＿＿＿＿＿

每天给自己一个希望，就等于给自己点燃了一盏激情和自信的心灯。希望是什么？希望是引爆生命潜能的导火索，是激发生命激情的催化剂。在每天的希望中，我们将生机勃勃，哪里还会有时间去忧虑和叹息。

（4）我今天要做三件让我充满活力的事情：＿＿＿＿＿＿＿＿

每天都要计划好做一些积极的事情，让自己充满活力。例如，可以给一个总是很快乐的朋友打电话，可以对工作伙伴说一些鼓励或赞美的话，可以保持微笑，可以对自己习惯的工作进行创新，或者留出时间和孩子玩耍等。

（5）我今天必须解决的问题是：＿＿＿＿＿＿＿＿

下决心不把今天的事情拖延到明天，鼓励自己敢于面对那些棘手的困难和问题，并换一种角度看待它们。

（6）我现在必须删除的三件烦恼是：＿＿＿＿＿＿＿＿

心理学家研究发现，我们的烦恼中，有40%属于杞人忧天，那些事根本不会发生；有30%的是怎么烦恼也没有用的既定事实；另外的12%是事实上并不存在的幻象，还有10%的是日常生活中微不足道的小事。也就是说，我们的脑子里有92%的烦恼都是自找的，只有8%的烦恼勉强有些正面意义。有了这些数据，我要不要删除92%的烦恼？

（7）上司对我的批评我认为毫无道理，其实换个角度：_____

"横看成岭侧成峰，远近高低各不同。"很多时候，我们的心境取决于我们看待事物的方式和角度。你经历过为一件苦恼不堪，而过后又觉得荒唐可笑的事吗？

（8）我怎样过好今天：_____

要做些与日常不一样的事情，如果我们走出常规，学会享受生活，那么生活就是丰富多彩的。例如，我今天要换一条新的线路上班，要学着控制自己的情绪，还有……

（9）我今天要帮助和关爱的人：_____

关爱和帮助别人，不仅会得到别人的帮助和关爱，最重要的是可以享受到人生的快乐和幸福。

（10）我现在就开始行动的事：_____

我是一个幻想家，还是一个行动者？我有足够的能力让自己拥有阳光的心情吗？

（三）乐观

乐观是和希望紧密联系的一种针对将来的积极体验，乐观更主要的是指个体对自己的外显行为和周围存在的客观事物能产生一种积极体验，体现了一种坚信美好必将战胜邪恶的坚定信念。

你是一个乐观的人吗？请选择回答表4-2中的内容。

1. "六十秒快速乐观法"

（1）抬头挺胸。你觉得这没什么学问？等一等，事实可不然。

表 4-2　　　　　　　　　生活定向自陈量表（修订版）

序号	自测题
1	在任何不确定的时候，我通常会期望出现最好的结果。 绝对同意　同意　不确定　不同意　绝对不同意
2	假如有什么事可能会让我出差错的话，那种事总会在我身上发生。 绝对同意　同意　不确定　不同意　绝对不同意
3	我总是乐观地面对我的将来。 绝对同意　同意　不确定　不同意　绝对不同意
4	我难得期望事情会如我预料的那样发展。 绝对同意　同意　不确定　不同意　绝对不同意
5	我从不指望有好事发生在我身上。 绝对同意　同意　不确定　不同意　绝对不同意
6	大体来说，我期望更多的好事而不是坏事发生在我身上。 绝对同意　同意　不确定　不同意　绝对不同意

注：在表中的描述中没有正确的或不正确的答案，请你在题选项中选出一个最适合你的情形，并把它用圆圈圈起来。

如专家所说，要矫正头脑之前，请先矫正身体，因为生理及心理是息息相关的，身体的姿势会与心理的状态密不可分。

此外，当一个人抬头挺胸的时候，呼吸会比较顺畅，而深呼吸则是压力管理的妙方。所以当抬头挺胸时，我们会觉得比较能够应付压力，当然也就容易产生"这没什么大不了"的乐观态度。

另外，与肌肉状态有关的信息，也会借着神经系统传回大脑去。当我们抬头挺胸的时候，大脑会收到这样的信息：四肢自在、呼吸顺畅，看来是处于很轻松的状态，心情应该是不错的。在大脑做出心情愉悦的判断后，自己的心情也就更轻松了。

因此，身体的姿势的确会影响心情状态。要是垂头，就容易感到丧气；

而如果挺胸，则容易觉得有生气。所以，请千万别小看它，下次脑中悲观的念头再冒出来时，赶快调整一下姿势，抬头挺胸地带出乐观的心境吧！

（2）使用愉快的声调说话。谈到人际沟通，有个道理极为重要：重点不在于我们说了什么，而是在于我们"怎么说"的部分，包括了语调、面部表情和肢体动作等。

而常被人忽略的是，我们的声音其实是有表情的。同样的一句话，用不同的语调来说，传达的意思可能完全不同。

因此，你我说话的声音，会不经意地泄露出当下的心情，也因而会影响他人的回应方式。知道了语调的神奇之后，接着想提醒你，如果想变得乐观一点，请先假装你就是个乐观的人，用很愉快的声音开始说话。

先假装，假装久了就变成真的了。而更棒的是，世界也会愉悦地回应你。

（3）要使用正面积极的字眼。不知你是否注意过，我们所说的话，其实对自己的态度及情绪影响很大。一般而言，在日常生活中所使用的字眼可以分成三类，即正面的、负面的以及中性的字眼。

先来聊聊负面的字眼，例如"问题""失败""困难""麻烦""紧张"等。如果你常使用这些负面字眼，恐慌及无助的感觉就随之而起（如"既然有'麻烦'了，那除了自叹倒霉，还能怎么办呢"）。

而乐观的高手很少使用这些负面的字眼，他们习惯使用正面的字眼。例如，他们不说"有困难"，而说"有挑战"；不说"我担心"，而说"我在乎"；不说"有问题"，而说"有机会"。

一旦开始使用正面的字眼，心中的感觉就积极了起来，更有动力去面对生活。

除此之外，乐观的人也会把一些中性的字眼，变得更正面些。例如"改变"就是个中性字眼，因为改变有可能是好的，但也有可能越变越糟。试试看，如果把"我需要改变"，换成"我需要进步"，这就暗示了自己是会越变越好的，自然就乐观了起来。

只要改变你的负面口头禅，换成正面积极的字眼，你就会立刻感到乐观起来。

（4）不抱怨，只解决问题。你信不信，研究发现，乐观高手们所列出的烦恼事项，远低于一般人，而他们花在抱怨上的时间，也远少于一般人。乐观的人在面对挫折的时候，不会花时间去推卸责任，如"都是他的错……"，或唉声叹气："为啥我老是这么倒霉？"

乐观高手们共同的态度是：现在没时间怨天尤人，因为正忙着解决问题。而当你我少一分时间抱怨，就多一分时间进步。这也正说明了为何乐观的人比较容易成功，因为他们的时间及精力永远用来改善现状。

所以，要培养乐观一点也不难。从现在开始，把注意力的焦点从"往后看怨天尤人"，改为"向前望解决问题"就行了。

实际的做法则是闭口不提"为什么总是我……"而用另一思维来代替："现在该怎么做会更好？"就能化哀怨为乐观。在心情下滑时，别忘了给自己60秒，变身乐观高手，就能再度充满力量，去迎接当下的各种挑战！

2. 乐观的自我训练法

（1）利用镜子技巧，使你脸上露出一个很开心的笑脸来，挺起胸膛，深吸一口气，然后唱一小段歌，如果不能唱，就吹口哨，若是你不会吹口哨，就哼哼歌，记住自己快乐的表情。

（2）坚持微笑待人，俗话说："笑一笑，十年少。"笑可以使肺部扩张，促进血液循环。

（3）学习运用幽默。幽默是能在生活中发现快乐的特殊的情绪表现，可以从容应对许多令人不快、烦恼，甚至痛苦、悲哀的事情。

（4）用欢乐促进人际关系，在休闲聚会时讲几段笑话或提议回顾小品、相声中的片段。

（5）忘却不愉快的经历和事情。培养广泛兴趣，既充实生活，保持心情愉快，也可以作为化解紧张情绪的手段。

（6）多参加有益的文体活动。培养活泼进取、开朗、积极参与的生活态度，在平凡稳定的生活中创造追求的源泉，谱写快乐的人生。

（7）对环境和他人不要提出不切实际的非分要求，告诉自己快乐的核心是自我满足。

（8）当别人试图激怒你时，自我暗示："我是一个豁达的人，一个胸如大海的人。"

（9）制定座右铭。每当紧张出现时，想起自己的座右铭，如"我是一个冷静的人"，然后进行自我放松。

小贴士

"贫穷"国王和"富有"农夫

传说有一位国王，虽享尽天下荣华富贵但总是郁郁寡欢。

于是他传令国中的智者为他寻找快乐的秘诀。有一位智者说，只要找到一位快乐的人，把他的衬衫借来穿上，就可以找到快乐了。国王连忙令手下人在全国寻找这位快乐的人。国王的手下遍访了全国最有财富的人、最有知识的人、最有地位的人，可是这些人都说他们并不快乐。正在失望之际，他们看见了一位农夫，一边干活一边高兴地唱着歌。他们问农夫说："你快乐吗？"农夫回答道："是啊，我很快乐。"国王的手下们忙说："那好，快把你的衬衫脱下来，献给国王。"那农夫说："可是我从来没有穿过衬衫呀。"

这个小故事包含了一个人生的哲理：我们都和这位国王一样，尽我们的一生追求快乐，以为只要找到"快乐者的衬衫"就可以找到快乐。可是到头来，才知道我们以为的快乐的秘诀并不存在。

第四章 信访工作者积极心态磨砺

积极心理学家彼得森曾对乐观做了全面的研究，他认为乐观可以分为小乐观（如我今晚会找到一个方便的停车位）和大乐观（如我们的国家正在取得伟大的成就），它们分别对当前的现实行为和将来的长远行为起着调节作用。但不管是小乐观还是大乐观，它们都包含三个因素，即认知成分、情感成分和动机成分，其中情感成分是乐观形成的最基本动力。一般说来，乐观的人常具有良好的心境、更高的坚持性，其行为带有明显的积极特征，因而也具有更大的成功可能性。

第五节　应用与练习

练习一：我的积极行动计划

怎样才能控制情绪，让每天充满幸福和欢乐，让自己每天都能积极主动？《世界上最伟大的推销员》一书中写道：弱者任由情绪控制行为，强者让行为控制情绪。每天醒来，如果我被悲伤、自怜、失败的情绪包围时，我要这样与之对抗：沮丧时，我引吭高歌；悲伤时，我开怀大笑；恐惧时，我勇往直前；自卑时，我换上新装；不安时，我提高嗓音；穷困时，我想象富有；寂寞时，我梦想成功；灰心时，我复述目标。总之，今天和现在的我一定要学会控制自己的情绪。

（1）人类"终极的自由"是自己的思想和态度，关键是选择积极还是消极为伴。我已经认识到这种"终极的自由"的存在了吗？

（2）积极心态的关键是用自己的天赋——独立意志来控制环境和情绪。

如果用0~3分给自己评分（0分为不符合；1分为一般符合；2分为比较符合；3分为很符合），我的积极心态指数能打多少分，还存在什么问题？我应该为自己制订一个什么样的积极行动计划？

_____

_____

（3）消极心态是被环境和情绪所控制，丧失了独立的自己。如果用0~3分给自己评分（0分为不符合；1分为一般符合；2分为比较符合；3分为很符合），我的消极心态指数能打多少分，还存在什么问题？我应该为自己制订一个什么样的克服消极心态的行动计划？

_____

_____

（4）积极心态实质上是一种生活与工作的习惯，习惯决定命运。我应该如何从小事做起养成积极的习惯？

_____

（5）改变是可以马上做到的。如果我们想改变自己，请一定记住这三条：

第一，我必须确信"有些事必须得改变"——是"必须"而不是"应当"改变；

第二，我还必须相信"我必须推动改变"——要想有持久的改变，必须做改变的主角；

第三，我还必须相信"我有能力来改变"——如果我不相信自己能做到，必然不会全力去做。

那么，我如何树立改变自我的信心并全力去做呢？

_____

_____

(6) 自我提问可以决定自己的思考走向。我能每天坚持向自己提出积极的问题吗？都是些什么问题？

_____

_____

(7) 消极和负面的情绪人人都有，这很正常，问题是这种情绪停留多久，能否被有效控制。

当郁闷、不安、烦恼、愤怒等消极情绪出现时，我是如何反应的？我应该如何控制和摆脱消极情绪？

_____

_____

(8) 与自己进行良好的沟通是保持积极心境的有效方法，我能否坚持每天拿出 10~20 分钟的时间用于思考和自我沟通？

_____

_____

(9) 给自己下什么样的定义，就能成为什么样的人。我经常给自己下积极的定义还是消极的定义？我怎样养成积极定义自己的习惯？

_____

_____

(10) 把家中的不良情绪带到办公室，或把办公室的不良情绪带到家中，这些都是职业人士的忌讳。我有过这种现象吗？如果有，应该如何克服？

_____

_____

练习二：看图做题

下面的图，你能看出什么吗？

(1) 我从正视的角度看到了：
_____
_____

(2) 当我将图片旋转180度的时候，我看到了：
_____
_____

(3) 转换不同的角度，让我看到了：
_____
_____

(4) 所以，当今后遇到挫折和不顺心、不如意的事情时，我要这样看待问题：
_____
_____

第五章
信访工作者职业倦怠管理

第一节 职业倦怠概述

一、职业倦怠的概念、维度、表象特征

1961年,一本名为《一个倦怠的个案》的小说轰动了美国,小说的主要内容是:一位建筑工程师,因为其工作极度疲劳,相继丧失了理想和热情,在人人羡慕的功成名就之时,却抛弃了工作和家人,独自逃往非洲的原始森林。这之后,"职业倦怠"开始引起了人们的注意,并且被引入了心理健康领域,成为一个独立的研究领域。

2004年,一份《2004年中国职业倦怠指数调查报告》在网上流传开来,极大地引起了社会舆论的反响。从这份报告中可以看到,4 000名在职人员填

写了调查问卷，而其中就有七成人在遭受着不同程度的职业倦怠。

随着科学技术水平的日益提高，相应的经济发展越来越快，从业人员的工作也日益复杂化和丰富化，员工感受到的工作应激也越来越多，正如国际劳工组织于1994年所指出的那样："世界正在变成紧张的世界。"美国有相关的调查显示，大约有25%的员工都遭遇过各种各样应激引起的问题。芝加哥国际调查研究组对40万名员工所做的调查报告指出，大约有40%的员工抱怨说工作负荷过大，他们在工作上有太多应激。美国每年仅用于与工作应激有关的心血管疾病的费用即达到2亿多美元；而英国因为短期职业应激性疾病，每年损失数以百万计的工作日，并为此付出巨额国家补偿金与社会保障金。在1997年，有学者明确指出，职业倦怠已经成为上班族的头号大敌。《纽约时报杂志》报道，职业倦怠已经成为人力资源会议上讨论的主要议题之一。

翰德国际顾问有限公司于2005年和2006年两度就中国就业状况作调研，关注中国的职业倦怠问题。该公司在2006年发布的第二季度《中国翰德就业报告》中指出：在各行各业中，33%的公司认为职业倦怠状况愈演愈烈。

关于职业倦怠的研究已经表明，那些需要付出很多感情、工作压力太大的职业非常容易产生职业倦怠，而信访工作者明显属于容易出现职业倦怠的职业之一。

那么，到底什么是职业倦怠，而我国职场上的工作者是否已经遭遇职业倦怠了呢？先看以下所列的实例。

长假上班不久，长沙出现了一个很有意思的现象：一方面人才交流市场热闹非凡，渴望工作的人潮波涛汹涌；另一方面，在一些大医院，因工作压力大、厌倦工作而引发的头疼、失眠的患者成倍增多。在崇尚自由、快乐、休闲地工作的"后工作时代"的今天，"我工作，我快乐"被不少矛盾的职场人士打上了一个巨大的问号。

1. 职业倦怠侵袭上班族

"也不知什么原因，长假过完后，我一点都不想上班，对工作也提不起兴趣，而且浑身无力，也不开心。"在长沙某机关上班的赵女士谈起自己日复一日枯燥的工作一脸无奈。

而在某企业工作的李先生则更严重，因为长期紧张的工作和巨大的工作压力，他经常整夜失眠，春节假期也没调整过来，上班不久，症状日趋严重的他不得不告假继续休息。

据心理学专家介绍，李先生和赵女士都患上了职业倦怠。

职业倦怠症状的显著特点是：个人感觉工作特别累、压力特别大、缺乏冲劲和动力，甚至开始害怕工作；刻意与和工作相关的人和事保持距离，总是很被动地完成自己分内的工作，对自己工作的意义表示怀疑，并且不再关心自己的工作是否有贡献；怀疑自己能否胜任工作。

近期一项关于职业倦怠的调查显示，39.22%的受调查者出现中度职业倦怠，13%的受调查者出现严重职业倦怠，并因此产生了种种隐性的或显性的症状，如头疼、失眠、身体乏力。职业倦怠这一国外职场人士经常出现的症状，正来势凶猛地向我们袭来。我国目前正处于社会变革转型阶段，经济快速发展，组织变革速率加快，职业不稳定加剧，使得人们对工作感到前所未有的压力。

2. 倦怠根源

哪些人易患职业倦怠呢？心理学专家认为，职场压力大而又没有办法调剂心态的人群易患职业倦怠。

据调查，目前有85%的白领认为自己缺乏职业安全感、担心失业、职业不稳定、缺少归属感，对可能出现的失败表示忧虑，在工作中经常被挫伤自尊心等。这类人群由于每天处在巨大压力下工作，如果缺乏排解压力、调剂自己心态的方法，则易产生职业倦怠。

平时经常做一些重复性工作、工作枯燥、不具挑战性的人群，也是职业倦怠的高发人群。如有多年资历的上班族，对于那些熟悉到例行公事般一再重复的作业流程，已无法从中获得自我价值，这些人往往会感到工作枯燥无味、没有乐趣、没有成就感，容易对工作产生倦怠感。

此外，就个人根源来讲，心理学家认为，现代人的忍耐、毅力越来越脆弱，也越来越会去算计得失，这也促成了职业倦怠的产生。

（一）职业倦怠的概念

职业倦怠是指个体在工作重压下产生的身心疲劳与精力耗竭的状态。那些长期生活在重压之下的人很可能会出现倦怠。最初从 1974 年开始，精神病学家赫伯特·弗洛登伯格用"倦怠"来形容自己与来访者进行交流时，需要投入很多情感的一种心理状态。随后马斯拉奇等人把对工作上长期的情绪及人际应激源做出反应而产生的心理综合征称为职业倦怠，他们的研究表明，职业倦怠由情绪疲劳、人格解体、个人成就感降低三个维度构成。一般认为，职业倦怠是个体不能顺利应对工作压力时的一种极端反应，是个体伴随长时期压力体验下而产生的情感、态度和行为的衰竭状态。

（二）职业倦怠的维度

如前所述，职业倦怠一般包括以下三个维度。

1. 情绪疲劳

情绪疲劳是指没有活力和工作热情，感到自己的感情处于极度疲劳的状态。它被认为是职业倦怠的核心维度，并具有最明显的症状表现。当个人的情绪不能满足工作的情绪要求时，自然而然地情绪疲劳就会产生。这个时候，我们就会觉得，自己在感情上要承担的责任太多了。

2. 人格解体

人格解体是指刻意在自身和工作对象间保持距离，对工作对象和环境采取冷漠、忽视的态度，对工作敷衍了事，个人发展停滞，行为怪癖，提出调度申请等。

3. 个人成就感降低

个人成就感降低是指倾向于消极地评价自己，并伴有工作能力体验和成就体验的下降，认为工作不但不能发挥自身才能，而且是枯燥无味的烦琐事物。从字面上就可以看出其意思是对自己成就进行消极的评价，也即效能感的丧失和感到自尊受到了威胁。

（三）职业倦怠的表象特征

你是不是对工作总提不起兴趣？对于目前的职业状态，你是不是充满了厌倦情绪？曾经效率极高的你，现在是不是工作绩效明显降低，而且身心疲惫？

当人对所从事的工作没有兴趣或缺乏动机，却又不得不为之时，就会产生厌倦情绪，身心陷入疲惫状态，工作绩效将会明显降低。长此以往，人将面临职业倦怠的危机。

如果有上述症状，说明你已面临职业倦怠的危机。意识到这些危机并积极进行调节，将有助于你重新找回工作的激情。

值得注意的是，职业倦怠对你的工作和健康都会产生不利的影响，所以，你一定要认真对待这个问题。最好的预防措施，当然是有一个"明眼人"帮助你尽早发现长期压力的警告信号，并能告诉你采取什么样的方式处理最为妥当。但是，"天助自助者"，更多的时候，要依靠的是自己，因为自己最了解自己。

所以，在这里给大家提供一个小测验，自己检测一下，如果你发现自己出现了其中的一种或者几种情况，那么要注意了，因为职业倦怠很可能已经盯上你了。

小测验：

(1) 觉得对于额外的责任和义务很难说"不!"或者感到自己无法拒绝；

(2) 觉得自己已经在压力下工作了好长一段时间了；

(3) 有相当长的一段时间，总是争强好胜，努力取得更多的成就；

(4) 觉得更愿意自己做工作，而不愿意和别人合作，觉得和别人商量比较困难；

(5) 觉得很多时候，是在为别人提供情感支持；

(6) 经常感到身心俱疲；

(7) 觉得事情的进展无法控制，由此感到不堪重负；

(8) 不知不觉之间，突然发现自己的消极想法越来越多；

(9) 觉得自己和家人、朋友、同事越来越疏远了；

(10) 感觉自己的工作能力和自信心不足，并且缺乏成就感；

(11) 害怕在早上工作。

除了这些已经很明显的症状之外，如果在工作之外，你还有以下一些个人问题，那你也要注意，不要让生活的重压使你迷失了自己、丢掉了平静，有了职业倦怠的症状。

(1) 有一份全职工作，此外还要负责抚养孩子、做家务（如果不幸是一个单亲家长，肩上的担子会更重）；

(2) 有年迈的父母要赡养；

(3) 自己或者家人患病了；

(4) 家庭成员之中，有对药物依赖的人，还要负责照顾；

(5) 头疼！孩子出现了极端的行为问题；

(6) 和爱人正打算要生个孩子，或者领养孩子；

(7) 急！婚姻出了问题；

(8) 是新婚吗？焦虑吗？

(9) 难以启齿的经济问题；

(10) 得到坏消息，有家人去世；

(11) 正要搬家，或者刚刚搬到新家；

(12) 改建房子；

(13) 孩子离家出走了。

二、职业倦怠的表现

（一）情绪衰竭

职业倦怠患者认为自己所有的情绪资源都已经耗竭，感觉工作特别累、压力特别大，缺乏工作冲劲和动力，在工作中有挫折感、紧张感，甚至出现害怕工作的情况。

案例："就像是一潭在等待着枯竭的死水"——一位职业倦怠患者的自述

  30岁刚出头的小刘凭借自己的勤奋和能力，大学毕业后不仅很快在一家大型企业站稳了脚跟，拿着令人羡慕且稳定的薪水，还于不久前组建了幸福的家庭。

  但是近来，她却发现自己突然变得越来越"懒"了：懒得工作、懒得看书、懒得说话，甚至连以前最喜欢玩的保龄球也懒得打了。

  大学刚毕业的时候，她很庆幸能够找到这样一份适合自己的工作，专业对口、收入颇丰且很稳定。工作伊始，小刘满怀信心地投入进去，可一年过后，她发现自己的工作永远是那样井然有序、按部就班，所有的行为都和计划的没有什么差别，没有任何新鲜感，自己再也不像刚来时那样为了某个任务的完成而沾沾自喜了。

刚休假归来的小刘坦言，心绪放松后蓄势待发的工作热情只维持了一两天，没多久又陷入休假前的倦怠。现在，她又想休假了，甚至连"放弃工作，回家当全职太太"的念头都有了。

小刘总是说："很累，不想工作，但不得不工作。"她说，每天都是例行公事，一沓沓文件摆在那里，好像一座小山一样，永远也搬不完。第二天醒来又要重复前一天的工作，没完没了，看不到尽头。甚至有时下班后还得带一堆工作回家，或为了一个重要的会议而加班，感觉特别疲劳。而且，每当看到办公室里同事间的种种明争暗斗时，她感到厌倦万分。每天走出家门心情还不错，但进了单位就闷闷不乐了。

小刘说话时一直半闭着眼睛，脸色带着倦意，感觉精神很颓废。她说，周围的人比较羡慕我，拿着稳定的薪水，坐在舒适的办公室里。"我其实过得并不好，总感到自己很忙，没有时间去享受生活，最重要的是忙了半天却没忙出个什么名堂来，每天只是泡在文件山、公文海里。每次进入年终，单位要进行业绩总结和评比，上级需要各种材料，各种表格等待填写，工作压得人喘不过气来。并且那些材料对我来说味同嚼蜡，那些表格很烦琐、枯燥，自己都不知道为什么要填写，而且想了很久能写下的成绩却微乎其微。表格一直摆在办公桌上，如果不是催着要交，我根本不愿意去碰它。"

对工作的厌倦让小刘对什么都提不起劲来。她说："以前在办公室，同事们会讲些笑话来活跃一下气氛，那时我还能笑一笑，现在听都懒得听,麻木了。我每天都是机械地工作着。"

小刘说,最近一两年她晚上总是睡不好觉,情绪有些低落、行为变得古怪,经常发牢骚和发无名火,怎么也高兴不起来……"丈夫以为我身体出了毛病,让我到医院做了一次体检,可什么毛病也没有。"

小刘最后很沮丧地说,我现在很忧伤,总觉得自己像一潭死水,没有新鲜的活水来补充,也没有任何的波澜和起伏,似乎就是在等待枯竭的那一天。

(二)玩世不恭

职业倦怠患者会有意与工作以及其他与工作相关的人员保持距离,对工作不像以前那么热心和投入,丧失工作主动性,怀疑自己工作的意义,不再关心自己对工作是否有贡献。

案例:"既然工作无趣,不如做自己喜欢的事"

工作5年后,小周好像苍老了许多,完全不像刚毕业时那个意气风发的青年。他自我解嘲地说:"像我这种人就是升不上去,不过这样过也自在。"

5年前,小周进入某机关工作。最初抱着对工作的热情和责任,他的表现非常突出:最艰苦的活儿主动请缨,下基层跑得比谁都勤快,集体的活动最热心张罗,写的调研报告最有分量。因此,那时小周经常得到领导表扬。

> "枪打出头鸟",小周招来了一些人的嫉妒。传言渐起,有人说他自恃清高、目中无人,有人说他和领导关系不正常。正巧碰上干部竞聘,组织上来考察的负责人找他谈话。小周听了传闻,气得拍案而起。事情澄清了,他却落下了一个"说话比较刻薄,遇事容易偏激"的评价。
>
> 后来几年,小周惊异地发觉,只要有晋升的机会,都轮不到自己。"有好心人劝我换个工作环境,不要一根筋到底,但按我的个性就是做不到。"
>
> 屡次得不到提升的小周,也丧失了对工作的热情。"还不如省点心力做点自己喜欢的事情。我都看开了,那么积极有啥意思?"

(三)成就感低落

职业倦怠患者会对自己持有负面的评价,认为自己不能胜任工作,或认为自己的工作对他人没有什么贡献。

> **案例:"为什么自己始终停留在同一个台阶?"**
>
> 小徐是一所中学的高一年级英语老师,工作已经4年。她的工作比较轻松自在,薪水也不错,每年还有寒暑假。而且这几年里,小徐顺利完成了结婚、生子等人生重要程序,令一些仍在打拼却头疼自己终身大事的朋友们羡慕不已。
>
> 刚开始工作,小徐满怀着信心和热情,每天总是安排得井井有条,

上课下课，一切都按部就班。但是干了4年之后，她突然感到对工作失去了热情，也害怕和人交往。"把一批批学生送到更高的年级后，我就完成了使命。年复一年，觉得自己并没有做出什么事来，成就感很低。而且最怕朋友聚会，人家个个变化很大，我却还在原地重复教书。"

最让小徐头疼的是，年终写工作总结时，想了很久都不知道该写什么，好像每年都是那么几句话。

（四）职业倦怠特征的启示

1. 启示之一

职业倦怠的人往往失去了工作热情，疏于岗位职责，疏于工作业务。这中间，有的人在自己低效率、不作为的同时，还影响到他人。有的人则有意无意地在职场向周围的人传播了自己马虎工作、降低效率的思想，从而有可能导致消极劳动情绪的蔓延，使工作效率降低的面积不断扩展。

2. 启示之二

职业倦怠的人往往对自己的职业缺乏基本的兴趣。在履职过程中，一旦发现承担的岗位职务和工作内容属于自己力所不能及或者感悟到与个人的价值取向有太大的距离，便会丧失工作热情，对工作不再抱有目标与理想。

3. 启示之三

职业倦怠的人工作动机会有改变，在工作情绪低落、消极怠工的同时，往往会采取各种方法进行自我代偿。例如：上班时间做私事；喜欢批评、嘲笑、讽刺他人，造成人际关系紧张；上班像条虫、下班兼职像条龙等。

4. 启示之四

由工作负荷过重引起职业倦怠的人，往往会在身体上、心理上出现精疲力竭、身心交瘁的症状。对于习惯于自我忍耐、无力自我缓解压力的人，其结果有可能导致各种疾病，并以心血管疾病较为典型。

5. 启示之五

职业倦怠的人往往表现出对职业组织的疏离，疏离的程度取决于个人与同事、上司的关系状况，以及对职业组织方针目标的认同状况。一旦疏离转变为辞职离开，那么该行为将涉及社会层面，即影响个人经济生活的安全和家庭生活的安定。

6. 启示之六

职业倦怠的人由于个人的身心疲惫，在寻求缓解出路无望的境地下，会逐步陷入抑郁状态。对职业的抑郁状态，不仅表现为工作情绪的耗竭、低效率，同时还会产生对人生的绝望。

三、职业倦怠的危害

职业倦怠不但会直接影响工作人员的身心健康，影响他们的工作士气和工作能力，降低工作效率，缩短为国家尽责的贡献期，还会使工作人员厌倦，最终对他们自身及工作单位都会产生许多消极影响，甚至关乎国运兴衰。职业倦怠危害极大，必须引起人们的高度重视。

职业倦怠患者通常在五个方面会表现出症状，即身体、思维、社交、情绪和精神。职业倦怠的症状并不是毫无联系的，而是多方面的，这些症状在其交叉部分的区别并不明显。

（一）身体病态

职业倦怠患者长期处于病态、"亚健康"状态，表现出食欲不振、睡眠质量下降、大脑不清爽、活动力缺乏、肢体应变能力下降、行动迟缓、局部有疼痛感、脚步沉重等，严重的还会出现嗜睡或者失眠、吃不下饭甚至有呕吐的情况，出现一些慢性疾病或者疾病征兆，工作效率降低，甚至出现机能性工作障碍。

（二）思维纠结

处于巨大压力下的人很难做决定，他们总是延迟决定时间或者在决策时犹犹豫豫，不愿承担决策的责任。一位信访工作者说："我的决策受到了很大影响，我开始怀疑自己是怎么做决定的。我觉得无法使每个人都对我的决定满意。"处于压力中的人会感觉要做的东西太多了，思路变得混乱，难以把注意力集中在一项任务上。具体表现为注意力分散、记忆力下降、精神恍惚、感觉天空灰暗、前途暗淡，疑虑身体某个部位出现恶疾，担心身体健康问题影响工作，从而影响领导对自己的看法，有搞好工作的欲望，但心有余而力不足。

（三）社交退化

职业倦怠患者的一个显著特点就是躲避他人。一位信访工作者说："开始生病时，我同家人和朋友的关系开始逐渐变坏。"另一个女性信访工作者说："我跟丈夫说了很多我所遇到的问题……但我十分注意自己说了什么，因为我丈夫是一个心态平和的人，看到任何人遭受痛苦他都不能忍受。所以我必须很注意告诉他多少事情合适。我以前没有和任何朋友来往，我整个人都投入工作中，工作占据了我的整个生活。"

（四）情绪波动

人起初是不愿意承认自己有职业倦怠存在的，当职业倦怠患者发现自己的症状时,他们会转而批评其他人或者别的事情。尽管外在的因素对倦怠的产生也有一定的作用,但职业倦怠患者往往没有意识到他们自己有义务做些改变以解决这个问题。一位信访工作者就发现了自己职业倦怠的主要原因:"直属上级的办事效率低下是引起我职业倦怠的原因,上级领导的干涉也是我职业倦怠的原因之一,他们总是想让我按照他们的意愿来开展工作。"然而,即使到了他的健康受到了威胁时,他也不愿意选择离开工作单位,"离开不是我的个性。不知道有多少人都说我应该离开,其实我的确在情绪上和职业发展上都感到很痛苦。我惊讶于自己还会承受些什么,因为我热爱信访工作,我不能离开。我觉得真正了解这项工作、能够处理问题的人并不多"。

职业倦怠患者在工作场合看到周边生龙活虎的年轻人,会觉得身体比什么都重要,一位职业倦怠患者说:"有了健康不一定拥有一切,没了健康则一切都没有了。身体尚且如此,何求工作的飞黄腾达,一切都任由他吧。"他们渐渐变得难以进入工作的"场"当中,对身边的工作场景熟视无睹,更不用说去发现问题、解决问题了。信访接待过程中没有激情、对信访基本环节的实施没有热情、对信访人没有好心情,会使信访工作者长时间处在尽职水平很低的状态下。

(五)精神颓废

职业倦怠会使人厌倦工作,会降低工作满意度,会使自信心逐渐降低,使人的精神价值和个人价值产生动摇。心理表现则更加糟糕:处于挫折、焦虑、沮丧状态,记忆力下降、注意力分散、厌烦世事、承载着巨大的精神压力,觉得天昏地暗、世态炎凉、心灰意冷、胆战心惊,似乎有无数双眼睛在盯着自己,十分在乎别人对自己的评价,所做的每件事都觉得不如意,生怕同事、领导看不起,天天惶惶不可终日。"我试着肯定自我,但这并不能使我放松。我感觉自己的自尊心在一点点丧失。"

成熟的信访工作者通常担当着不同的社会角色，如机关领导、重要的信访接待者、慈爱的父母和孝顺的儿女等，他们必须在工作、家庭和个人空间之间不断平衡，时间和精力的分配问题常常导致职业压力增大。有时候，家庭中的琐事又会占据生活中的一大部分，更容易使人陷入焦虑状态中。众多角色集于一身，难免会给人造成很大的压力，既想工作做好，又想照顾家庭的幸福，使许多工作中的人终日殚精竭虑，失去了生活的乐趣。而且，如果这个时候遭遇职业发展的阻碍，生活冲突升级将不可避免。

第二节 信访工作者职业倦怠的理论研究

一、信访工作者职业倦怠的原因分析

在我国经济社会处于黄金发展期与矛盾凸显期并存的时代，信访似乎成为不能回避的社会现象。

（一）信访工作者职业倦怠产生的原因

信访工作者为什么会产生职业倦怠？

因为工作性质的原因，信访工作任务重、责任大，矛盾相对集中，信访工作者面临很大工作压力和很多负面情绪，若加上感情烦恼、家务琐碎及对子女教育等诸多因素的影响，容易出现焦虑、沮丧状态，情绪波动大，容易焦躁；对工作及生活产生本能的倦怠感，缺乏动力；工作过程中极易产生疲倦感，对工作的新异事物敏感度降低。但处在竞争环境中，是否具有健康的心理，对事业发展有着极其重要的影响。

信访工作者职业倦怠是一种因长期未能有效缓解工作压力，或妥善应付

工作中的挫折，随时都在处理各种矛盾冲突而导致的身心疲惫的状态。在出现职业倦怠征兆时，无论是信访工作管理者还是信访工作者，都应认真分析其原因，采取积极应对措施，从职业倦怠情绪中走出来，顺利度过低潮期。同时，避免因此而带来的种种负面影响。

关于职业倦怠的理论，早在1997年，马斯拉奇和莱特就提出了工作匹配理论。他们认为，员工与工作越不匹配，就越容易出现职业倦怠。以下是据此理论列出的信访工作者工作中易引起工作倦怠的因素：

（1）工作负荷。信访工作任务重，往往不得不在很短的时间内，以很少的资源完成较多的工作。

（2）控制。"无力控制局面"，即信访工作者感到自己控制能力不足而产生的无力感。这通常表明信访工作者对工作中所需的资源，主要是在与信访人交流中的情感资源没有足够的力度来控制，或者指信访工作者不确定自认为最有效的工作方式是否真的有效、权威。

（3）回报。工作回报包括物质的，如薪水、奖金、升职，也包括精神的，如表扬、荣誉。工作回报的缺乏意味着没有被组织认可，也意味着没有被尊重。

（4）社交。由于在工作中，信访工作者在与信访人交流中，不仅要付出大量情感，而且非常可能在交流中与信访人发生冲突，有的时候，这种冲突很可能升级，产生严重影响。同时，也会带来不良的连锁反应，比如信访工作者不愿和周围的同事积极联系，或者因为工作上的缘故而孤立家庭成员，或者因为相互不理解，造成与家人关系紧张。

（5）公平。由于信访工作者工作量非常大，而回报相对较低，这种不公平也会引起职业倦怠。有时候会因为领导、同事或者信访人评价的不公平，带来情感衰竭。

（6）价值观冲突。在工作中，信访工作者和周围的同事或领导价值观不一致，也会导致职业倦怠。

（二）信访工作者如何应对职业倦怠

依据上述工作不匹配理论，对于信访工作者职业倦怠的干预训练项目，重点应该放在对工作不匹配的转变上。这就不仅需要对信访工作者个体进行训练，更强调在信访工作管理上的训练。管理上的训练，是指改变上述六个工作不匹配中的一个或多个，这就非常需要各级信访部门在组织上的配合。只有个体和组织干预双管齐下，才可能收到满意的效果。

二、信访工作者职业倦怠的发展阶段

信访工作者的职业倦怠按形成过程可以分为轻度信访职业倦怠、中度信访职业倦怠和重度信访职业倦怠。

1. 轻度信访职业倦怠

轻度信访职业倦怠主要表现为以下几个方面：

（1）能够了解职业倦怠的危害性，在一定程度上能节制自己的职业倦怠行为，尚有一定的自我控制能力；

（2）常常由于在不自觉中形成职业倦怠，已在一定程度上影响了工作、学习和生活；

（3）有时莫名其妙地出现情绪烦躁；

（4）因为职业倦怠，减少了现实中的人际交往和社会交往；

（5）症状表现轻微，并且常常是瞬时或者短时感受到职业倦怠。

2. 中度信访职业倦怠

中度信访职业倦怠主要表现为以下几个方面：

（1）由于职业倦怠的存在，对自身工作、学习和生活已经产生比较严重的影响；

（2）常常在不自觉中出现焦虑情绪与食欲睡眠不佳等失调症状；

（3）对职业倦怠的危害性认识模糊，难以控制自己的行为，自我控制能力薄弱；

（4）有明显的身心欠健康状态；

（5）领导、同事和信访人已明显能感觉出来。

3. 重度信访职业倦怠

重度信访职业倦怠主要表现为以下几个方面：

（1）持久而频繁地反复发作的职业倦怠，已在个人工作、学习和生活中占据主导地位；

（2）对职业倦怠难以控制，脑海里不断浮现倦怠的想法、行为以及场景，丧失了对于职业行为的自我控制意识和能力；

（3）有焦虑、不安或抑郁并可伴随严重的身心反应；

（4）职业倦怠已对工作和家庭生活造成严重损害；

（5）对职业、信访人、信访事业已丧失感情；

（6）厌烦工作、厌烦信访、讨厌信访人，极不情愿来到工作岗位；

（7）有辞职的打算或者已经做好辞职的准备；

（8）最严重时，看破红尘，觉得世界灰暗，甚至有轻生的念头。

三、职业倦怠的形成机制

"怎么几年不见，听说你抑郁了？"

有调查显示，多数信访工作者有轻度到中度抑郁，心理压力过大，主要表现为不想吃饭、不想说话、急躁、易怒、感觉苦闷、闷闷不乐、失眠等，还有一些信访工作者在工作中容易态度生硬、言语过激。

这样，在信访接待过程中，信访工作者和信访人往往各执己见，都想尽办法把对方往自己的思路上引，折腾半天之后却往往发现对方的要求、看法依然停留在谈话前，双方的语言策略都是固执己见后的对话与反对话，收效甚微。

有关职业倦怠原因研究的结果认为：个体因素和环境因素的交互作用引发职业倦怠，而环境因素的作用远大于个体因素的作用。1982年，杰尔姆·卡洛尔和威廉·怀特提出职业倦怠个体因素和环境因素的生态学框架，把个体因素与环境因素加以整合。在环境因素中，不仅考虑到工作小组的环境因素，还考虑到工作小组所在组织的内部环境和外部环境，特别是还考虑到了更大的社会文化环境。以下通过对信访工作者环境因素和个体因素的分析，以期发现环境因素和个体因素在信访工作者职业倦怠的形成机制中的作用。

职业倦怠是个体不能有效面对工作中长期存在的压力而逐渐形成的一种综合征，压力是导致职业倦怠的直接原因。职业倦怠作为个体因素与环境因素交互作用的结果，其本质上是压力的结果。

（一）环境压力的主要来源

信访工作者环境压力来自五个维度，即工作条件、人际关系、组织结构与气氛、工作特点、信访组织的环境。以下从工作条件、组织结构与气氛和工作特点三个方面分析压力来源。

1. 工作条件方面的压力源

工作条件主要指信访工作者所在的工作部门或单位的工作资源或环境，如工作岗位、工作职责、工作内容的安排。这方面压力源的感受具体体现在如下一些方面：

（1）在工作上欠缺充分自主权；

（2）受外力干扰，无法随自己的想法来回应信访人或处理来访事件；

（3）在目前的工作上，学习新知识的机会不多；

（4）现在的工作缺乏发展与升迁的机会；

（5）目前的工作使人感到缺乏挑战性；

（6）感到自己的工作无聊、单调；

（7）目前的工作使人感到缺乏主动与创新的机会；

（8）对目前的工作缺乏兴趣；

（9）觉得自己不适合目前的工作；

（10）觉得目前的工作无法发挥自己的能力与专长；

（11）感到在单位未获重用；

（12）现在的工作让人感到不能施展抱负；

（13）信访工作让人感到缺乏成就感；

（14）对自己的工作未来不知所措；

（15）目前所担当的职责超过能力所及；

（16）感到自己的努力付出与所得到的回报不匹配；

（17）感到在信访工作上无法获得认同，升迁或薪水无法如愿；

（18）在工作上经常感到被设计陷害；

（19）信访工作给人有不稳定的感觉；

（20）如果想要在事业上有所进展，必须到别的机构去。

2. 组织结构与气氛方面的压力源

组织结构与气氛是指信访工作者所在小组或部门所属的更大的组织所提供的工作资源或环境，如工作制度、工作分工、工作要求与工作氛围（文化）。这方面压力源的感受具体体现在如下一些方面：

（1）觉得信访工作的体制不健全；

（2）觉得信访部门的管理制度不合理；

（3）觉得信访部门的考绩评价制度不公平；

（4）觉得信访部门的福利政策不健全；

（5）觉得信访部门的升迁与奖惩不公平；

（6）觉得现在的信访组织管理僵化，无力改变现状，令人感到灰心；

（7）觉得信访组织中的沟通渠道不够畅通，缺乏向信访部门领导层表达意见的机会；

（8）觉得无法充分了解本信访部门的政策。

这其中，在组织结构与气氛这个维度上，主要压力源是"缺乏保障"和"缺乏公平"，其次是"缺乏团队感"。

3. 工作特点方面的压力源

在工作特点方面，信访工作者压力源的感受具体体现在如下一些方面：

（1）觉得工作时间太长，影响休闲生活与家庭生活的质量；

（2）工作分量及要求，超出了自己的负荷量；

（3）害怕有无法处理来访事件的事情发生；

（4）对自己所在的信访工作领域，无法愉快胜任；

（5）所具备的专业知识，不足以应对信访问题处理的需要；

（6）工作中，对信访人和接受的来访事件了解不够充分；

（7）有关信访处理中相关法律法规问题，让人感到压力；

（8）有关工作上的伦理问题，让人感到压力；

（9）社会改变中的突发性信访事件，让人感受到压力；

（10）信访组织环境方面的压力源；

（11）觉得信访单位因受总体经济因素的影响，对信访事件的处理造成困难与压力；

（12）觉得上级的要求对信访工作的开展造成困难与压力；

（13）觉得信访部门本身对信访工作的开展造成困难与压力。

归纳以上的分析，缺乏回报、缺乏保障、缺乏自主、缺乏公平是影响信访工作者职业倦怠的主要压力源，其中缺乏回报、缺乏公平、缺乏自主（控制）是与马斯拉齐不匹配理论中的三种不匹配对应的。

（二）压力与个体差异

不同的人对同样的压力会有不同的感受，也就是说压力的大小与个体因素有关。决定压力源对职业倦怠影响大小的个体关键因素是：个体对压力的认知，即个体是否对刺激事件做出压力反应以及压力反应程度的大小。也就是说，同样的压力源，有的人可能认为它是一个巨大的挑战或危险，因而做出强烈的压力反应，有的人则可能把它看作一个不错的机会或很有趣的事情，因而轻松应对，压力反应程度很小。

在有关职业倦怠的研究中，对 A 型性格与职业倦怠的研究比较多，研究结果表明，A 型性格者较易发生职业倦怠。这是因为 A 型性格有三个主要行为特征：一是更有竞争性，更能为成功而努力奋斗；二是时间紧迫感很强，他们认为时间是宝贵的，不能浪费；三是在对待挫折情境时容易产生攻击性和敌意。格拉斯在 1977 年指出，这三种特征下的心理特质是对环境的过分控制的愿望。有的学者还提出，A 型性格者总想得到自己不可能得到的东西。没有哪种性格是完美无缺的，也没有哪种性格一无是处。A 型性格好的一面是勇于进取，讲究效率；不利的方面是过于理想化，容易和人发生冲突，紧张度高、理想不能实现、不良的人际关系都是导致他们职业倦怠的因素。性格也是可以调节改变的，如果自己有 A 型性格特征，就要尽量克服其中不利的方面，如有意识地放慢工作和生活的节奏，检查自己的理想目标是否符合实际等。

第三节 职业倦怠的诊断与评估

一、职业压力自我简易诊断

请根据自己近两周来身体的实际状况,对表 5-1 项目进行如实判断。判断的标准为"有"或"没有",并在括号中打钩。

表 5-1　　　　　　　　职业压力自我简易诊断表

序号	项目	有	没有
1	时常感到头晕	( )	( )
2	时常感到颈部或肩部疼痛	( )	( )
3	时常感到口渴	( )	( )
4	有时感到胸闷	( )	( )
5	手脚有时有发麻现象	( )	( )
6	手脚有时有发抖现象	( )	( )
7	腰痛	( )	( )
8	拉肚子或便秘交替	( )	( )
9	全身无力而疲惫	( )	( )
10	早晨容易早醒	( )	( )
11	早晨醒来心情沉重	( )	( )
12	感到工作没劲儿	( )	( )
13	做事没有耐心与毅力	( )	( )
14	对事物犹豫不决	( )	( )
15	不安、容易生气	( )	( )
16	偶有"活着没意思"的念头	( )	( )
17	对今后缺乏自信	( )	( )
18	不能轻松地与人会面	( )	( )

注:1. 选"有"为1分,选"没有"为0分。

2. 10分以上,为压力较严重,精疲力竭阶段,需要通过心理咨询与治疗进行缓解;5~9分,为压力轻微程度,通过自我修养和调节,能消除症状;4分以下,为正常状态。

二、职业倦怠正式调查

职业倦怠正式调查可采用表 5-2 所示的职业倦怠量表（MBI-GS）来进行测量。

表 5-2　　　　　　　　　职业倦怠量表（MBI-GS）

请您根据自己的感受和体会，判断它们在您所在的单位或者您身上发生的频率，并在合适的数字上划√。

	项目	从不	极少，一年几次或更少	偶尔，一个月一次或者更少	经常，一个月几次	频繁，每星期一次	非常频繁，一星期几次	每天
	情绪衰竭	（该维度的得分=所有题目的得分相加/5）						
1	工作让我感觉身心俱惫	0	1	2	3	4	5	6
2	下班的时候我感觉精疲力竭	0	1	2	3	4	5	6
3	早晨起床不得不去面对一天的工作时，我感觉非常累	0	1	2	3	4	5	6
4	整天工作对我来说确实压力很大	0	1	2	3	4	5	6
5	工作让我有快要崩溃的感觉	0	1	2	3	4	5	6
	工作态度	（该维度的得分=所有题目的得分相加/4）						
1	自从开始干这份工作，我对工作越来越不感兴趣	0	1	2	3	4	5	6
2	我对工作不像以前那样热心了	0	1	2	3	4	5	6
3	我怀疑自己所做工作的意义	0	1	2	3	4	5	6
4	我对自己所做工作是否有贡献越来越不关心	0	1	2	3	4	5	6
	成就感	（该维度的得分=反向计分后，所有题目的得分相加/6）						
1	我能有效地解决工作中出现的问题（反向计分）	0	1	2	3	4	5	6
2	我觉得我在为单位做有用的贡献（反向计分）	0	1	2	3	4	5	6
3	在我看来，我擅长于自己的工作（反向计分）	0	1	2	3	4	5	6

续表

项目		从不	极少，一年几次或更少	偶尔，一个月一次或者更少	经常，一个月几次	频繁，每星期一次	非常频繁，一星期几次	每天
成就感		（该维度的得分=反向计分后，所有题目的得分相加/6）						
4	当完成工作上的一些事情时，我感到非常高兴（反向计分）	0	1	2	3	4	5	6
5	我完成了很多有价值的工作（反向计分）	0	1	2	3	4	5	6
6	我自信自己能有效地完成各项工作（反向计分）	0	1	2	3	4	5	6

注：得分在 50 分以下，工作状态良好；得分在 50~75 分，存在一定程度的职业倦怠，需进行自我心理调节；得分在 75~100 分，建议休假，离开工作岗位一段时间进行调整；得分在 100 分以上，建议咨询心理医生或辞职，不工作或换个工作也许对人生更积极。

三、压力管理需求调查

有关压力管理调查和自我压力测试详见本书第二章第二节中的相关内容。

第四节 信访工作者预防职业倦怠的策略

一、信访工作者职业倦怠理论的启示

（一）个体的干预

信访工作者职业倦怠因工作而起。研究表明，职业倦怠现象特别容易发生在以人为服务对象的职业领域中，信访工作是一种典型的与人打交道的职业，因此，信访工作者的职业倦怠应该作为普遍存在的问题而被引起重视。

如果信访工作者患了职业倦怠，将会直接影响到工作准备状态，然后又反作用于工作，导致工作状态恶化，使职业倦怠进一步加深。它是一种恶性循环的、对工作具有极强破坏力的心理问题。因此，如何有效地消除信访工作者的职业倦怠，对于稳定信访工作者队伍、提高信访工作绩效有着重要的意义。

虽然对信访工作者职业倦怠的有效干预目前还没有明确的答案，但根据已有的研究和经验，能够给出一些建议，以此帮助正处于职业倦怠困境中的信访工作者个体和组织。

信访工作者职业倦怠的个体干预强调：

（1）认知改变。要求信访工作者更清楚地认识自己的能力和机会，不会因为不恰当的期望和努力失败而产生职业倦怠。

（2）积极面对问题。应采取更积极的应对手段，而不是逃避。

（3）归因训练。把问题的原因归结为个体可以控制的因素，如能力和努力等，帮助自己成为更加能够内控的人。

另外，更积极地表达自己的意见，尽最大努力地去改变环境，以及合理的饮食和锻炼，都有助于个体脱离职业倦怠的困扰。

（二）组织领导的帮助

对于信访部门的领导，面对信访工作者出现职业倦怠时不能袖手旁观、任其发展。以下一些手段可以帮助信访工作者有效减少和降低职业倦怠相关情绪：

（1）阐明信访工作者的角色和责任；

（2）向信访工作者提供建设性的反馈；

（3）更多地接纳信访工作者对流程和处理程序的意见；

（4）工作业绩评定时，对信访工作者的优点、贡献、失误、缺点都要放在重要位置；

（5）提供与信访工作相关的训练和信息。

二、预防职业倦怠的一些实用策略

（一）心理调适

"有时候，我期待一场自然灾害的降临，冲刷掉一切，让我有机会重新开始。"

信访工作者总是寻找各种方法减少或者应对职业倦怠压力。当面对这些压力时，他们选择的方法可能是有害的，如用糖、咖啡因、酒精和香烟来获得身心暂时的平静。用一些物质的东西来提升自己的能量或者快感的问题在于，这些东西的作用是暂时的，而且一旦形成习惯性地使用，可能会引起其他的问题，同时，给他们造成压力的问题也没有得到解决。

消极的压力应对方式不仅使原先就存在的问题复杂化，而且会养成那些会引起一系列新问题的习惯。一位退休的信访工作者回忆道：

"我知道，从来没有让自己因为工作而劳累到要靠吃药或者心理访谈维持身心健康的程度，我是决不让自己操劳到要靠吃药睡觉、靠吃药保持清醒那样程度的。"

通过一些策略是可以避免或者管理好压力的，如明确目标、调整态度、改变看法或者远离压力环境等。

（二）为人生之旅做好计划

"与其想着你在哪里，不如想想你希望自己在哪里。一夜成名需要你付出20年的艰苦工作。"

小李已经当了5年的信访工作者了，尽管他努力地工作，还是很少能够从工作中获得满足感，多数时候他都处在焦虑之中，总感觉自己很失败。在他的人生中,他第一次对自己的职业选择产生怀疑,他不知道自己是否要坚持下去。

不为自己的人生做计划是很糟糕的。有些人碰巧选择了适合自己的职业,人际关系融洽,但多数人没有那么幸运。不恰当的制约和糟糕的人际关系都是由于个人没有建立起自己的目标,并实现这个目标,结果必然是他们的生活没有满足感和快乐。

"享受今天吧!今天的生活不是一次彩排。"

有位作家把人生这段时间比喻成一场短跑,这就是一个人生命的本质。短跑代表了我们的行动、我们与他人的关系,象征着我们如何生活、如何去爱。既然我们生命是有限的,选择如何度过这有限的人生旅程就很重要了。

"我是谁?我要怎么度过自己的一生?我在乎什么?我能做些什么?我的强项是哪些?我的弱项有哪些?在这一生中,我想获得什么样的成功?我希望别人如何记住我?"

个人目标就是在对以上问题回答的基础上形成的。根据这些目标制订一个计划,有利于你做出各种选择和决策。与制订计划同样重要的是,要保证那些目标是你自己的目标,而不是别人为你设定的目标。

(三)绘制线路图

"没有梦想的人往往迷失了自己。"

为你想要过的生活画一幅画,并写下你能过上那种生活而要实现的目标。明确了自己的所有目标后,就要决定哪些更重要。一定要保证能够完成这些更重要的目标,因为它们能够反映你所渴望的生活情境。当你希望的生活发生变化时,就要回头重新审视这些目标并做出相应的修改。

(四)行动计划

首先,要知道采取什么行动能使你达到目标。为每个长远目标设定一些短期的、逐步递增的目标实现周期，如 6 个月、1 年、5 年、10 年、20 年。为了使行动更有效，目标应该包括但不限于如下条件：

（1）被积极地说出来；

（2）精确，包括日期、时间和数量；

（3）做出重要性的划分；

（4）被写下来；

（5）被划分成小的、逐步递增的小目标；

（6）以一个人的情况为基础（不要受制于你无法控制的条件）；

（7）可以衡量；

（8）与现实密切联系；

（9）有挑战性，但是可以实现的。

（五）改变控制点

"人们总是指责他们所处的环境，而我觉得环境并不可靠。那些取得成功的人是一些睁开眼就去寻找他们想要的环境的人，如果他们找不到，他们就自己创造。"

外控归因的人认为世界上的事情是碰巧发生在他们身上的，他们觉得对发生在他们身上的事情一点儿控制权也没有。就如有人所说的，"我们是处在那些对于我们所做的事情一无所知的人的支配下的。他们完全控制着我们能够胜任自己的工作，决定着我们是否能够有一份工作"。外控归因的人一旦遇到了什么问题，总是倾向于指责别人。有人在说到他的职业倦怠的起因时会说，"是我的上级害了我"。这种对事情的无力感和无助感使他们更容易产生压力感，进而发展为职业倦怠。

内控归因者一贯的态度是"我行"，他们觉得自己能够控制自己的生活环境，因此他们感受到的压力会比较小，职业倦怠的可能性也比较小。一位信访工作者说:"我把需要解决的冲突和问题看成是对自己的挑战。因为我可以决定着谁要对哪些问题负责,并不是所有问题都要我来解决。当然,也不是每个人都会喜欢我或者赞同我的决定。那很正常,没什么。"

重新调整自己的态度能够使你改变自己的控制点。如果你知道自己有被外在环境控制的倾向,就要有意识地采取一种"我行"的态度。当有情况开始不在你的控制之下时,冷静一下,重新想想你无法控制的那些事情,看看哪些是你能控制的,以此来改变那些在你控制之下的环境。

(六)抛弃琐碎的压力源

我们时常把时间浪费在操心那些不重要的事情上,为小事情而不安和心烦,这样会把对重要事情的关注转移到那些琐碎小事情上。

有些人一直持有对他人不公平的看法,只要觉得有些错不是他们造成的,而是别人强加给他们的,他们就会生气和抱怨,指责每一个人,从父母、爱人到从前的老师、领导和同事。此时,消极的情绪、觉察到的自尊和否定性反应,和对某个人或者某件事的感觉夹杂在了一起。

解决的办法很简单,站起来、克服它、继续前进,不要让自己被其他人或者事情所操纵。

(七)把担忧放在正确的位置

"神经性的发抖很正常,就让它抖去吧。"

很多人都知道马克·吐温曾经说过:"我一生中经历过无数次危险,但绝大多数都没有发生。"为将来的事情担忧很常见,但大部分是些没有用的举动。当我们想想以下问题时,对事情的看法就应该会有所改变:

(1)这对我为什么是重要的?

(2)这个问题有多重要?

(3)一周、一个月或者一年后谁还会记着这个问题?

(4)可能发生的最糟糕的事情是什么?

(5)这种情况会持续多久?

(6)要解决这个问题我能做些什么?

(八)照顾好自己的健康

主动采取预防措施保证你的健康,例如:

(1)定期做身体检查;

(2)积极地关注自己的健康状况;

(3)对自己的饮食选择要有清醒的认识;

(4)喝酒要适量;

(5)多喝水;

(6)进行有规律的体育锻炼;

(7)有充足的睡眠;

(8)生病时就不要工作;

(9)看书;

(10)弹钢琴;

(11)画画;

(12)种植花草树木;

(13)烹饪;

(14)收集;

(15)骑马;

(16)远足;

(17)园艺活动。

健康的生活方式包括足够的休息、合理的营养、定期的锻炼和适当的医疗护理，同时，不要忘记丰富自己的精神世界。

第五节　应用与练习

练习一：给心理问题打预防针

当你知道了某些时间会面对某些人、某些事而容易生气，尤其日常生活中常遇到的事件，就可以先预习，用自我教导法，为自己打预防针，到时候你就不会被牵着鼻子走。打这个预防针的主要目的在于学习转变思考，想法一转变情绪就跟着变。只要认出自己不合理的想法，用积极正向的想法来取代之，掌握好情绪，尤其将它分成更小的阶段，一步步地转变，你将会发现解决它不会太难。也许你可以在不生气时去和经常生气的人谈谈，听听彼此最会引起怒气的事情或是那些话语，彼此寻找出其他的沟通方式，怎么做避免情况继续恶化。其实，很多时候我们的愤怒是因为无法了解为何达不到期望或目标，若你能转换角度去看事情尤其是事情变化限度，如果你多听一点，多收集一些别人立场的信息，就会越了解每个人都在尽自己的所能保持自己的平衡。这样我们的心情就会比较平静，才能全心全意地专注于此时此刻的重要事情上。

小练习：

1. 积极暗示法

具体做法是：准备一张白纸，在上面随心所欲地写上若干字条，如"我很健康""我很能干""我很漂亮"等，坚持看，反复看，你会越来越健康、越来越能干、越来越漂亮的。

2. 积极沟通法

思想是要找出路的，没有出路的思想会枯竭，你若给思想以阳光、空气和水，它会茁壮成长；你若把它锁在暗房里，迟早会枯萎。积极沟通会使双方受益，反之则双损。

3. 不说失败法

"失败"是个消极字眼，尽量不要使用，使用多了，它会引领你步入泥潭。这实际上是消极暗示，使自己在失败的阴影里难以解脱。

4. 乐事清单法

把快乐的事情写在一张纸上，经常过目，有助于培养心态。

5. 前排就座法

有一个有趣的现象，开会往往后排先坐满，一部分人是不得已才坐前排。前排就座有利于培养心态，不要害怕被别人看见，要知道成功者从来都是引人注目的。

6. 抬头走路法

抬起头来，阔步向前，方能走出积极的心态来。

7. 大声说话法

大声说话有助于培养心态，有时自己的想法能够在大声重复中被人接纳。

8. 笑口常开法

"笑一笑十年少，愁一愁白了头。"快乐是活着，不快乐也是活着，为何不快乐呢？

9. 镜子效应法

请记住照镜子的两个要领：一是心情好的时候多照；二是坚持面对自己时以鼓励为主。

10. 散步提速法

散步有益于健康，健康是走出来的。但是，多数人的散步速度偏慢，应练习慢慢提速。

练习二：心理卸妆术

生活中常见这样一种现象：人际关系或工作上的一次失误，别人顺口说出的一句话，都会给一些人造成心理负担。周围的人吹毛求疵、说三道四，加上身边缺少可以倾诉的对象，更容易使这些人无力自拔，十分需要寻求一种解脱的方法。

东京心理动力学研究所所长刘平斌总结出一套心理调适方法，被人称为"心理卸妆术"。这种方法的要领在于，就像女性每晚睡觉前卸妆一样，把每天的心绪整理一遍，对于负面的记忆，要不过夜地尽情清洗掉，具体的方法举例如下。

在临睡前，可以先想象有一条淙淙流淌着的小溪。如果想象不出来，也可以面对一张小溪的图片，回忆当天那些不愉快的经历，让它们全部顺流而去。接下来低吟三句话：

"我是……"（比如自己最期望的心境）——我愿意帮助信访人；

"我会做……"（比如能够胜任的心境）——我有处理来访事件的能力；

"我有志于做……"（比如对待使命的精神准备）——信访工作让我快乐。

如此对自己自言自语，最后再叮嘱自己：明天一醒来，头脑一定非常清晰并心情愉快。说完立即入睡。

运用心理卸妆术的最关键一条是树立远大的志向。人生如果有了远大的目标，即使面对挫折也会很快摆脱低沉的情绪，引出正面效果。

练习三：一笑解千愁

俗话说，一个小丑进城，赛过一打医生。开口一笑，可以加速血液循环，防止胆固醇的沉积，对心脏大有好处，还能更多地供给全身营养；开口一笑，肺部积蓄的浊气便大量排出，氧气吸入增多，能增强大脑功能；开口一笑，肌肉和器官都会受到合理振动，有利于激发活力。笑能兴奋神经系统，使神经细胞活跃起来，使大脑皮层接受和发出的信息都是良好的，因而对全身起到良好的调节作用。已有研究表明，当人在笑时，他的心肺、脊背等器官都得到锻炼，四肢肌肉也受到积极的刺激。大笑之后，血压、心率和肌肉张力都会降低，从而使人放松，有人比喻"笑是一种内在的慢跑"。

有资料表明，儿童平均一天能笑400次，而成年人一天则勉强开口笑15次。为什么小孩子轻易可以做到的，我们做不到呢？

从假笑开始！是的，假笑。你不必在乎笑容，也不必真的想笑，只要将你的笑容挂在脸上。5秒钟后，它就会变成真的，没有人知道为什么，或许是因为挂在脸上的笑容，会让我们取悦了自己。不论原因为何，这的确有用，而且每一次都有用。这样做，你不仅会拥有真诚的笑容，你的笑容也会让你的心情更好。

微笑具有感染力，如果你常常微笑，你周围的人也会对你有更多的微笑，没有什么比有人向你咧嘴一笑更能让你微笑了。无论如何，只要将笑容挂在脸上，5秒钟之内，你就会感觉好多了。微笑是积极的，它能使任何一天的工作有一个好的开端。笑一笑能让你感觉工作起来更加轻松。

第六章
信访工作者工作与生活平衡计划

第一节　认识信访工作者的工作与生活平衡

小李原在市直某局工作，平时工作不顺利的时候时常会找其好友——信访办主任老陶聊天。一次偶然的机会，小李亲身体验了信访工作，他成功地帮老陶解决了一名信访人的问题。自此，他与信访结下了不解之缘，经老陶推荐调入了信访办。通过几年的锻炼与摸索，小李的工作成绩深受领导及众多信访人的肯定。但是，他的家庭生活却不尽如人意，每天下班回到家里，他最不敢面对的就是妻子的唠叨："你整天帮别人处理这个问题那个矛盾，你自己的问题咋就不能处理一下？每月几千块钱的工资，还不够你抽烟、路费、电话费开支的，连农民工都不如。都什么年代了，你还贪恋这样的工作，人家和你一样的，年薪都十几万，甚至几十万了，像你这样，我们一辈子都买不起房子……"不仅如此，曾经羡慕夸赞过他的老家婶婶伯伯们也在悄悄议论他，说他不上进、没本事。他听到之后很不服气，几次想辞职出去大干一番，赚个盆满钵满让他们看看，证明一下自己并不是没有挣钱的本事。但终因割舍不下这份热爱的工作而作罢。

既然工作与生活的平衡如此重要，那究竟什么才是工作与生活平衡呢？

一、工作与生活的平衡

你多久没有开怀大笑了？

你是否已经很久都没有在意过自己的感受了？

你是否每天除了忙碌，全然没有成就感和愉悦感了？

你是否感觉到现实让你心碎了？

你是否发现自己无法应付扑面而来的工作和生活压力了？

你是否感觉自己就像笼子里的小白鼠，整天拼命地往前跑，欲罢不能，却总是跑不到尽头？

如果你的回答基本上是肯定的，那么，你的工作与生活失衡了！

💬 小贴士

> 小李只是众多信访工作者中的一员，还有很多人也和小李一样，虽然从工作中获得了一些成就，但却忽略了家庭的温暖和生活的乐趣。
>
> 其实，工作与生活是人生的两个基本支点，悬挂于人生天平的两端，过多地倾向于任何一方都会造成天平的失衡。因此，要尽量协调工作与生活，来保持人生天平的平衡。若平衡不当，对我们的生活质量、个人情绪、工作绩效，乃至个人发展都将直接带来负面影响。还有人将工作与生活比喻成人的两条腿，只有实现了工作与生活的平衡，才能够使两条腿协调迈步，走出精彩的人生。

（一）什么是信访工作者的工作与生活平衡

信访工作者的工作与生活平衡是指信访工作者如何进行工作和生活上时间与精力的支配，在做好工作的同时，兼顾自己的健康和家庭生活。

在传统社会里，人们都是为了家庭的生存而努力工作，但到了现代社会之后，随着城市化、工业化的发展，人们工作不再只是为了满足家庭生存的需要，还是为了体现个人价值，以提高家庭和个人的总体生活质量和幸福感。因此，这就对家庭提出了新的要求，家人需要成为工作的支持者，协助个人促进工作绩效和工作质量的提高。这样，传统观念与社会现实就产生了相互作用，最终导致工作与家庭之间的相互冲突。如何减少工作与家庭冲突，平衡工作与生活的关系，已成为增强个人和家庭的生活幸福感，维持个人身心健康，改善个人、组织和家庭之间的关系，以及提高个人工作胜任力和组织绩效的重要因素。

💬 小贴士

> 调查显示：我国职工平均每周的工作时间为46小时。在被调查者中，有93%的人每周工作时间在40小时以上，有62%的人甚至每周工作50小时以上。在一个知名网站上有过这样的调查：对于"你经常加班吗？"这个问题，近7 000名被调查者中，64%回答"经常加班"，27%回答"偶尔加班"；从每次加班时间来看，2小时以上的多达78%。
>
> 调查显示，中国已经成为世界上劳动时间较长的国家之一。

（二）工作与生活失衡的类型

工作，有时候让人疲惫至极。那些超负荷的工作量，加班加点，24小时必须畅通的工作通信联络，纷繁复杂的各类上访问题，工作过程中不愉快的心情等，时时侵扰着你的生活。

生活，有时候让人焦头烂额。情感沟通频出障碍，婚姻亮起了红灯，双亲和子女无暇顾及，家人怨言不断，疲惫的身心健康红灯闪个不停，压抑的心情让你无法全心投入工作中。

工作与生活的天平无时无刻不在摇摆，最终引发工作与生活的严重失衡。

简单说来，工作与生活失衡主要有两种突出表现。

1. 顾此失彼型

由于工作占据了太多精力和时间，以致家庭和自身的身心健康都出现了问题。人们习惯将这类人称之为"工作狂"，其最可怕的后果是"过劳死"，也就是提前终止职业生命。面对这种情况，我们需要思考的问题是，如何去合理利用自身有限的能量，使之发挥更大的效能？是竭泽而渔，还是细水长流？

2. 激情耗尽型

这类人长期以来将过多的时间和精力花费在工作上，并且已经成为习惯。然而，他们从工作本身并没有得到足够的满足感，相反地，有时他们还会感觉到不公平。由于没有试图从工作之外寻找生活的乐趣，会导致他们失落、沮丧、疲惫不堪，以至于对工作毫无激情，甚至对整个生活都失去信心。

不管是哪一种类型的失衡，都将给工作与生活带来难以修复的伤害。因此，我们绝对不能将工作和生活的重心只放在一条腿上，不能将生活的全部理想寄托在我们不能确保的事情上，而是要深刻认识工作与生活平衡的重要性，并采取果断有效的措施扶正工作与生活的这个大天平。

（三）工作与生活平衡包含哪些成分

对于工作与生活平衡的构成，不同研究者有各自不同的看法，爱德华兹和罗斯巴德认为，平衡并不是工作和生活的连接机制，它并不能明确地指出一个角色的条件、经验对另一个角色产生的影响。马克斯和麦克德米迪相信工作与生活平衡反映了个体对不同生活角色的定位，是一种混合角色，他们认为个体能够并且应该具有平衡不同角色的能力，即个体能够在多重角色中找到一个平衡点。他们对角色平衡的定义是：在多个角色群中完全适应每个角色的需要，努力和各个角色伙伴一起扮演好不同的角色。这是一种积极的平衡。而当个体在各个角色上表现都不尽如人意时，就产生了消极的角色平衡。

根据杰弗里·H. 格林豪斯等人的观点，工作与生活平衡主要包括以下三个方面。

1. 时间平衡

也就是在工作与生活上投入的时间量要相同，任何一方的时间增加都会引发工作与生活的失衡。

2. 心理包含程度平衡

这一平衡指的是在工作和生活角色中投入的心理包含程度相同，我们不能一味地追求工作上的成功而忽略家庭生活。而另一方面，我们也需要处理好家庭中的各种关系，如夫妻关系、亲子关系等，从而为工作中更好的表现建立强有力的后盾。

3. 满意平衡

它要求我们保持对工作与生活的满意度相同。也许个体有时无法顺利完成工作，或者无法在工作中得到相应的重视，这时，个体就会对工作产生较低的满意度；而在生活中，个体同样会受到来自各方面的压力，当无法顺利排解这些压力时，个体又不满于生活现状，因此也就造成了工作与家庭生活的失衡。

工作与生活的平衡计划就是为了帮助个体努力达到这些平衡，从而为他们提供更加轻松的工作环境,并让他们感受到更为幸福的生活。

二、谁动了我们的天平

我们每天都期望着追求工作与生活的平衡,然而,这个天平却总是摇摆不定,究竟是什么样的原因拨动了我们的天平呢?

(一)工作职责对时间的要求与家庭责任对时间的要求难以协调

个体所从事的工作要求常常使得他们无法协调家庭责任对于自己的要求,很多时候为了更好地履行自身的工作职责,不得不放下肩上的家庭职责。例如下班时突然接到单位电话,有群体访人员在信访接待室门口聚集,且反映的问题比较紧急,因而不能出席家庭成员的生日宴或者无法照顾家中的病人。又如每天总是不厌其烦地为信访人解决各类矛盾和问题,却很少抽出时间送孩子上学等。

(二)因承担工作领域的角色而产生的紧张、焦虑、疲劳、郁闷、易怒、冷漠等精神状态,引发精神方面的失衡

信访工作的性质本身就决定了它是在社会矛盾的风口浪尖上,不可能处理得让每一个人都满意。这使得信访工作者们每天都承受着来自各方的压力,例如遇到难缠的信访人,一方面要控制他们的情绪,另一方面还要平心静气为他们解决好问题。又如信访工作者在解决某些上访问题的过程中,发现一些领导和部门的确在某些问题上处理不当,为了维持正义,必然要对这些问题进行纠正,但某些领导会通过各种手段干扰信访问题的处理,使得信访工作者产生了紧张、焦虑情绪等。这些都是导致信访工作者精神生活失衡的重要原因。

（三）工作中对行为保密性和客观性的要求与家庭中对行为开放性和情感关注的期望相互冲突，导致情感上的失衡

在信访工作中，有些信访事项是需要保密的。例如，检举类的信访案件，可能会涉及一些熟悉的人，甚至可能涉及高层领导，信访工作者都不能告知他人，这就意味着对自己亲密的家人及朋友也要守口如瓶。但是这却与家庭成员对行为开放性的要求相冲突，如果无法妥当处理这类冲突，则最终会导致情感方面的失衡。

（四）家庭冲突，配偶及父母的不支持所带来的各种压力

家庭支持系统对缓解信访工作者工作压力非常重要。对于信访工作处理的事务烦琐、工作责任大、收入不高这些特点，有些人的配偶及其父母并不理解和支持。信访工作者上班时承担着解决问题及安抚信访人的压力，回家时还要承受配偶或是父母的责备与抱怨，更有甚者，其亲子关系也会发生一定危机。多重压力积累到一定程度，就会严重威胁到信访工作者的工作与生活平衡。

事实上，配偶的支持可以说是个体在家庭方面能够获得的最有效的资源，夫妻双方的相互支持可以通过情感支持和工具性支持两种途径来实现。例如，丈夫因为工作压力大而情绪低落、沮丧，如果回家后能得到妻子的理解和支持，这里说的是情感支持，那坏心情就有可能得到显著改善。而在其他时候，可能还需要配偶提供实实在在的物质帮助，即提供工具性支持。在夫妻双方的应对策略研究中，沟通、理解、合作与支持始终是核心内容。

第二节 工作与生活平衡的理论研究

一、鱼和熊掌，不可兼得

自从告别了自给自足的生活方式，尤其是进入激烈竞争的现代社会后，人们便开始陷入了工作与生活的矛盾冲突之中，徘徊于工作与生活之间，艰难地寻找着平衡点。但俗语说："鱼和熊掌，不可兼得。"在反复的平衡与失衡之后，所造成的是更加剧烈的冲突。因此，研究者们更加关注这一领域，并得到关于工作与生活冲突的不同研究结果。

工作与生活冲突是指当来自工作与生活方面的压力在某些方面出现难以调和的矛盾时，而产生的一种角色交互冲突。在工作与生活中，个体扮演着不同的角色、承担着不同的责任、拥有着不同的行为方式，工作与生活都要求个体在时间、情感和行为上有一定投入。当两个领域对个体的要求发生冲突，并且这种冲突明显地影响了个体的工作与生活质量时，工作与生活的冲突就产生了。

（一）工作与生活冲突的五大类型

在 20 世纪 70 年代，人们首次关注到工作与家庭之间的冲突，并且开始着手研究。到 20 世纪 90 年代末，研究者们纷纷意识到人们在工作单位和家庭之外，还有不可忽略的个人空间和社交空间等，作为对人性的全面尊重，便开始使用工作与生活平衡的概念，研究工作与整个生活之间的关系。加拿大学者达克斯伯里和希金斯认为，工作与生活平衡和工作与生活冲突是一个统一体的对立两端。前者指一个人对工作与生活的需求是等量的均衡状态，而后者则是一个人在来自工作与生活的不同需求中挣扎的不平衡状态。一个人若能同时满足工作与生活两方面的需求，就是一种平衡状态，反之，则会陷入不平衡状态。

达克斯伯里和希金斯将工作与生活冲突的情况分成了五大类型。

1. 角色超载

说到角色超载，就不得不先提到角色冲突。角色冲突是指因必须同时充当两种或两种以上的角色而产生的压力，充当其中一种角色会使扮演其他角色变得更为困难，角色传递者之间、内部和个人角色之间的冲突是工作压力的重要来源。当个人无法顺利转换不同的角色时，就产生了角色超载，也就是发现自己有太多的事情要做，却没有足够的时间，因而不管怎么忙也忙不过来，只能疲于奔命。

2. 工作对家庭的影响

由于工作导致难以满足家庭责任，换句话说就是，因为工作影响了对家庭的责任。很多时候，工作时间、工作性质、工作安排以及工作中所承受的压力及角色混淆等因素会不断地干扰个体的正常家庭生活，特别是对信访工作者这一特殊的人群而言，就工作中所承受的压力这一因素都足以严重影响他们工作与生活的平衡。

3. 家庭对工作的影响

家庭会对工作与生活冲突产生多方面的影响。首先是生命周期的影响。个体结婚生子后，工作与家庭冲突会变得激烈，当孩子年龄不满六岁时，冲突水平最高；而没有孩子的夫妻，冲突程度最低。照顾孩子的需要常常是不可预测的，这方面的要求越高，个体对工作和家庭关系的控制水平就越低，冲突水平也就越高。其次是家庭生命周期的影响。这种周期又分为不同的阶段：一是家庭成立阶段，这一阶段负担和干扰都会增加；二是连续性阶段，比如改变丈夫及妻子的工作和家庭责任；三是对称性角色分配，如采用丈夫和妻子调换工作和家庭角色的方法来减少负担和干扰,双方轮流照顾小孩,此外,妻子主要负责组织家庭生活,丈夫则以职业发展为先。再次,家庭结构的调节作用,如婚姻状况、配偶工作状况等都和工作与家庭冲突正相关。家庭结构越复杂,个体面临的工作与家庭冲突就越严重。最后,配偶的社会支持和平等的家务分工对冲突起着重要的调节和干预作用。

4. 护理负担

因为照顾家里的老人,护理家中病患亲人所付出的情感、体力、资金,以及由此带来的沉重家庭负担。

5. 工作对家庭的溢出效应

所谓的溢出效应,指的是个体在工作中所获得的技能、体验和心境,会对其家庭生活产生有益的影响。例如,如果个体在解决了工作中一个棘手的问题,收获了个人成就感,产生好心情,那他就会将这种从工作中得到的情绪体验带回家中,进而给家庭成员乃至整个家庭生活带来积极的变化,如家庭生活水平的提高及家庭关系的和睦等。除此之外,工作中所获得的经验也可以用来提高处理家庭事务的能力。

(二)工作与家庭边界理论

由于工作与家庭冲突对个人的影响越来越大,美国学者克拉克在 2000 年提出工作与家庭边界理论,该理论认为工作和家庭属于两个不同的领域,成人每天在工作和家庭领域的边界之间穿行、徘徊,分别与不同领域的规则打交道。而所谓的边界,是指对工作或家庭领域的界定,是不同范围相关行为的起始点。边界一般有三种主要形式:第一种是物理的,如工厂或家庭住宅的围墙;第二种是世俗的,如固有的工作时间设定;第三种是心理的,如个体创造的用于指导其思维和行为的模式,以及适用于某一特定范围的情感或者规则。那些频繁在工作和家庭领域之间穿梭的个人可称为"边界跨越者",

而那些对定义特定领域的范围和边界拥有特别影响力的成员可称为"边界维持者"。成年人大多作为边界跨越者每天在这两个领域中穿行，调整目标和个人内心风格以适应两个不同领域的不同需要。这些需要可能是支撑某个领域的责任和义务，也可能是必需的行为方式。

由于边界跨越者的总体资源有限，当有限的资源难以同时满足工作和家庭两个领域的需要时，就会出现冲突。工作与家庭边界理论试图解释边界跨越者与其工作、家庭生活之间的复杂作用，解释冲突发生的原因，并给出有助于保持平衡的措施。因此，该理论概括出当人们在工作与家庭两个边界之间徘徊时，会形成的以下四种边界控制模式。

1. 双双追求事业成功型

夫妻双方尽量满足工作要求，带来的结果是可能对生活需求不能满足。

2. 相互妥协型

一方追求事业，另一方照顾家庭，带来的结果是可能影响另一方的个人发展。

3. "变戏法"型

拒绝工作责任和拒绝配偶之间保持平衡，造成的结果往往是顾此失彼。

4. 拒绝型

夫妻双方都拒绝工作责任要求，这种模式的结果可能造成双方事业发展上的障碍，或者根本就没有发展可言。

以上四种类型的边界模式都存在一定的弊病，各种类型都无法有效地平衡工作与生活。我们需要做的是在一定的相互妥协基础上，尽量满足双方的工作要求，同时，又给予自身一定生活上的放松和享受，如适度安排旅游、做运动等，但切忌在工作与生活之间来回摇摆、顾此失彼。

二、不可忽视的"隐形炸弹"

工作与生活冲突并不是一件无足挂齿的小事，很多实验研究已证实工作与生活之间的冲突不仅仅影响个人和家庭的发展，甚至对组织乃至整个社会都会产生不利作用。

（一）创造力降低、个人发展停滞与工作和生活冲突息息相关

沙拉伯克等人在欧洲的研究表明，工作与生活冲突会影响员工的工作动力、工作乐趣，降低员工社交生活的质量，最终将导致身心疾病。与沙拉伯克等人的发现一致，达克斯伯里和希金斯在加拿大的实证研究也发现，工作与生活冲突较大的员工，其压力、倦怠水平偏高，生活满意度较低，身体健康状况也偏差，经常出现绝望感。从众多研究中可以看出，工作与生活冲突给个人带来的影响是不容小视的。

（二）越来越多的家庭问题都与工作和生活冲突有密切关系

达克斯伯里和希金斯的研究还表明，角色超载严重的员工通常会出现婚姻问题。哈伯森等人的研究也证明，越来越多的家庭冲突、家庭暴力、离婚，越来越多的在养育子女后发生的家庭问题都与工作与生活冲突有密切关系。为了能够拥有和谐的工作与生活，我们必须充分重视工作与生活平衡。

（三）工作与生活冲突可危及一切组织的存亡

哈伯森等人的实证研究表明，工作与生活冲突会导致缺勤率、离职率和医药成本的提高，以及生产效率、工作满意度和组织忠诚度的降低。更进一步的研究还证明，工作与生活冲突甚至可以危及一切组织的存亡，包括：

（1）发生各种错误、工作疏忽或错失商机等问题；

（2）引起组织内部的冲突和低效率的合作，最终产生被扰乱的内部关系及不和谐的工作环境；

(3) 高素质人员的离职，最终将破坏组织的公众形象，导致恶劣的公共关系，并且难以聘到高素质的新员工；

(4) 员工因病离开，会给组织带来较高的人力成本。

（四）工作与生活冲突引发诸多社会问题

在社会层面，高离婚率和高青少年犯罪率等社会问题已经被证实和工作与生活冲突有关。达克斯伯里和希金斯在实证研究中也发现，严重的工作与生活冲突还会影响整个国家的国民经济状况和卫生支出。

第三节　工作与生活冲突平衡术

一、如何从组织层面上创建工作与生活的平衡

（一）实施弹性工作制

现如今，弹性工作制在国外很多知名企业都已经被广泛采用，然而这一举措在我国还很少被采用，究其原因，是因为企业管理者会觉得采取弹性工作制给予员工太大的自由，会使其不务正业，影响正常的工作表现。这种顾虑并非毫无道理，实行弹性工作制的前提是员工有能力胜任工作过程的自主管理，然而对于我国大部分上班族而言是很难达到这一要求的。为此，可采用老式的积分系统来处理，对于那些在工作中有突出表现的员工可以奖励一定的积分，然后用积分来交换自己的工作弹性。拥有了灵活的工作时间之后，就可以有效平衡工作与生活的关系。

💬 **小贴士**

弹性工作制的形式

弹性工作制主要有以下两种形式：

一种形式是缩短每周工作天数。例如，在美国，有的人一天工作10小时，一周工作4天，而非传统的每周5天工作制。这种方法使员工有更多的时间或更机动的日程用于履行家庭义务，进而提高员工的工作热情和对组织的认同度。

另一种形式是弹性工作时间。即单位只规定员工每天工作的总时间数，其上下班的时间可以自己掌握。这种形式能给予员工更多的自主权和责任感，增强员工对工作和家庭的控制能力。

（二）给予更多生活上的支持

对于如今在"时间不够用"的快节奏环境下工作和生活的人们来说，工作与生活双肩挑确实会让他们力不从心。有调查显示：我国有35%的人被来自家庭内部的压力困扰，认为照顾家人是难以平衡工作与生活的重要原因，如果相关组织能为其"照顾家人"提供相应的支持性服务，即帮助其解决照顾孩子和老人的问题，就可以解决这些员工的后顾之忧，使其可以更加安心、专注地工作。具体说来，可以采取如下措施：

1. 介绍信息

组织可以为员工提供或推荐好的看护中心信息。该方式成本较低且能为有子女的员工提供了方便。

2. 子女看护心得交流

指定期或不定期地组织讨论会，让员工探讨如何管教子女。该方式的成本不高，效果又好，是个较为实用的方法。

3. 看护机构折扣

这是指由组织与看护机构联系，要求其提供折扣价格，有时可以通过优惠券的形式提供给低收入家庭。

4. 生病小孩看护

是由组织提供员工生病子女或是紧急情况看护中心，或派专业看护人员到员工家里，或将照顾生病子女纳入正规病假日。该方法可以使员工专心工作，并感受到组织的关怀。

> **小贴士**
>
> **如何解决后顾之忧**
>
> 微软公司在员工子女的幼儿园中安放了监控设备，员工可以随时在线看到孩子；男性员工也有一个月的"产假"，以便照顾妻子和婴儿。
>
> 此外，单位还可以与一些家政服务公司建立长期的合作关系，提供相应的福利计划，为员工的子女、老人照看费用支付部分补贴等，或者为员工提供相应的保险计划及组织资助的老年人照顾中心等。

（三）创建良好的工作环境

合格的管理人员不应只是看重员工的工作表现，更要有一颗关心他们生活的心。对于员工工作与生活上的难题，组织要及时了解员工的状态并给予他们信心，为此，可以在单位或部门内部设立员工缓解精神压力的小型机构，或者提供一些能使员工在紧张的工作之余得以放松的设施。除此之外，单位还可以创造家庭成员参观工作场所或相互联谊的机会，促进家庭成员和工作伙伴的相互理解与认识，这也能促进工作与生活的平衡。

> 💬 **小贴士**
>
> **如何创建轻松的工作环境**
>
> 连续六年被《财富》杂志评为"最愿意为之工作的美国百家企业"之一的著名生产统计软件的 SAS 公司，提供给软件开发人员每人一间办公室，设有两个儿童看护中心、一个员工医疗保健中心、多个康复项目、一个 77 000 平方英尺的娱乐健身中心，以及其他许多业余休闲项目。

（四）提供必要的娱乐活动及心理访谈平台

向员工提供生活问题和工作压力排解的咨询服务或心理辅导，帮助员工缓解精神压力，关心员工的身体健康，对其进行健康投资。要做到这些，并不能仅仅停留在定期体检、报销医药费等传统做法上，而是要不断创造条件让员工能够进行体育锻炼，能够排解心里的压力，要通过各种途径帮助他们培养健康的生活方式。

（五）发动媒体力量

除了单位或组织本身的努力之外，还可以借助媒体的力量，通过广播、电视、网络等手段向大众传授解决工作与生活冲突的各种渠道。

二、个人工作与生活平衡的策略

（一）把自己作为工作与生活平衡计划的主心骨

无论多忙，都要经常找找自我，给自己一个优先、妥善照顾自己的身体及心灵的机会，才能更好地照顾他人。具体说来，可以采用以下几种方法：

（1）把改善个人生活看成是对工作的一项投资。如果感到不舒服，就让自己休息一下。通过休息恢复了精力，获得了平和的心境，就会更加有活力，工作效率更高，这么做同时也考虑了自己身边的人。

（2）业余时间做记录来跟踪自己的活动情况。这样可以清楚地了解自己花掉多长时间，是否玩得开心。如果时间允许，也许需要追问自己怎样才能开心快乐。

（3）调节生活。学会调节自己的生活，从最容易的部分开始，但首先是要真正行动起来。一旦适应改变后的生活，就可以充分利用休假时间。

（4）每周从工作之外找出一件使自己愉快的事。这件事必须是自己绝对爱做的事，比如打球、看电影等。

（5）想象成功。幻想自己在健康之巅发光，或者被一种温暖的、充满爱意的氛围所包围。设想和家人一起出去旅游时的愉快，设想自己成功地解决了一个信访难题等。

💬 **小贴士**

> **妥善处理家庭负担策略**
>
> 策略1：看看周围有没有存在同样问题的人，了解他们是怎样解决的。
>
> 策略2：了解单位、社区是否有提供相关帮助的专门机构。
>
> 策略3：确认是否有可以帮助你的亲戚或朋友。
>
> 策略4：了解单位是否有弹性工作时间、交替班工作和工作分摊的可能。
>
> 策略5：与领导或人事部门商讨是否有变通的解决方法。
>
> 策略6：与配偶或家人商议，看看共同分担的最大程度。

（二）加强与身边人的沟通

在现实的工作与生活中，工作与生活冲突不可避免。当一个人陷入工作与生活冲突的漩涡中时，他最希望得到的就是身边人的体谅、理解与尊重，而获得这些的前提就是要主动与身边的人沟通。在工作中，可以和同事一起，将自己的想法及所遇到的困难主动与上级沟通；在生活中，可以和家人一起，将目前自己在工作中的处境多与家人沟通。通过与身边人的沟通，让身边的人了解你、你的工作、你当前所面临的问题和困难。这样，才会获得身边的人对自己的理解与支持，也才能避免不必要的矛盾和冲突，实现工作与生活的平衡。为了更好地达到沟通的效果，不妨试试以下沟通技巧。

首先，要处处替他人着想，切忌以自我为中心。要与身边的人搞好关系，就要学会从其他人的角度来考虑问题，善于做出适当的自我牺牲。要妥善解决好一个问题，经常与别人合作，在取得预期效果之后，可邀请帮助过自己的人共同分享，切忌处处表现自己，将众人成果占为己有。替他人着想还表现在当他人遭到困难、挫折时，伸出援助之手，给予帮助。良好的人际关系往往是双向互利的，只有给了别人种种关心和帮助，当你自己遇到困难的时候才会得到回报。

其次，要胸襟豁达，善于接受别人及自己。要不失时机地给别人以表扬，但须注意的是要掌握分寸，不要一味夸张，从而使人产生一种虚伪的感觉，失去别人的信任。

再次，要掌握与他人交谈的技巧。在与他人交谈时，要注意倾听他的讲话，并给予适当的反馈。聚精会神地聆听代表着理解和接受，是连接心灵的桥梁。在表达自己思想时，要讲究含蓄、幽默、简洁、生动。含蓄既能表现出高雅和修养，同时也能起到避免分歧、说明观点、不伤感情的作用，提意见、指出别人的错误都要注意场合，措辞要平和，以免伤人自尊心，产生反抗心理；幽默是语言的调味品，它可使交谈变得生动有趣；简洁要求在与人谈话时掌握该说的说，不该说的不说；生动是指与人谈话时要有自我感情的投入，这样才会以情动人。当然要掌握好表达自己的技巧，需要不断地实践，并不断地增加自己的文化素养，拓宽自己的视野。

最后，要培养自己多方面的兴趣，以爱好结交朋友，这也是一种好办法。除此之外，互相交流信息、切磋自己的体会都可融洽人际关系。

💬 小贴士

改善亲子关系策略

策略1：要更多地传递无条件的爱，永远从积极的、美好的角度看待孩子，无条件地欣赏、鼓励、赞美孩子。

策略2：蹲下身子，尽量以孩子的视角、用孩子的语言与孩子平等交流。

策略3：放弃固有的成见，给孩子充分表达想法的机会，不把自己的观点强加给孩子。

策略4：注意角色的转换，不要把工作和生活中的情绪带给孩子。

策略5：经常表达对孩子的爱意，除了口头语言外，还可以利用肢体语言，如拥抱、爱抚等。

（三）全身心地投入，以期获得更大的工作弹性

这要求我们在做事时要努力减轻焦虑、避免分心，也就是说，要学会分门别类、有条不紊。工作时，我们要真正集中精力，除非紧急情况，否则不要因家事打电话；当和家人在一起时，则尽量不要想着工作。当我们真正做到全身心投入每一件事时，就会发现完成这件事的效率会大大提高，从而也为工作与生活的平衡提供了更大的弹性条件。

（四）注重工作与生活相互借力

工作和生活就如同吃饭和睡觉一样，对一个人来说是再熟悉不过的了。其实工作与生活之间有很多共同之处，工作中遇到的难题，完全可以在生活中找到答案和解决方案；同样，对于来自生活中的困扰，也可以应用工作中的方法来处理，从而使生活变得更加轻松、有序。这就是工作与生活的相互借力，一旦懂得了这一道理，就可以大大提升工作效率和生活质量。

工作和生活是一块硬币的两面，互为补充、互为因果。工作和生活是人的左腿和右腿，是人生的两个基本支点。随着发展研究的进步，人们逐渐意识到工作、家庭及自我事务在人的生活中会产生强烈的相互作用，工作与生活平衡计划已经是各行各业人力资源及职业生涯管理的重要内容。

对于信访工作者这一特殊群体而言，制订有效的工作与生活平衡计划更是迫在眉睫。只有帮助他们实现工作与生活的平衡才能获得幸福安宁的生活，才能使其保持持续的工作热情，从而形成事业有成、家庭和睦的良性循环。

💬 小贴士

处理来自婚姻关系的困扰

1. 即时的交流胜过度一次长假。有效的沟通不需要太多时间，但一定是要即时的，每天可能只需要十几分钟或者几分钟，向对方说出自己的感受，哪怕仅仅用眼睛看着对方，听对方说说话，或者只是用肢体语言向对方表达一下爱意。总之，至少要让对方知道你在意他（她）、爱她（他），就能及时化解很多积怨，保持良好的信任和默契。

2. 亲密关系最重要，是非曲直靠边站。婚姻中的争吵往往都涉及生活琐事，争吵的双方总是想分出个是非来。事实上，清官难断家务事，这些争吵最后的结果往往是是非曲直没有争论清楚，反倒伤了感情，许多夫妻矛盾都是这样日积月累形成的。为此，请记住：一是在任何时候，亲密关系排第一，是非曲直居第二；二是多用平静、耐心的沟通替代杀伤性的争吵。

3. 爱意的表达，怎样都不嫌过。为此，要尽量做到：

(1) 睡觉前谈谈心；

(2) 每周都留出夫妻俩独处的时间，尽情领略二人世界；

(3) 一起回忆过去的美好时光；

(4) 花一个晚上翻看你们的照片；

(5) 到一个你们当初约会的、最喜欢的地方，故地重游；

(6) 尽量多地一起开怀大笑；

(7) 不吝惜给对方赞美之辞。

第四节　工作与生活平衡评估

一、测试

阅读下面的问题，根据自己的情况进行判断，选择同意或不同意即可：

(1) 每天清晨起床，我总是觉得精力充沛；

(2) 家人经常抱怨我老是不在家；

(3) 我至少有两项与工作毫无关系的嗜好或休闲兴趣；

第六章 信访工作者工作与生活平衡计划

（4）我觉得现在还不如过去快乐；

（5）我总是将所有的奖金用于休闲娱乐；

（6）我有时会因为考虑工作中的事情而半夜惊醒；

（7）我总是觉得工作与个人生活有冲突；

（8）如果现在死去，我会为自己留下的遗产而感到骄傲；

（9）我很少在工作日的晚上有精力出去参加活动；

（10）我很少因为工作而失约不去参加朋友的聚会。

二、得分

问题（2）、（4）、（6）、（7）及（9），如果你同意，则加1分。

问题（1）、（3）、（5）、（8）及（10），如果你不同意，则加1分。

三、得分分析

0~1分：你在工作与生活的关系上处理得很好，人人称羡。

建议：继续保持现在的状态，妥善处理工作与生活的关系。

2~4分：你对工作与生活的关系处理很多时候还是令人满意的。工作也许会偶尔妨碍到你的个人生活，不过总体上还是属于处理得不错的。

建议：适当反思工作与生活中的不足，并制定相应的解决措施。

5~7分：工作好像对你的生活造成了比较大的影响。或许你自己不愿意工作到很晚，也不愿意周末不休息，或许工作的压力让你感到即使在不上班时也很疲倦和烦躁。

建议：找个特定的时间，如周末、假期等，彻底放松一次，然后以轻松的心态面对工作。另外，平时可以多从工作中寻找一些乐趣，以调节紧张及焦虑的情绪。

8~10分：工作好像是你生活中的支配因素，你好像根本就不存在工作以外的生活。事实上，如果这种状态持续很长时间的话，你的健康与个人关系就会遇到很大的问题。

建议：不妨尝试放下手上的工作，出去呼吸呼吸新鲜空气，做一些有氧运动，或者好好休息一番。

第五节　应用与练习

练习一：做当下的改变

你想改变现状吗？不管你现在是在思考还是已经付诸行动了，都请拿出纸笔，将自己的思考全过程记录下来，梳理一遍。

不要出现模糊的想法，如"我想改善与妻子的关系""我想改善我的心情"等，需要将这些想法或计划具体化，制定阶段性的、可操作的、可衡量的行动目标。如将"我想改善与妻子的关系"这一想法具体化为"在教育孩子的问题上达成一致"，付诸行动如下：

（1）耐心倾听妻子的想法；
（2）平静地将自己的想法完整地表达出来；
（3）找出彼此分歧的地方；
（4）倾听孩子的想法；
（5）就该问题请教专家，最终达成一致。

通过这一方法，你可以有效地改善工作及生活中所要改善的各种关系，从而促进工作与生活的平衡。

练习二：角色顺序计划

的确不容易，在现代社会中，我们每个人担任的角色越来越多。多重角

第六章 信访工作者工作与生活平衡计划

色的困扰,恐怕也不只是女性独有,很多男性的情况也好不到哪儿去。

然而这个分饰多角色的状态,往往是日常生活中压力的重大来源。如果留在单位加班而不回家,讨好领导却冷落了孩子;万一陪妻子出去逛街而不去打球,是好丈夫却当不成好哥们儿。

时间就这么多,该怎么做才能平衡呢?

首先,请先调整对压力的期望值,放弃追求"无压境界"的念头。心理学家做过研究,压力过少或过多都不好,只有在适当压力的情况之下,我们才能够有最佳的生活表现。这下你应该相信追求"无压",除了本身就是个不可能完成的任务从而会带来更大压力之外,就算真的无事一身轻了,也不见得就是件好事情。

所以请你先调整好心态,不求无压,但求适压。

然后,请放弃完美,确定角色顺序。先想一想自己在生活中所扮演的各种角色,比如说有的人在工作场所既是领导又是下属,回到家里后是妻子、是女儿、是妈妈。这些不同的角色,难免会有相互冲突的时候,只要看看那些在社会上功成名就的人,也许就能一目了然。这些人在工作岗位上的确表现杰出,但如果仔细观察他们的个人生活,你就会发现他们对孩子来说恐怕不一定就是个好爸爸,而且对妻子而言,也很可能不是个体贴的好丈夫。所以你我不可能事事顺心,生活是选择及取舍的成品。

因此角色顺序的确定,就是在这几个角色中,按照目前的重要性,来决定它们的先后顺序。

如果名列第一的是"主管",这时对于排序第一的角色,我们就要全力以赴,百分之百地冲刺,去发挥自己的潜力。请你列出如果要做好一名优秀的主管,你认为每天需要做哪些事情?

1. _____
2. _____

3. _____

如果第二名排定的角色是"妈妈"的话,这时候就要思考,哪些妈妈的工作我可以做得很好。例如,送孩子上学,星期天陪他打球等。至于其他事情如每天回家陪他做功课等,也许就列不进榜单了。

1. _____
2. _____
3. _____

而对于排名第二的角色,给你的建议是:做好80%就好,这个时候做到80%就是完美。

按照这个方式继续往下走,第三名也许是做个"好妻子",哪些好妻子的工作可以做得很好?

1. _____
2. _____
3. _____

在这个方面发挥60%的功力就应觉得心满意足了。

如此一一定出先后顺序,就可把生活的掌控感找回来,避免因做不成"超人"而感到挫折不安。只要能定出生活中的角色顺序,你就能活得既是主管又是好妈妈、好妻子,井然有序而优雅幸福。

练习三:优先次序平衡法

请拿出纸笔,列出你最近需要处理的事情,可以按照其重要性排列。具体操作方法如下:

排列优先次序

写下所有最近你需要完成的工作，不用管它们的次序如何。

1.　　　　　　　　　6.

2.　　　　　　　　　7.

3.　　　　　　　　　8.

4.　　　　　　　　　9

5.　　　　　　　　　10.

接下来，你需要为你的职责排列优先次序，下面通过 ABC 等级次序方法举例。

ABC 等级次序方法

指导语：在 A 列中写下所有你必须要完成而且越快完成越好的工作，在 C 列中写下其余的所有事情。

A	B	C
_____	_____	_____
_____	_____	_____

这种方法包含了三个指定的字母 A、B、C，以此来区分不同的职责：A 代表最高优先权的活动（必须立即执行），B 代表第二优先权的活动（不属于 A 或者 C 的所有事情，但是你必须要做），C 代表最低优先权的任务或者你愿意去做的事情（能够等待）。在这一排列优先次序的方法中，一旦列出职责列表，每个项目上都要对应一个字母，按照新的等级次序重新改写清单，然后完成相同等级的工作。

列举完后，从重要性的高低依次开始处理这些事情，一定要全身心地投入每一件事，切忌一心二用，以发挥最高的效率。

一开始你可能会感觉不习惯，但多练习几次你就会发现，身边那些烦琐的事都悄悄消失不见了，你也就在不知不觉中达到了生活与工作平衡。

第七章
信访工作者心理支持计划

第一节 信访工作者心理支持计划概述

一、什么是信访工作者心理支持计划

信访工作者心理支持计划是指针对存在心理障碍倾向或者心理问题的信访工作者及其家属,提供相应心理评估、咨询辅导以及针对家庭、法律、医疗与财务等方面的问题提供援助支持的过程。

信访工作者的压力和情绪问题在组织生活中是会产生弥散效应的。研究发现,信访工作者的压力和心理问题将导致组织的缺勤率、离职率、事故率以及工作中的人际冲突增加,还会引起招聘和培训等人力资源管理成本增加、员工工作积极性和工作效率下降等问题。英国的一项研究表明,压力和心理问题造成的损失将耗费整个国民生产总值的十分之一。

二、信访工作者心理支持计划的基本要素

（一）来自主管部门的支持

抓信访就要抓队伍、抓业务，同时也是抓形象。所以各级领导干部要高度重视信访工作，对信访工作者在政治上要关心，对优秀的信访工作者该提拔重用的要提拔重用，该表彰奖励的要表彰奖励。

上级主管部门及本级人民政府的支持，最大限度的认可与推动，对信访工作者心理支持计划项目的顺利实施非常重要。特别是在信访工作者心理支持计划的初期导入阶段，他们的参与可以为项目的执行提供基本的支持和协助，以及充裕的经费保障。如果不能得到上级主管部门特别是党委、政府的认同，信访工作者心理支持计划也很难达到预期的成效并且持续进行下去。

（二）本单位领导的支持

本单位领导的支持对信访工作者心理支持计划也非常重要。上级主管部门的支持，会通过下达文件或考核来体现，但是真正落到实处，给信访工作者提供心理支持计划的还是具体的执行者。本单位的大力支持，则会贯穿在信访工作者心理支持计划的整个过程当中，直接体现党政领导对信访工作者的关心，以及对信访工作者心理支持计划推行的热情。

各级领导要多了解信访工作者的工作、家庭、生活中的困难，解决他们面临的实际问题，解除他们的后顾之忧，在精神上要鼓励、情感上要关爱、经费上要支持。

（三）明确的政策与程序说明

每一个向信访工作者提供帮助的机关、单位，都必须申明信访工作者心

理支持计划的公开政策和程序，要让他们了解并相信党政机关、单位推动信访工作者心理支持计划的诚意和决心，每一套政策和程序都应该传达出以下几个方面的重要内容：

1. 自愿的原则

信访工作者心理支持计划是信访工作者自愿参加的，组织不会强迫让其参与。

2. 无条件接纳

要让信访工作者意识到每个人都会有问题或困扰，他们存在的问题是可以被接纳的，不要害怕，要有勇气面对问题并解决它。

3. 大力支持个人努力

个人问题或者困扰对组织和信访工作者个人都存在负面的影响，只要信访工作者本人愿意在这方面做出努力，同事和单位都会给予协助和支持，并愿意通过专门聘请的专业机构向面临困扰的信访工作者提供保密、专业的帮助。

4. 确保安全感

要让参与者意识到信访工作者心理支持计划提供的服务是安全的、保密的，个人的求助记录是不会记入档案的，不会影响绩效考核和升职的。

此外，要有执行程序的相关说明，让信访工作者了解政策如何执行，包括执行步骤、享受服务的注意事项、相关工作流程等。

（四）保密要求

保密是信访工作者心理支持计划得以有效实施的基础，所有的工作人员都有权为自己的问题寻求帮助并且获得保密的承诺。信访工作者在寻求专门的心理辅导机构之后，他（她）都有权获知，在任何情况下，自己的相关信息都不会被记入工作档案。在实际的工作开展中，要切实做到这一点，让信访工作者体会到自己的隐私权受到保护。

（五）完善的教育促进与培训

信访工作者心理支持计划是建立在广大信访工作者参与基础上的，并非党政机关、单位提倡就能达到目标的。为了顺利执行信访工作者心理支持计划，就必须要让全体的信访工作者都了解这项工作，并明白个人与组织在这个方面的共同利益，要特别为和信访工作者直接接触的党政领导者进行培训，提升他们发现和面对问题的能力。要让信访者本人及其家属了解信访工作者心理支持计划的政策、程序、方案和内容。

（六）财务支持

信访工作者心理支持计划的实施，必然要请来专业的心理工作者，这就要支付咨询费用。信访工作者往往会担心负担不起心理访谈的费用，如果他们知道不需要支付费用的时候，就会倾向于接受咨询并且和家属共同参与。所以，建立信息化的支付系统并提供一定的财务支持，是信访工作者心理支持计划顺利开展的后盾。

（七）专业心理咨询工作者的帮助

据一项心理测评结果显示，很多信访工作者都患有轻度到中度的心理抑郁症状。

某市妇联"心理咨询与妇女维权工作"专项调查显示，妇女维权专业工作者体会到"信访人有心理疏导需求"占被调查总人数的86.09%；认为"心理咨询工作者最能发挥作用的领域是在婚姻家庭方面"的占87.7%。

信访工作是一项特殊的事业，承担着为社会减压、化解矛盾的责任。在解决这些社会矛盾的同时，信访工作者难免成为某些信访人的"出气筒"，所以有专业心理咨询专家解决他们日常积累的情绪问题成为信访工作者心理支持计划的主要任务之一。在计划实施过程中，通过专家让信访工作者充分了解自己所从事的工作，并结合职业生涯规划进行辅导。

另外，信访工作者心理支持计划协调人员经常要处理很多不同业务，他们要和当事人访谈、分析判断，如果认定属于心理问题或心理障碍，就需要安排当事人在专家指导下运用科学的技术手段进行心理咨询或心理治疗。因此，这些协调人员应了解这个领域，知道怎样能促进咨询，还需要高效完成针对某一种情况请哪些专家更适合等工作。

（八）相应的配套措施

1. 设立心理访谈室

心理咨询实践表明，会谈的环境对咨询效果具有一定程度的影响，心理访谈室需考虑以下条件：

一是色调，应冷色调为主，这有助于情绪冷静；

二是安静，隔音效果要好，以保证不受外界噪声的干扰；

三是温度适宜，温度过低或过高，咨询者都会出现强烈的应激反应；

四是座椅要舒适、软硬适中，座位摆放尽量不要设在背对房门的位置，减少咨询者的不安全感；

五是情境点缀，悬挂一些温馨的标语或图画，让咨询者有信任感。

2. 配备心理辅导员

采取"请进来、走出去"的方式，一方面加强信访工作者的心理学知识和心理调适技术的自我学习，另一方面加强信访工作者的法律政策和信访经验的学习，从而努力塑造一批心理学知识过硬、法学知识过硬的心理疏导人才，更好地服务大局和信访工作实践。

3. 邀请心理专家咨询

在心理辅导方面，可以考虑邀请经验丰富的心理专家介入咨询，从心理学上提供一定的专业支持和帮助。为了使心理专家介入咨询制度化、经常化和规范化，可与心理咨询师协会、心理咨询机构、医院等单位建立合作机制，并形成心理专家介入咨询的规范性文件。

4. 拓展亲友心理辅导

实践表明，一些信访工作者对心理专家的心理辅导具有防范性和抵抗性，不容易拉近心理距离。对于这类思想比较保守、行动不合作的人，必要时可以向其亲友说明情况，让亲友间接对其进行心理疏导，通过亲情和友情来克服咨询者的心理抵触问题。

（九）做好记录、追踪和评估

每项和信访工作者心理支持计划相关的服务，都要保留及时、准确、完整的记录，保留完备的资料，作为后期的评估、追踪、督导及研究的依据。并且要有适当的追踪服务，包括向服务对象了解成效、关心转介的后续情况等。同时对整体的信访工作者心理支持计划的执行情况及相关人员的表现也要进行定期评估，并将结果呈现给管理者。

三、信访工作者心理支持计划的服务范围

信访工作者心理支持计划的服务范围如图7-1所示。

（一）积极心态调整计划

好的心态决定一切好的结果。积极心态调整计划是一种科普知识传授计划，主要是通过集体培训、专家座谈等形式让信访工作者意识到积极心态的重要性，并让他们习得调整积极心态的常见方法和技巧。

图 7-1 信访工作者心理支持计划的服务范围

（二）工作压力管理计划

信访工作者每天要接待各类群体，有集体信访人、老年信访人、信访老户等，不仅工作量大，而且工作烦琐且难处理，这无疑会造成信访工作者越来越大的工作压力。

工作压力管理计划是指通过集体培训、角色对话、游戏以及设立宣泄室、技能培训等方式让信访工作者提高应对压力的技巧和能力，同时通过对表现优秀的工作者给予各种形式的奖励，如免费旅游、晚会庆典等形式，在释放压力的同时增加他们的工作热情。

（三）情绪管理计划

信访工作者每天要面对大量消极负面的信息，很多信访人都是带着问题和满腹的怨气来的，都希望自身的问题能通过信访部门得以解决。信访工作者成了他们的出气筒，日积月累的压力情绪致使很多信访工作者也开始出现情绪失控现象。

情绪管理主要是通过集体培训、团体游戏、角色扮演或个案咨询等方式传授信访工作者管理自己情绪的方法和技巧，同时能站在对方角度更好地理解他人情绪，使他们在参加活动的同时，也起到了情绪调节的作用。

（四）职业倦怠消除计划

如前所述，很多信访工作者都没有成就感，觉得自己的工作失去了意义，并出现了失眠、担忧等症状，表现出害怕工作、逃避工作，这就是职业倦怠。

职业倦怠消除计划是指通过专家座谈、个案咨询等方式让信访工作者了解职业倦怠及其危害，让他们正确对待职业倦怠，更好地度过职业倦怠期。

（五）工作与生活平衡计划

一直以来，信访工作者的工作压力很大，他们花费在工作上的时间逐渐增多，和家人相处的时间越来越少，这种工作方式致使一些信访工作者感叹无法协调工作与生活平衡。

工作与生活平衡计划是通过家庭聚会、角色扮演等方式让信访工作者正确对待工作与生活之间的关系，让他们的家人更多地理解他们的工作。这一项计划不仅仅邀请信访工作者的加入，必要的时候还会邀请他们的家庭成员来共同解决。

（六）心理干预计划

心理干预计划主要针对特殊的群体，是指帮助那些因为工作压力太大或者其他原因，已经造成一定的心理问题的工作者。

心理干预计划主要是通过邀请心理专家坐诊，或者是转介的形式给予特殊的信访工作者提供帮助，帮助对象有抑郁症、强迫症、焦虑症、饮食障碍、癔症、疑病症、躁狂等心理问题患者。

四、信访工作者心理支持计划的预期目标

（一）个人层面

信访工作者心理支持计划的预期目标在个人层面主要体现在以下方面：

（1）促进信访工作者的身心健康，指导其提高生活质量；

（2）帮助信访工作者解决工作、生活中遇到的心理困扰；

（3）帮助信访工作者缓解压力，降低压力对其负向作用；

（4）推进信访工作者的良好人际关系及工作和谐关系；

（5）推进信访工作者家庭和谐，改善夫妻和亲子关系；

（6）促进信访工作者工作与生活的平衡；

（7）协助信访工作者自我成长，引导其生涯发展；

（8）推进信访工作者心理学理论和技术的运用，改善自我及家庭成员的需要；

（9）构建信访工作者个性化的心理帮助方案和短程服务，解决其心理问题。

（二）组织层面

信访工作者心理支持计划的预期目标在组织层面主要体现在以下方面：

（1）丰富薪酬福利制度，满足信访工作者不断变化和提升的需求，特别是心理层面需求；

（2）优化组织承诺，增强信访工作者在组织中的幸福感受；

（3）提高信访工作者各项满意度指标，增进信访工作者的向心力和凝聚力；

（4）改善组织氛围，提高信访工作者士气，降低各项关联管理成本，如

离职率、缺勤率、意外事故所导致的损失等；

（5）通过对心理变量的干预改善组织绩效；

（6）提供行为危机管理方面的咨询，提高信访工作者的幸福感及其对工作环境的安全感；

（7）在保密范围内，为特殊信访工作者心理问题患者提供咨询服务。

五、信访工作者心理支持计划的通用模式

（一）内部模式

内部模式是指直接吸纳心理学专家参与信访工作。一方面心理学专家可以直接成为信访工作者，另一方面组织也可以成立一个信访心理疏导小组，请心理学专家专门对信访工作者进行压力疏导。

1. 优点

（1）专职人员对信访部门独特的文化、潜在的问题和信访工作者特性更容易理解和把握，能拟定更加富有针对性的方案；

（2）有助于结合内部情况去执行和实施项目计划；

（3）党政机关、单位直接关注信访工作者，对他们组织需求的适应性、弹性更大。

2. 缺点

（1）专职人员处于相同的环境，在设计方案的时候难免具有主观性；

（2）在直接提供帮助的时候，可能会因为隐私问题受到威胁而影响服务；

（3）总是消耗一定的人力、时间和精力。

（二）外部模式

外部模式是指党政机关、单位将信访工作者心理支持计划项目外包，由

外部具有社会工作、心理访谈等知识经验的专业人员或机构提供相应的服务。

1. 优点

（1）组织人力资源消耗最少，只需要支付一定的费用就可以得到全套的服务；

（2）由于工作人员完全是组织之外的第三方，信访工作者在接受服务的时候能够感到个人隐私的安全性。

2. 缺点

外部团队的工作人员可能对组织的了解不够，费用也比较高。

（三）联合模式

联合模式是指党政机关、单位联合成立一个专门为信访工作者提供援助的服务机构，该机构专门配备了专职的人员。这种服务可以最大限度地节省经费，但是目前在我国很难实施，原因有两个方面：一方面，我国的信访工作者在公务员中所占的比例并不高，往往是信访工作者少，很难形成规模；另一方面，在人员配置、人员限制、薪酬福利等方面，党政机关、单位内部门之间的协调比较困难。

（四）混合模式

混合模式是指信访工作者心理支持计划实施部门实行内部和外部的专门机构的联合，共同为信访工作者提供帮助。这种方式是最理想的，既能保证工作人员的专业性、信访工作者的信任度，同时也能有党政机关、单位内的联系人协助推进整体项目的进行，随时对质量进行监督。

第二节　信访工作者心理支持计划项目实施

一、宣传流程

(一)确定目标

总的来说,信访工作者心理支持计划就是帮助信访工作者更多地了解与心理学相关的知识,理解信访工作者心理支持计划为自己服务所提供的资源,以及对生活的积极影响,从而使他们学会主动地求助于这个项目,并且及时借助各种媒体呈现信访工作者接受服务的反馈和建议,帮助信访工作者更好地服务大众。

但是,因为各地信访工作者遇到的困难不一样,所存在的困惑也不一样,所以,信访工作者心理支持计划要结合信访工作者的特点来确定目标。一方面,在我国,人们一般都会有传统的集体观念和顺从意识,往往喜欢听从组织的建议,响应组织的号召。因此像信访工作者心理支持计划这样由组织开展的服务活动,更容易得到信访工作者的接受,获得信访工作者的信任。看重组织的权威性,也决定了领导对帮助计划的态度将很大程度影响组织内其他成员的行为。另一方面,由于我国目前社会上对心理服务的接受度有限,会经常质疑心理咨询等所能达到的效果,而不太愿意个人出资接受专业服务,也存在一部分人还不愿意投入资金去享受像心理咨询这样所谓的"奢侈品"。但是如果由组织付费,将在很大程度上提高信访工作者参与的积极性,促使他们主动寻求帮助。

（二）制订计划

在开始宣传推广工作之前，需要制订详细的计划。具体来说，包括以下几个步骤：

(1) 确定宣传的形式；

(2) 确定宣传的阶段和任务及时间表；

(3) 成本核算；

(4) 确定工作人员。

（三）部门协调

为了更全面、清晰地统筹整合内外可利用的资源，更好把推广计划落到实处，最好的办法就是召集宣传推广有关的内部部门，如新闻宣传部门和相关单位的领导一起召开会议，商讨宣传计划、分配宣传任务。在宣传过程中充分和这些部门合作，使用内部资源完成宣传品的设计和制作过程，可以节省大量费用和时间。

（四）实施计划

宣传工作的开展过程中，在确定目标、制订计划和部门协调好之后，就要开始实施宣传计划了。在实施宣传计划时，需要注意很多细节，下文将进一步阐述。

二、宣传推广

（一）宣传品的形式

根据宣传受众的多少，可以将宣传品分为小范围的宣传品和大范围的宣传品,小范围的宣传品形式包括心理自助手册、海报、宣传栏等,大范围的宣传品形式包括报纸和杂志、广播和电视、网络等。

1. 小范围的宣传品

(1) 心理自助手册。纸质印刷,采用人手一份,以折叠或者翻页的形式,主要介绍信访工作者心理支持计划的服务项目,接受服务的方法,服务人员的专业保证,以及有关注意事项,目的是使被服务者学会怎样利用组织为他们提供的帮助计划。心理自助手册会根据主题服务或者针对人群的不同而不同,具体内容详见表7-1。

表7-1　　　　　　　　心理自助手册的主要内容

主题服务	具体活动	针对人群	参加方式
团队建设	教育培训 团体辅导 心理拓展 外派人员帮助	以部门为单位	和每一个部门约定
特殊群体	女性信访工作者 青年信访工作者	女性信访工作者 新入职信访工作者	和妇联与团委协作
心理咨询	电话咨询 网络咨询 面询	一般信访工作者	电话预约咨询 电子邮件 电话咨询

(2) 海报。采用单张印刷的形式,张贴在单位的公共场所,介绍相关活动内容,通知活动的主题、进行的时间和地点等信息,吸引信访工作者的注意,提高他们参加相关活动的积极性。

(3) 宣传栏。在单位的显著位置设置宣传栏,定期更新。依据不同的主题,分期向信访工作者介绍信访工作者心理支持计划的相关知识、子女教育、缓解工作压力等内容,帮助他们更好地解决工作和生活中可能出现的难题。

2. 大范围的宣传品

(1) 报纸和杂志。报纸和杂志是以印刷品的形式向广大地区发送的载体。它们的优点是覆盖面较大，但是对宣传的对象有一定的要求，对没有阅读习惯的人来说效果不佳。

（2）广播和电视。广播和电视的宣传是向广大地区传送声音和图像信息的传播媒体。它们的优点就是渗透力强、覆盖面大、视听兼备，传递信息生动活泼，不足之处在于难以保存、具有时效性。如果能结合集体聚会，将工作人员聚在一起，以座谈、广播和电视的形式一起呈现，效果会更好。

（3）网络。网络的宣传在信息社会越来越被接受，它传播的速度快、目标准确。

网络宣传的形式包括：

1）提供专门的网页，为每一个信访工作者设定唯一的 ID 和密码。

2）提供在线调查系统，方便信访工作者在线寻找感兴趣的小测试，随时作答，随时出结果，让他们更加了解自己。也可以进行小型调查，收集信访工作者对信访工作者心理支持计划的反馈意见。

3）设置留言板和聊天室，设定特定群体讨论空间，让他们在空间里和其他人沟通并说出自己的情绪。

4）开展电子邮件咨询，邀请专业的顾问或心理咨询师给信访工作者回邮件，解决他们遇到的困难。

（二）宣传的内容

宣传的内容主要包括四大块，分别是主题知识的介绍、服务活动的反馈、新活动的预告和建议信息的收集。

1. 主题知识的介绍

通过宣传的作用，让信访工作者初步了解到工作压力、情绪管理、职业倦怠、人际沟通、工作与生活的平衡等各种心理问题的含义，并掌握一些简单、有效的解决方法。可以分多次宣传，每次提出不同的主题。在每一个主题下,系统地向信访工作者介绍引起心理问题的根源,提供解决有关心理困扰、改善不良情绪的有效途径和方法。

2. 服务活动的反馈

除了心理健康等知识的介绍外,还应该在本阶段的宣传中加入信访工作者心理支持计划项目实施进程中服务活动的反馈。可以采用报告的形式呈现结果,如接受咨询的人数、培训的场数、大部分咨询的项目、参加培训的人数等,还可以呈现出接受信访工作者心理支持计划前后,信访人对信访工作者的评价和期望,最好可以拍下工作照片或录像,这样更具有真实性。

3. 新活动的预告

在宣传中还要对将要举行的活动进行简单的介绍,包括活动举行的时间、地点、内容、活动期望、专家背景等,让信访工作者有时间去安排自己的工作和生活,积极地参与到活动中来。之前应初步统计自愿参加的人数,便于活动规模的可控性。

4. 建议信息的收集

在宣传的时候,同时可以收集信访工作者对信访工作者心理支持计划的期望,希望得到哪些方面的帮助,甚至他们存在哪些方面的困惑等建议信息。除了现场收集,还可以通过邮件、纸条、问卷等形式收集,这样就可以增强信访工作者心理支持计划的可操作性。

(三)宣传对象

信访工作者心理支持计划主要是对信访工作者及其家属提供帮助,因此必须综合考虑宣传对象的年龄、职位和文化程度,才能使宣传内容易被他们理解和接受。对于年龄较大、职位和文化程度较高的信访工作者,宣传时要注意保持严肃的风格;对于年轻人,多使用一些色彩活泼时尚的用词和主题,才能更吸引他们的注意;如果宣传对象是年纪较大且文化水平较低者,就要

注意避免使用一些过于专业、高深的用语，尽量采用通俗的文字。

（四）宣传时机

宣传工作要针对各个个体在不同时机的不同心理状态，才能取得预期效果。例如传统节日前后，多设计一些温馨的、祝福性的宣传材料，能让信访工作者体会到组织的关心；在信访量激增，信访工作者压力加大的时候，宣传的内容和方式要适当变化。

三、开展培训

（一）培训需求分析

一个完整的信访工作者心理支持计划的心理培训体系应该包括各层级的工作人员，除一线信访工作者之外，也应该包括各级领导者。在进行心理培训的时候，首先应该进行培训需求分析，从而使培训达到有的放矢、事半功倍的效果，可以根据内部自我评估，也可以和外包的培训师共同评估的方式进行分析。培训需求分析的目的是确定培训应包括哪些内容、哪些工作人员需要培训、哪些工作任务需要培训。培训需求主要是指培训的原因或找出压力源，信访工作者的压力源不仅仅来自信访人，以及处于高位的信访工作量，还包括很多其他的方面，所以对信访工作者的培训内容也需要体现多方位特征。

1. 培训需求的原因或压力源

（1）组织变革，如组织的人事调整，绩效考核、奖励机制变化等；

（2）工作压力，如工作量大、组织要求高、信访人的无理取闹等；

（3）职业生涯发展，如对自己的前途的迷茫、个人的价值取向不确定等；

(4) 团队凝聚力，如和其他工作人员之间的关系紧张等；

(5) 环境适应，如物理环境、心理环境等的适应性差；

(6) 人际沟通，如和信访人、家人、朋友等的沟通不畅；

(7) 家庭生活，如夫妻、父母、亲子等关系不良；

(8) 危机事件，如发生车祸、地震等突发事件。

2. 通过需求分析需要得到的结果

(1) 接受培训人员的名单，即需要接受培训的信访工作者；

(2) 培训师的确定，包括职业心理咨询师、专业培训师等；

(3) 培训的形式，一般是同培训师共同讨论确定，取决于培训的人数，人数为10~20人的可采取游戏互动、角色扮演、讨论等形式，20人以上的，常采用演讲法；

(4) 培训规模，取决于培训的目的，如果是对心理健康的普识教育人数较多，100~200人都可，如果是情绪管理或家庭治疗，人数相对少为宜，20~30人；

(5) 培训的场所，根据培训的形式和培训规模确定；

(6) 培训的时间，要配合好信访工作者的工作时间；

(7) 培训的内容，一般是同培训师共同商量确定。

（二）培训的形式

信访工作者心理支持计划最终还是要让信访工作者达到自助的效果，心理健康调整方式和技巧的学习通常由专业的人员通过培训进行指导而实现。心理培训常用的方法有课堂讲授法、研讨法、角色扮演法、游戏法等，任何一种培训方法都不可能绝对的完美，应根据具体情况特别是培训内容的特点来选取合适的方法。为了提高培训质量，往往不是单一地只使用某一种，而是将各种方法穿插配合使用。

1. 课堂讲授法

该方法是指培训师通过语言表达，系统地向受培训者讲解某些概念、知识、方法及原理，期望受训者能受到感染，能够记住其中的特定知识和重要概念的一种方法。

课堂讲授法的成本最低、时间最节省，对培训设施环境的要求比较宽松，不足在于其内容具有强制性，不利于受训者的参与性。

2. 研讨法

该方法是指在培训师指导下，通过培训师与受训者之间或受训者之间的讨论解决疑难问题的培训方法和形式，参加讨论和培训的人数一般不宜超过30人。

研讨法的参与性较强，受训人员能够主动提出问题。但研讨法比较难于组织和控制，研讨是否成功在很大程度上依赖于之前的计划和准备工作。

3. 角色扮演法

该方法类似于戏剧舞台上所扮演的剧中人物，通过角色扮演可以学习他人角色来调适自己的情绪和消除彼此的不快，从而达到完整的社会化。

4. 游戏法

该方法是指通过两人或多人的参与，在遵守一定规则的前提下，互相竞争并达到预期目标的方法，这种方法最近被广泛运用于压力管理、团队精神培养、人际沟通改善等课程中。

四、全面开展心理咨询

（一）团体咨询

团体咨询即指团体心理咨询，是心理访谈的一种形式。超过两个人的人群都可称为团体，我们一出生就生活在团体中，如家庭、学校、企业等。心理咨询是指由专业人员即心理咨询师运用心理学以及相关知识，遵循心理学原则，通过各种技术和方法，帮助咨询者解决心理问题。在帮助那些有着发展课题和相似心理困扰的人时，团体心理咨询是一种经济而有效的方式。

团体心理咨询与个体心理咨询最大的区别在于咨询者对自己的问题认识、解决是在团体中通过成员间的交流，相互作用、相互影响来实现的。具体而言，有以下几个特点：

1. 团体咨询感染力强

这是因为群体的互动作用促进了信息的传递和自主性的激发，也就是团体动力的形成。在团体中，团体动力对于团体目标的实现有着很重要的作用，而团体成员也是靠着动力来相互作用、相互影响，从而解决自己的问题。

2. 团体咨询效率高

相对于个体咨询一次只解决一个人的问题，团体咨询在解决问题方面，时间和精力是很有效率的。

3. 团体咨询效果容易巩固

团体咨询创造了一个类似真实的社会生活情境，增强了实践作用，也拉近了咨询者与工作和生活的距离，使得咨询工作较易出现成果而成果也较易迁移到日常工作与生活中。

（二）个体咨询

个体咨询是指咨询师与咨询者个人之间一对一的咨询方式。在个体咨询中，咨询师运用各种适宜的心理学技术，与咨询者进行深入的心理沟通和交流，以达到改善其心理问题，解决其心理困惑的目的。

个体咨询是最早的心理咨询模式，也是现今运用得最多、最常见的心理咨询模式。

个体咨询的咨询技术，自弗洛伊德的精神分析法发展至今，已有很多种。

每个经过系统心理学知识学习、心理咨询培训的咨询师，都可以根据不同的咨询者、不同的咨询内容，采用一种或多种咨询技术，为改善和发展咨询者的心理健康服务。

（三）电话咨询

电话咨询是指利用电话联系的方式给咨询者以心理服务的一种咨询形式。它在防止由于心理危机所酿成的悲剧（如自杀与犯罪）方面有特殊价值。由于电话咨询具有即时性、随时性，它不同于前两种咨询形式的好处在于：

(1) 体现救急援助机能；

(2) 有好的听众——倾听共感；

(3) 即时提供信息服务。

（四）网络咨询

关于网络心理咨询有各种各样的定义和术语。格若霍最早将在线治疗定义为一种新型的帮助人们解决生活和人际关系问题的咨询模式，它是通过互联网在咨询者与专业人员间实现同时或即时沟通，进行有关心理咨询与治疗的信息互动过程。网络心理咨询最基本的要求或特点是：网络心理咨询师必须公开真实身份，而咨询者可以隐藏真实身份。咨询师是对求助信息进行解答，而不是对人。对于咨询者来说，才是真正的人对人的心理访谈。这种区别维护了咨询者的利益，对咨询师有了更高的要求，但也有利于免责咨询从而扩大受益面。网络心理咨询的最大特点是平等自由地信息互动，其效果和咨询者的主动性关系更大。

五、其他问题

根据心理咨询师国家职业标准，专业的心理咨询师在咨询的过程需要遵守相应的法律法规，这些法律法规的条款在信访工作者心理支持计划中同样需要遵守。

（一）咨询师的权利和义务

咨询师享受的权利有：在法律法规、职业标准及行业惯例的范围内进行信访工作者心理支持计划专业服务；从事心理学研究、学术交流，参加学术会议；参加专业的培训，接受心理学继续教育；对所在机构心理学工作和相关部门提出意见和建议；在执业活动中，人格尊严、人身不受侵犯等。

咨询师应该履行的义务有：遵守法律法规；遵守行业服务规定；遵守职业道德，尽心尽力为咨询者提供帮助；尊重咨询者的人格，关心、爱护信访工作者，并且对信访工作者的隐私保密；宣传心理卫生健康知识；不能和信访工作者发生除了咨询关系之外的关系。

（二）对咨询者的保护

对咨询者（信访工作者）的隐私保密是心理咨询师的职业要求，擅自公布他人隐私，非法探测、调查他人信息，未经同意利用他人资料和情报等行为（咨询者有自杀倾向或者很严重的违法行为等除外），都是要承担法律责任的。

第三节 信访工作者心理支持计划的项目管理

一、前期管理

（一）确立项目目标

信访工作者心理支持计划至关重要的任务就是要确定该项目的预期目标。

当然，这个目标要得到上级主管部门领导的同意，否则将极大影响项目的最后评估。

项目的目标要制定进度表格，可以从短期、中期、长期目标等不同的角度来阐述，具体情况要根据组织的情况和信访工作者的需求来进行设定，其结构如图7-2所示。

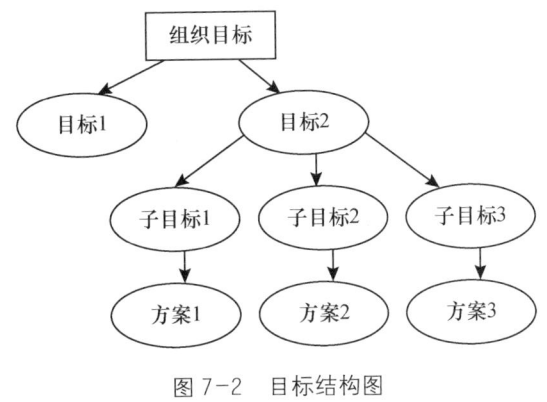

图7-2 目标结构图

（二）制定财务预算

同其他项目一样，成本费用是项目小组应该考虑的一个重要问题。编制项目预算要结合单位的财务状况和年度预算，并尽可能在细化的基础上进行量化。

采用外部模式的信访工作者心理支持计划项目，外部机构在该环节往往也应该有不同程度的介入。

（三）确定开展模式

对于采用内部模式的信访工作者心理支持计划项目，需要设置专员具体负责项目的执行，并对该岗位的工作职责予以澄清和明确，确定相应的工作流程和制度。其他模式需要甄选具备专业能力和实施能力的外部专业机构，并就整体合作事宜通过协约的形式进行确定。

总之，实施前的规划方案与相关准备工作对信访工作者心理支持计划的顺利导入有较大的影响，所以，在前期项目的管理阶段中，制订一个详细的项目方案（包括项目导入目的、工作流程、服务内容、服务形式等），一方面很容易说服上级领导并获得最大限度的支持，另一方面能得到信访工作者的认同和信任。

二、中期监控

（一）建立存档数据库

任何一种模式的信访工作者心理支持计划，均需要形成存档或者建立数据库系统，并由专项小组对其进行保管。

建立存档数据库主要有三个方面的作用：一是有利于专家或主管部门随时调档跟踪，更好地为信访工作者服务；二是有利于以后不断地完善数据库，形成科学体系的档案；三是为以后进一步评估信访工作者的整体工作状况提供依据。

存档数据库包括的主要内容有：信访工作者的基本人口学资料（匿名登记）；每季度参加信访工作者心理支持计划的人数、存在的问题、参加心理访谈的个案进度（次数、阶段性的问题）等。

（二）推进项目实施

信访工作者心理支持计划作为一套系统的、长期的项目，项目本身设计有诸多环节，且环环相扣，彼此互为支持和呼应，所以明确负责信访工作者心理支持计划的职能部门显得非常重要；同时也要考虑与组织现有资源的匹配和融合，为此需要党政机关、单位根据自身情况和项目自身的定位，明确项目的责任部门，以便统筹调度和组织实施。

信访工作者心理支持计划一般由职能部门牵头，成立信访工作者心理支持计划项目小组并推动组织实施。在规模较小的组织中可设在职能部门内部，规模较大的组织则需要其他职能部门人员介入，这些人员来自不同的部门，可以站在不同的角度提供意见，还可以发挥他们工作专长。如有的部门人员擅长沟通，有的部门人员擅长宣传，还有的部门人员可能有助于表达和推广等。

当然，该小组并不意味着组织内部所有职能部门均必须委派代表参与，总体负责的职能部门要根据组织内部的需要进行选择，最核心的目的是争取各部门的认同并集思广益，共同推进信访工作者心理支持计划项目的实施和执行。

（三）把握信访工作者需求

把握信访工作者需求，以及组织现有的状况是否能满足这种需求，并设法帮助组织满足信访工作者尚未解决的需要，是中期监控过程中要把握的重心。

考虑信访工作者需求，需要考虑他们自身的心理、年龄特点，所处工作、生活环境，以及工作性质。

按照马斯洛的需求层次理论（见图7-3），人类的需求可以分成低级需求和高级需求，在满足低级需求之后，人们开始追求高级需求。低级需求包括生理需求（如吃、喝、睡觉）、安全需求（如身心得到安全保证）、社会需求（在社会中被人爱和爱别人的需求）；高级需求包括尊重需求（受到别人尊重和尊重别人的需求）、自我实现需求（实现自身价值的需求）。

马斯洛的需求层次理论对信访工作者的激励机制具有重大的指导价值，

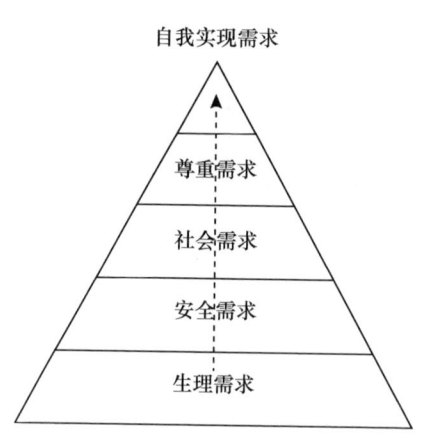

图 7-3 马斯洛的需求层次理论

组织在设定信访工作者机制体制的时候，参考马斯洛需求层次理论才能真正达到最后的目的。同样，在信访工作者心理支持计划项目的实施中，只有了解了信访工作者的真正需求，确定计划目标和执行步骤才能真正解决信访工作者的心理困扰，增加其工作效率。

因此，具体到信访工作者，个人需求主要包括以下几个方面：

1. 生存需求

生存需求是最基本的需求，表现为信访工作者获得工资、奖金、福利以及安全的工作环境等，如果信访工作者基本的生存需求无法得到满足，他们就会出现离职、跳槽、转行等，因此设计合理的薪酬、福利、工作环境等是解决基本需求的关键。

2. 个人发展需求

个人发展需求有多种表现形式，从职业发展角度出发，主要是指晋升前景，其中信访工作者的工作满意度、团队合作、组织承诺等都会影响他们对职业发展的判断。因此，制定公平、公正、公开的晋升制度是稳定职业发展规划，解决其职业发展压力的重要途径。

3. 人际交往需求

在工作单位，人际关系包括同事之间的关系和上下级的关系两种。而组织领导的风格直接影响信访工作者的工作情绪，一般来说，领导的关心、口头表扬都能激励信访工作者。不同阶段、不同特点的信访工作者有不同的人际交往需求：新上岗信访工作者重点是适应团队，老信访工作者重点是协调团队交流。

4. 工作、家庭平衡需求

这是影响信访工作者心理稳定的重要方面。在家庭中，夫妻之间的冲突、子女教育问题、父母赡养问题都会影响他们的情绪。所以，对信访工作者的家庭关系的关注也是信访工作者心理支持计划的重要范围，需要邀请信访工作者的家庭成员共同参加讲座或者培训活动。

同时，信访工作者心理支持计划项目小组应根据组织的特性和信访工作者的需求，对信访工作者心理支持计划进行初步需求分析，为模式的选定、专业机构选择做好相应准备。通常情况下，如果组织倾向于采用外部模式，该项工作往往由外部专业机构协同进行。

三、后期评估

根据设定的项目周期，信访工作者心理支持计划项目小组要进行项目评估分析，对前期执行过程中存在的问题和不足进行修正，同时将评估分析结果和相关建议向上级主管部门领导汇报，作为上级组织审定后期项目实施和执行问题的相关依据。

（一）选择评估团队

要进行信访工作者心理支持计划的评估，首先要选择一个专业化的评估团队。一个优秀的信访工作者心理支持计划评估团队应该平衡各专业的人才，他们既可以对已经实施信访工作者心理支持计划之后取得效果的评估，也可以是对下一轮工作的需求评估。

一般地，评估团队中主要的人才包括：会计人员（负责成本/成本收益分析）、管理人员（负责组织战略规划，包括人事管理、信访工作者沟通）、心理专家（负责对信访工作者的心理工作状态进行评估）、项目经理（制定项目时间进度、设立团队目标、分配工作任务）。这些成员了解整个项目的各个环节，在评估的时候能做到实事求是，一切从实际出发。

（二）评估的方法

1. 管理者观察

管理者的直接观察是了解信访工作者工作状态的最直接办法。值得注意的是，管理者在观察信访工作者工作状态的时候，要让信访工作者感觉到是被关怀，是组织在关心他们，而不是监督他们的工作。

2. 问卷调查

阶段性的问卷调查也是必要的，尤其是结合心理测验量表对工作人员的心理健康方面的调查能量化结果，提供更好的评估途径。

常见的心理健康量表有90项症状清单（SCL-90）、抑郁自评量表、康奈尔医学指数（CPI）、焦虑自评量表、社会功能缺陷评定量表等，心理状态测量量表有成人人际关系量表、成人心理压力量表、社会适应能力量表、心理适应性量表、社会支持问卷、生活事件量表、防御方式问卷等。

3. 访谈追踪

和组织中不同级别的管理者或者工作人员继续共同进行保密的谈话等也是需求评估的方法之一，能从不同的人那里了解更全面的信息，可以避免决策的偏差。访谈提纲见表7-2。

第七章 信访工作者心理支持计划

表 7-2　　　　　　　　　访谈提纲

访谈层级	访谈内容
高层访谈	对信访工作者心理支持计划的实施的肯定和认可程度
	信访工作者心理支持计划对组织的改善
	信访工作者心理支持计划对自身产生影响
	信访工作者心理支持计划实施的建议
中层访谈	信访工作者心理支持计划实施对部门工作的帮助体现
	信访工作者心理支持计划对个人的影响
	信访工作者心理支持计划实施的建议
信访工作者访谈	信访工作者心理支持计划对个人的帮助
	对信访工作者心理支持计划的期望

（三）评估的指标

在评估信访工作者或者信访工作者团队的工作情况时，需要考虑的内容或者指标包括信访工作者个人身心健康的改善和组织整体的改善。

1. 信访工作者身心健康

通过问卷得到信访工作者的心理健康、压力、人际关系等方面在项目实施前后的改变，可以做一个前后对比的研究，检查通过信访工作者心理支持计划项目实施，信访工作者的个人状况是否得到改善，也可以作为了解信访工作者现状的指标。另外信访工作者的出勤记录、人员变动情况（离职），信访人的投诉率，以及信访工作者的健康问题（病假）等都可以作为评估的指标。

2. 工作满意度

工作满意度是指信访工作者对整个工作的满意程度，包括对单位的满意度、薪酬满意度、晋升满意度、工作本身的满意度、对领导满意度、对同事满意度以及总体的满意度。

3. 组织承诺

组织承诺是指组织给予信访工作者的承诺，在信访工作者的行为和情感方面的投射，如离职意向、组织支持、领导支持、同事支持、情感承诺、组织承诺。

4. 团队效能

团队效能主要是指信访工作者对自己是团队一员的认同程度，以及自己所处团队能取得的成绩的评估，如使命与目标、沟通机制、角色认同、运作程序、团队精神、领导力。

四、总结报告

项目实施到总结这个阶段，主要任务有两个：一是对全年的工作进行总结，发扬优点、找到不足；二是向上级主管部门汇报项目的过程及效果，并展望新一周期的工作。

在总结阶段，专业小组需要开展大量的工作，包括问卷调查、访谈、数据资料的分析、撰写报告等内容，工作量很大，其中很多需要其他部门的大力支持。为了获得他们的配合，首先要提前做好宣传，详细向信访工作者讲述为什么要进行总结，总结中需要他们提供哪些帮助，他们所提供的数据将被用作何种分析，将以何种形式呈现给组织内部的哪些人，并承诺对他们的私人信息给予充分的保密。所有这些都要详细地、全面地告知信访工作者，并对他们的质疑做出详细耐心的问答。为了提高他们参与总结的积极性，可以给予一定的回报，比如对接受访谈的工作人员提供额外的咨询机会或者获得参加总结报告会的名额。

项目总结报告标志着信访工作者心理支持计划项目的阶段性结束，在表现成绩、突出效果、获得支持，从而争取继续进行下一周期项目的机会有非常关键的作用。需要完成的任务主要有两个，分别是总结报告的内容和报告的展示。

一般总结报告的内容包括：对一周期工作内容进行总结，包括开展了哪些项目、提供了哪些服务、采用了哪些形式、服务的周期、服务的范围等相关内容和活动过程。

项目效果是报告中的重点，其内容包括各个项目的使用率和满意度，给个人和组织带来的实际改变、成本收益率等。展示的方式可以是文字或图表，避免使用过于专业的词语，在文章中可以加入真人真事和原话摘录。其中还要总结本期工作的长处和不足以及对未来的展望。

报告的展示形式可以选择讲座、召开专题会议。在相对正式的场合下总结工作、呈现效果、展望未来，还可以得到组织人员特别是管理者的严肃对待，对于参会人员往往有人数限制，一般由中层以上的领导参加，同时可以以其他宣传的形式通告给整个组织。

除了总结报告外，还可以在项目的最后进行其他一些宣传，比如印制特别的手册或者日历作为送给信访工作者的礼物，或是召开联欢会让信访工作者和其他部门同事一起联欢庆祝。同时，可以配合各项服务，组织研讨会和网上讨论等，多方面收集信访工作者的反馈信息，使组织上下能够积极支持项目在下一个周期继续执行。